U0139001

A Companion to **Constitutional Interpretations** in Taiwan

認識 大法官解釋 的第一本書

林子傑 著

　　2010年9月間，看著大法官審理案件收案的卷宗編號：「會台字」，自我剛到司法院時的8千多號走入1萬號，表示自從1948年（民國37年）大法官會議成立收案以來，已有最新近的十分之一，即多達1千多個案件，伴隨著我在司法院內5年多個日子，而我直接經手的受理與不受理釋憲案總和早已進入3位數，正往2百件邁進。

　　另外，間接參與、部分協助及與大法官、同事們間彼此討論的受理、不受理釋憲案則難以計數。能夠自由發展個人過去在學校（東吳法律、臺大法律法學、臺大法研所公法組）從課堂、教科書及期刊文章中之所學（Constitution in books），尤其是源自於自己內心深處對憲法及憲政發展（Constitution in action）的濃厚興趣，假使這本小書能對釋憲實務有一丁點的奉獻，除了來自上天的恩典外，完全是因為我──站在巨人的肩膀上。如是我聞，拈花微笑。

　　從事釋憲實務工作數年，欲求討論釋憲程序受理與不受理的相關實務文獻，卻常常遍尋不著，希望能借著這本書拋磚引玉。我猜想，如果沒有實際從事釋憲實務工作一段時日，大概會少了一點點正確描述整體釋憲流程的把握，尤其是以臺灣的具體案例及司法統計數據方式配合地呈現。例如：每年所有聲請司法院大法官解釋的案件，終以「應不受理」結案者，大概占了多少比例？您請猜猜看。

　　數字會說話。據司法院網站公布的統計資料粗略估算，97、98年約占95%，去年（99）更達95.9%；若從第一屆大法官（民國37年起）開始計算，平均以「應不受理」案件終結者，則每年至少超過九成。

序
Preface

　　如果又問：應該要在實務界待上多久時間，才能確實地掌握住整體釋憲的流程？實際的釋憲聲請案真是千變萬化！不同屆次或者承辦大法官（們）也會有相異的處理模式，但異中有同、同中也有異。吾不敏，我覺得至少要在釋憲實務待上五年，其經驗方得理出個頭緒（最好還能橫跨數個大法官世代）。但若做的太久可能反而不易下筆，對落筆不自覺地更加左顧右盼。

　　此外，本書刻意地盡量將論述方式轉化為淺顯白話，並且每一個段落以不超過五行為原則（稍微顛覆法律文書以及傳統論文的寫法），重要的觀念也刻意地一再重複，只希望能讓你輕輕鬆鬆地將這本專門討論大法官解釋以及釋憲程序的書，當成雜文閒書，閒來無事翻閱一番，或能偶有所得、靈機一現。

　　若您看到這裡，可能我們累世以來即存在著一些露水因緣，就歡喜心地藉著這本書，「神遊」大法官解釋以及實務運作一番吧！

　　知識份子其實和一般人一樣，並沒有義務道盡所有自以為的現象與真理。但不一樣的是，知識份子長期受國家栽培、社會容忍，理應盡一些人世間的道義責任。就此，希望能透過本書解答一些（潛在）聲請人的疑惑：為什麼不受理的釋憲聲請案高達九成以上，到底大法官解釋是什麼？該如何聲請釋憲？誰能得到大法官解釋的救濟？解釋宣告法令違憲之後呢？真的能獲得勝訴判決嗎？

　　期盼本書問世後，能因此減少一些「顯然」不受理的聲請案件數量，聲請書能集中焦點論述實體上違憲法令本身的爭議，這是本書的最大目

的。除此之外，盼望藉著這本書以結人世間的善緣。

　　有時候我覺得，法律實務工作常常觸及人世間的惡緣，尤其是在司法實務界。一個判斷可能就是某個路人的一生。今天我只是有緣在此工作，來日我也是芸芸的眾生，著書只是修善修福的方式之一。接觸聲請釋憲案久了，不由自主地想寫一些東西出來，好像胸中有一拖拉庫的文字，不得不倒出一些！

　　提醒自己：憲法是以保障人權為核心價值、國家是為人民而存在、法律不是統治者用以維持社會秩序的公器，而是人民向國家或透過國家展現其基本尊嚴的「唯一」和平武器！大法官解釋，理論上，正是守住這道人性尊嚴的最後一條防線！我們這群外圍工作者，更應努力撐住維護著這個當代民主憲政主義國家的靈魂。

　　本書的問世，要感謝的人太多。

　　如果非得提出一個代表，在寫書的這段期間，我必須要深深地感謝附著在靈魂的這身「皮囊」。在經過三十多年來的忽視、妄勞與折磨後，終於大力的提舉黃牌、無聲地抗議。慶幸終是警告牌。最後在工作、教書、相妻教子之餘，竟能依時限地完成本書。我深刻地體悟到：「擁有健康就是擁有一切！」以及「養生，首重人生觀；先問自己要如何善度人生！」這兩句話的力量。願與有緣翻閱本書的您，共享之！

　　這是一本詳盡且通俗地嘗試討論我國釋憲程序實務的專書，但我的能力、體力以及學力實在有限，因此本書不盡完美的架構、詮釋、註解、資料之闕漏或不足，俯拾皆是，也正如我處處有缺憾但真實的人生一樣，這本書

還需要各方貴人、雅士與達德斧正、協助與指教，使其將來真正能成為—
「認識大法官解釋的第一本書」。

林子傑

2011.7于北投

目錄
Contents

目錄
Contents

目錄
Contents

第一章　序曲[1]

第一節　從三個案例說起

【案例一】

國防部某司令部某署依據中央信託局「共同供應契約」，向民營公司老闆趙大採購民用型十五噸大貨車（含吊桿）數十輛，本以為該貨品屬於關稅法第44條[2]第1項第4款規定的「軍事機關進口之軍用車輛、專供軍用之物資」而可以獲得免稅優惠。因為買方是國防部，又依據中央信託局的共同供應契約採購，「理應」是軍用物品無疑。

岂料，該等大貨車過海關時，趙大的申請文件並不符合軍用物品進口免稅辦法第8條規定，即申請文件中的招標文件**並未寫明「得依關稅法、貨物稅條例……及本辦法規定申請免稅」**字句，因此遭財政部某關稅局以申請文件不符規定而不准免稅。趙大的公司因此多繳新台幣三千多萬元稅

1　本書選：帕海貝爾之D大調卡農曲（Johann Pachelbel：Canon in D major）作為序曲。「這是由德國巴洛克時代後期作曲家兼教堂管風琴師Johann Pachelbel所創作，在當時是位相當激進的作曲家，而以D大調卡農曲流傳於世。原曲以八個音符，重複二十八次；一首樂曲，只有一段旋律，卻在此起彼落、堆疊變奏，使最單純的音樂旋律，在變與不變之間，創造出最大可能性。」語出：愛樂寶盒，台北愛樂文化有限公司出版，第196頁。筆者最喜愛的D大調卡農曲，則來自於BMG 1991年發行的「Pachelbel＇s Greatest Hit－Canon in D major」此張專輯只有一首歌，而以八種不同手法或演奏或吟唱卡農曲，有爵士風格者、有弦樂五重奏、銅管合奏以及長笛演奏等等，百聽不厭，且聽來心情特別輕鬆愉快。本書以輕鬆的態度寫作，也同樣希望讀者抱著放鬆的態度翻閱，或許將有另一番喜悅。

2　現行法為第49條。

款。

　　趙大即一路提起訴願及行政訴訟，先因為訴願遭關稅局駁回後，再提起行政訴訟，同樣經台北高等行政法院、最高行政法院判決駁回，全案因而定讞。趙大聲請釋憲。

　　趙大主張當時的關稅法第44條第3項只有授權財政部就「……免稅範圍、品目、數量及限額之事項」訂定相關辦法，**顯然並沒有包括通關時之招標文件應該要書寫何等文字，或者應該為如何之記載等通關程序事項，因此爭執系爭辦法逾越法律之授權範圍，增加法律所無之限制**，主張大法官解釋應宣告「軍用物品進口免稅辦法第8條」規定違憲[3]。試問：趙大向大法官爭執的是什麼？法令違憲？還是裁判違憲？

【案例二】

　　錢二執業民間記帳業者數十年。如眾所知，台灣工商社會多以中小企業型態居多，早期的會計師人數相當少，中小企業多需要民間記帳業者協助報稅，當時記帳業者也扮演著相當的社會功能，如協助中小企業報稅、節稅以及配合宣導政府稅捐法令等等。

　　但是，記帳業者畢竟不是會計師，並不得辦理財務報表的認證等業務，存在時間一久，先是發生和會計師業務大餅資源如何分配的爭議。如84年商業會計法曾修正增訂，商業會計事務得委由經中央主管機關認可之**商業會計記帳人**（即俗稱民間記帳業者）辦理，其認可及管理辦法，由中央主管機關定之。

3　這是民國97年11月14日公布之釋字第651號解釋案件原因事實。整理自司法院網站：http://www.judicial.gov.tw/constitutionalcourt/p03_01.asp?expno=651，所公布之該號聲請釋憲之資料。

依此規定，**這群「商業會計記帳人」竟可以不經國家考試，只要經中央主管機關（當時是經濟部）認可即得合法執業**。考試院當下即認為這條法律侵犯憲法所賦予考試院的考試權，怎麼會有一種「專門職業及技術人員」（如果商業會計記帳人算是的話）可以不經國家考試即合法執業？因此考試院聲請釋憲，大法官受理之。

87年司法院公布釋字第453號解釋，認為商業會計記帳人係屬專門職業的一種，既屬專門職業之一種，其執業資格自應依法考選銓定，因而將前述商業會計法之規定，宣告違憲。試問：考試院向大法官會議爭執的是什麼？同樣也是法令違憲。

本號解釋結果，使會計師贏了裡子（商業會計大餅暫時仍在會計師手上），但輸了面子（商業會計並非只有會計師才可以合法執業）；而記帳士贏得了面子（可從地下化轉而為專門職業技術人員），但輸了裡子（必須經專門職業技術人員考試及格才能執業）[4]。

【案例三】

80年代，民主浪潮一波一波地湧進台灣島，結實累累的爭取自由果實正待採摘，政治改革的呼聲響遍整座台灣。

是時，在某些人的眼中，地下電台如同一盞盞明亮的燈塔，照亮台灣人民茫然未知的前程；但在另一部分人的眼中，台灣島正如同觸了礁的船，迷失方向，輾轉沉浮在汪洋大海中，尚須穩健地步步為營、徐徐前進，有些徬徨的人民竟賞心地下電台所描繪的海市蜃樓，又天天播送著政

---

4 這只是民間記帳業者與會計師暫告止戈的第一階段。第二階段的風雲再起與大法官解釋，請參照釋字第655號。

治靡靡之音，唯恐一不小心將駛向歷史的盡頭，因此當時的政府機關會每隔一段時間大力掃蕩違法地下電台，是有其時代背景。

位於台中的「海×之聲」地下廣播電臺正是箇中代表，未經向主管機關（當時為交通部）申請許可核准，擅自在台中某處使用無線電頻00.0兆赫，非法架設「海×之聲」地下廣播電臺的孫三，對外廣播，但是並**未干擾無線電波之合法使用**，仍遭警查獲，一審臺中地方法院刑事簡易庭，依行為時之電信法第58條第3項、第60條處拘役若干日，得易科罰金，併沒收相關電信器材。

孫三當然不服一審判決，上訴二審法院，因本案為簡易案件，由臺中地方法院管轄之二審合議庭審理，以孫三基於連續犯意，連續數行為犯同一罪，依電信法第58條第2項[5]、第60條、刑法第11條、第56條等判處拘役若干日，得易科罰金，併沒收相關電信器材。二審定讞。

孫三對上開案情坦承不諱，並不爭執本案認定事實與適用法律有何違誤之處，而**爭執電信法第58條第3項何以明定「未干擾無線電波之合法使用」，仍然不得開放人民使用無線電波而且還有處刑罰之規定，有侵犯人民憲法所保障之言論自由、新聞自由之疑，而沒收器材部分則侵犯其財產權，並主張違反憲法第23條之比例原則**。孫三聲請釋憲[6]。

【問題思考】

案例一與案例三是改寫「真實」的人民釋憲聲請案，而且都已做出解釋公布，如果一下子看不懂爭執的內容，暫且稍安勿躁，但是這兩個案例至少都有一個聲請釋憲程序上的共同點，你發現了嗎？

5　電信法於該案一審判決後，二審判決前修法，原第58條第3項修正移列為第2項。

6　這是民國99年7月2日公布之釋字第678號解釋案件原因事實。整理自司法院網站：http://www.judicial.gov.tw/constitutionalcourt/p03_01.asp?expno=678，公布的該號釋憲之聲請資料。

　　案例二則是政府機關聲請釋憲案，大法官也同樣作出解釋。在大法官解釋中，類如政府機關聲請者，為數甚多，而且政府機關多有專門法制人員提供聲請釋憲的意見，但人民聲請釋憲並不見得都有法律專業人士可提供專業建議。惟這類釋憲結果多與人民憲法上的權利息息相關。

第二節　本書解說重點：如何不被大法官會議輕易地「不受理」

　　如果將釋憲聲請案比擬成一粒種子。當你向司法院遞出「釋憲聲請（書）狀」後，如同在司法院裡播下一顆種子。這顆種子能不能夠冒出地表，發了芽，端視能不能夠通過聲請釋憲「程序」這道關卡。

　　而當通過釋憲聲請程序後，這顆發芽的種子能不能夠成長茁壯，則視大法官們一起開釋憲「審查會」討論的情況，經過數次的釋憲審查會討論過程，有如持續地對其灌溉、澆水與施肥，期盼這個聲請案能茁壯長成一棵大樹。

　　最後這棵大樹終於長出「果實」（但也有很多「開花」而不結果），這果實就成為某某號的解釋案。

　　但是，先無須高興太早，這個果實有可能是甘甜的，也有可能是苦澀的，甚至也有可能是「看的到而吃不到」。本書原則上不是在闡述為什麼有些果實苦而非甜，也不是在比較外國長大的水果有多麼的好看（何況也不一定好吃），更不是在檢討應該如何灌溉施肥才能結實累累（除了聲請書的撰寫外，這和聲請人無關）。

　　本書主軸是以案例方式討論釋憲聲請「程序」。換句話說，**究竟如何**

聲請釋憲？如何撰寫釋憲聲請書？播下的種子如何能冒出地表、衝出大地、長了芽頭，而不會如此輕易地收到壽終正寢的乾燥種子：「不受理決議」[7]。

　　討論主軸之前，必須要對「大法官解釋」本身有所了解，實務發生很多的不受理案，聲請人多半是完全或部分「不了解」或者「誤解」大法官會議解釋，其與法院的判決究竟有何不同？單是這個問題，也許讓非專攻公法的法律人一時語塞，何況是一般聲請人。原因出於：坊間出版解說大法官會議程序實務的書籍，非常地少，缺乏推廣之故。

　　單是不得不「話說從頭」大法官解釋，包括本書嘗試描繪及擷取大法官解釋重要內涵而組成的大法官解釋的「概念」、大法官做過哪些重要的解釋（孫子曰：知己知彼，方能百戰百勝！）、大法官解釋的統計資料（管仲曾說：不明於數，欲舉大事，猶舟之無楫而經於水險也。）與歷史縱深（包括釋憲聲請程序最重要的法律依據：司法院大法官審理案件法）等等，已占了本書相當大的篇幅（但這些部分絕對是聲請釋憲所必須具備的基礎背景知識），而當主軸討論之後，如何具體地「應用」聲請釋憲程序？本書套餐的主菜將在第六章正式端上。

　　最後，你發現了嗎？案例一與案例三至少有一個聲請釋憲程序的共同點，那就是：案件都已經裁判「定讞」，得到了「確定終局裁判」，也就是學理所說的：已經「窮盡審級救濟途徑」後，才來聲請釋憲。

　　千萬不要小看「確定終局裁判」這個程序要件，歷年來因為不符合這

---

[7] 先透露一些本書第四章「大法官解釋與統計資料」的討論。可能讀者不一定清楚，每年所有聲請大法官解釋案件中，究竟有多少比例被不受理終結，根據司法院網站所公布的統計資料計算，99年終結案件中，以「應不受理」終結，約占95.9%，98年終結案件中以「應不受理」終結，則約占95%，該比率與97年相當。這比例非常之高！何以如此？如何能不那麼輕易地成為那「宿命的95%」？這就是本書的重點所在。

個聲請要件者，少說也有數千件（而聲請釋憲案總數自始至今也不過萬餘件）！暫先點到為止。請先一步步往下「順藤」，最終將能「摸瓜」。

第二章　何謂大法官解釋

世上最困難的事情之一，就是下定義。既要窮盡其內涵，避免掛一漏萬，又要表意清晰淺顯，希達雅俗共賞，這是非常不容易的事情。

通常，若討論「對象」核心概念少時，定義就比較好下，例如：法官。我們可以說，凡是在法院內依法從事審判工作，且擬定判決書類者，即可稱為法官。法官的核心概念就是「審判」，相對單純；而若討論標的核心概念多時，定義就比較難下，比如說：法院。何謂法院？有沒有包括檢察機關？釋字第392號因此還開了憲法法庭辯論之。又如：大法官解釋，這也是一個核心概念相對多的例子。

我們可以試著從幾個「方向」理解大法官解釋，也許不能完全道盡其內容，但至少可以描繪出幾個比較大的重點。例如：這是誰做的（Who）？做出什麼了（What）？為了什麼而做（Why）？以及怎麼做出來的（How）？等等。

簡言之[1]，**大法官解釋是由一群大法官所組成的會議，以開會「議決」的型態，解釋憲法以及統一解釋法律或命令，具有拘束全國各機關及人民的效力，而最後以解釋文及解釋理由書方式呈現。**

第一節　大法官會議是由一群大法官所組成

現行憲法增修條文第5條第1項規定司法院設大法官15人。

---

1 這個簡單的定義，並不包括憲法增修條文第5條第4項大法官得審理總統、副總統的彈劾案以及政黨違憲的解散案，因為至目前為止，這兩類案件從未發生過。

　　過去曾有很長一段時間大法官未達人數滿編的情況；也有在個別案件中，大法官請假不克出席的情形。然根據司法院大法官審理案件法第14條規定，大法官解釋憲法，應有大法官現有總額三分之二之出席，若是統一解釋法令，則應有大法官現有總額過半數之出席，因此現今大法官滿編的前提下，解釋憲法需要10人（含本數）以上出席，統一解釋法令則須8人（含本數）以上出席。實務上，大多須達大法官10個人以上方開審查會。

　　誰有資格擔任大法官[2]？根據司法院組織法第4條的規定，大法官的任命資格有五款：

一、**曾任最高法院法官十年以上而成績卓著者**——大多數實務界出身的大法官（包括民事庭與刑事庭）都以此款任命，例如：林永謀、徐璧湖、池啟明大法官等是[3]；又以此為首款，一則可見當初立法者對實務界出身大法官的尊崇意思[4]；另則，當統一解釋法令時，理論上，

2　這有二個有趣的問題：首先，司法院組織法第4條並沒有限制大法官的選任資格必須是法律系畢業。因此早期大法官中也有非法律系畢業而任命者，如江庸、黃正銘（第一屆）、曾繁康（第二、三屆）、張劍寒等是。參考法治斌，大法官之選任及其背景之比較研究，收錄：憲法專論（一），國立政治大學法律學系法學叢書編輯委員會編印，民國74年5月出版，頁296以及註18。其次，大法官的選任「資格」，憲法本文或增修條文並無規定，只有規定大法官由總統提名，再經有權機關（現指立法院）同意後任命而已，並沒有限定大法官的資格。司法院組織法第4條卻限制了擔任大法官的資格，或許有逾越憲法委託的範圍，而有合憲性問題。參考蔡宗珍，我國憲法審判制度之檢討，收錄：憲法與國家（一），元照出版社，2004年4月初版，頁122。

3　林子儀、葉俊榮、黃昭元、張文貞編著，憲法權力分立，新學林出版，2008年9月二版，頁610-611所附參考資料。

4　更進一步地研究，則涉及司法院本身的定位問題。司法院名稱、職權雖明定於憲法，但從權力分立的角度來說，行政、立法與司法，司法即司審判之意，但司法院卻是司法行政機關，除了大法官開憲法法庭審理政黨違憲案件，是標準的審判外，一般所稱的審判是指地方法院、高等法院與最高法院此三級三審所從事的審判。但我國在審判系統之上，另組架一個司法行政機關，而各級法院也有其內部的司法行政單位。因此如何解釋司法院的定位，至今仍然是個很複雜的問題，也因此88年全國司法改革會議關於司法院的定位也列入一項重要的討論議題。

自是由最高法院法官出身者為最佳人選。

二、**曾任立法委員九年以上而有特殊貢獻者**——歷年來之大法官以此款任命者，非常之少，例如第一屆[5]的黃右昌、林彬、劉克雋大法官、第二屆的史尚寬大法官[6]、第五屆的李志鵬大法官[7]等，目前也僅得知唯五之立法委員任命為大法官。

三、**曾任大學法律主要科目教授十年以上而有專門著作者**——學界出身的大法官，多以此款任命。例如：廖義男、林子儀、許玉秀大法官等是。

四、**曾任國際法庭法官或有公法學或比較法學之權威著作者**——前段「曾任國際法庭法官」至今未有大法官依此款任命。後段以民國61年增補提名任職之第三屆翁岳生大法官首開其端[8]，另楊與齡、張劍寒、翟紹先、許宗力、李震山大法官亦同。

五、**研究法學，富有政治經驗，聲譽卓著者**。因第1款已限制必須曾任最高法院法官且超過十年，若未超過十年（如第二、三屆黃演渥大法官）或曾任最高行政法院法官（如92年就任的彭鳳至大法官）或高等法院超過十年（如第二屆史延程大法官[9]），就不包括在第1款之內，即以此款任命；而且各款人數依規定亦不得超過總名額三分之一，因此本款之規定本即具一定的彈性。

5　但民國36年12月25日公布施行之司法院組織法第4條第1項第2款的規定和現行法略有不同，「曾任立法委員九年以上」，但無「而有特殊貢獻者」之限制。所以當時只要曾任立法委員九年以上，無論有無特殊貢獻都符合大法官之任命資格。

6　法治斌，同註2，頁291。

7　據維基百科全書http://zh.wikipedia.org/wiki/%E6%9D%8E%E5%BF%97%E9%B5%AC，其記載，李志鵬大法官於1973年至1984年連任3屆增額立委後，獲提名為第5屆大法官，1994年退休。

8　法治斌，同註2，頁292。

9　法治斌，同註2，頁293註10。

第二節　大法官解釋是以會議型態開會「議決」

這是本書首先要特別強調的第一個重點。

每一號大法官解釋是由所有出席大法官共同「議決[10]」出來的，絕非成於某一個人之手。若承辦大法官認為是受理案，釋憲實務上多先由助理[11]配合承辦大法官撰寫解釋文、解釋理由書、分析報告、收集國內外相關資料及整卷後，由三位大法官共同組成審查小組[12]，發揮小組審查功能後共同簽名，將該案排入議程，再開審查會由所有出席大法官共同討論決定[13]。

---

[10] 此議決，指的是多數決。根據司法院大法官審理案件法第14條規定大法官會議可決人數，第1項規定：「大法官解釋憲法，應有大法官現有總額三分之二之出席，及出席人三分之二同意，方得通過。但宣告命令牴觸憲法時，以出席人過半數同意行之。」第2項規定：「大法官統一解釋法律及命令，應有大法官現有總額過半數之出席，及出席人數過半數之同意，方得通過。」與法院合議裁判案件之「評議」，完全不同。法院合議庭之評議，係依據法院組織法第101條至第106條之規定，其中就評議之決定，同法第105條規定：「Ⅰ評議以過半數之意見決定之。Ⅱ關於數額，如法官之意見分三說以上，各不達過半數時，以最多額之意見順次算入次多額之意見，至達過半數為止。Ⅲ關於刑事，如法官之意見分三說以上，各不達過半數時，以最不利於被告之意見順次算入次不利於被告之意見，至達過半數為止。」

[11] 每一位配置於大法官的助理，其角色扮演各自不同。但多是（不是全部）由助理草擬解釋初稿，撰寫分析報告以及提供法律意見等等，最極端的情況是大法官助理草擬的解釋文草案及解釋理由書草案，承辦大法官認為寫的很好，可以直接上審查會供大家討論，而審查會中其他大法官也認為寫的很好，僅有少數的修正意見以及文字修正，往復討論後，最後獲得多數決通過，但這是非常、非常少見的情況。絕大多數的情況是，案件經審查小組提出審查會後，原承辦大法官提出的草案風雲變色，討論越來越熱烈，不斷向下挖出更基本的議題（或者開花），所有大法官群策群力，修改再修改，文字確認再確認，務求語意精確不含混，方定稿出審查會。但外界常有質疑，解釋語意仍不清楚，是何故耶？這就是本段所要強調的重點，因為大法官解釋是以「議決」的方式，需得多數決的支持通過，因此有時在個別文字不得不有所妥協，只要原則不移，少數字句上承辦大法官大多也就讓了。

[12] 司法院大法官審理案件法第10條、第11條及其施行細則第3條參照。

[13] 所謂承辦，只是蒐集資料、初步分析、草擬解釋文及理由書而已，實際上，極少數最後通過的解釋與原始承辦大法官所提出的草案相同。原則能相同，已誠屬「萬幸」！

　　首先，排上審查會後，原則上會先決定本案受理與否（是否受理須由出席大法官過半數決議[14]），再決定解釋原則（合憲或違憲或一部合憲、一部違憲等等），再就承辦大法官所提供的解釋文及解釋理由書草案，逐字逐句推敲解釋文字（由所有出席大法官共同推敲解釋文字的每一個字以及每一句話）！

　　環顧所有司法機關，大概只有大法官會議能夠做得到這樣。每一號解釋都由至少十位以上融合學界與實務界精英的大法官們逐字逐句共同推敲文字而定稿，不僅如此，每一個段落文字的通過，都需要表決一次，並且須達多數決。[15]

　　而當審查會通過（即所有文字都經多數決）後，再提報大法官會議「議決」（實務所稱大會，即最後之定稿），全部再逐段表決一次。大法官解釋程序之嚴謹，通過後文字會如此洗鍊精確[16]，其來有自，這就是「議決」的真諦。

　　長期以來，大法官解釋能獲得社會上相對地尊重與重視，討論的往復辯難過程，包括修正時之文辭俊彩星馳，大法官共同「議決」扮演著相當重要的角色，目的即在獲得多數大法官的認同，而能獲得多數大法官的認

---

[14] 司法院大法官審理案件法施行細則第16條參照。

[15] 再看一次司法院大法官審理案件法第14條規定：「Ⅰ大法官解釋憲法，應有大法官現有總額三分之二之出席，及出席人三分之二同意，方得通過。但宣告命令牴觸憲法時，以出席人過半數同意行之。Ⅱ大法官統一解釋法律及命令，應有大法官現有總額過半數之出席，及出席人數過半數之同意，方得通過。」眼尖的讀者當會發現，依大審法施行細則第16條規定，釋憲案受理與否僅須出席大法官過半數同意，但若是解釋憲法宣告法律違憲，依本條則須出席大法官三分之二同意，想像上若發生某一案件通過受理門檻，但宣告違憲表決未達三分之二時，怎麼辦？有三種可能性，一是該案件只能被宣告合憲，二是主張違憲的大法官再多努力以獲得超過三分之二的大法官支持，三則可能該案件被擱置，等意見成熟時再行處理。

[16] 即使不得不有「創造性模糊」，有時為了達到多數支持，文字最終也能「橫看成嶺側成峯，遠近高低皆不同」，但這是非常少數的情況。

同，或許即表示大致上就能獲得社會上多數意見之認同[17]。

第三節　大法官解釋是為了「解釋憲法」及「統一解釋法律或命令」

憲法第78條稱「司法院解釋憲法，並有統一解釋法律或命令之權」。司法院據此組成大法官會議。

但大法官解釋除了解釋憲法，統一解釋法律或命令之外，根據憲法增修條文第5條第4項，尚有組成憲法法庭審理總統、副總統之彈劾及政黨違憲之解散事項，但後二者（總統、副總統彈劾案及政黨違憲案）實務上未曾發生過，本書略而不談，因此重點在於前者——**解釋憲法，以及統一解釋法律或命令**。

這是本書要特別強調的第二個大重點：大法官解釋不是第四審。

---

[17] 這和第一點大法官資格之組成有相當的關聯，大法官為代表各界之法學精英，企能多元組成而得代表社會各種不同的聲音。如果有某一個案件在大法官內部無法獲得多數通過，或許表彰該等議題在社會上的主流意見尚未成形；或許有人會主張，大法官應該勇敢地帶領我們做火車頭的角色向前衝，這也是一種意見，但就大法官職權之原始設定而言，恐非如是。這個想法在本書中還會陸續地表達，至少大法官是憲法的維護者、人權的保障者，也是就憲法意旨能說最後一句話的機關，如果我們共同企求的是一個安全、穩定中發展的社會，大法官解釋在守住基本人權、權力分立的底限下，自不宜偏離社會主流意見太過。當然，所謂的「社會主流」意見，絕非僅是報章媒體或者小道口耳，毋寧是基於多元組成之每一位大法官們的良知與良心，而透過多數決「議決」之。假設若有大法官純以報章媒體看天下，這也是代表社會上本存有相當成數的以報章媒體意見為己見之人。這就是社會多元。而且已經是文化問題。

　　類如外國法制的「判決違憲[18]」制度，我國目前並未採行，因此若主張法院判決判錯了，甚至於某一審的法院判決「結果」牴觸憲法某某規定，這都與大法官解釋之職權範圍不符，程序上即會被不受理。

　　大法官解釋主要是為了兩個部分：解釋憲法以及統一解釋法令[19]。

　　統一解釋法令比較容易理解，因此先簡要闡述。只是現在人民要根據統一解釋聲請而能夠通得過統一解釋程序要件而受理者，非常之少[20]。

　　首先，必須要有一個確定終局裁判[21]，而且認為確定終局裁判適用法令所表示的見解，與「其他審判機關[22]」間的確定終局裁判，兩個確定終局裁判適用同一法令時所表示之見解有異，才算。

　　過去常見的情況是，兩個不同審判系統間，因管轄權爭議而互踢皮球的情況，如今因訴訟法制已修改，管轄權爭議已有解決機制，相類的爭執已相當少見。試想：要同時滿足民事或刑事訴訟裁判所適用之法令與行政訴訟裁判所適用之同一個法律或命令而且彼此間的見解又不同，實不多

---

18 例如德國的「憲法訴願」（Verfassungsbeschwerde）。德國聯邦憲法法院法第90條第1項參照：§90(1) Jedermann kann mit der Behauptung, durch die öffentliche Gewalt in einem seiner Grundrechte oder in einem seiner in Artikel 20 Abs. 4, Artikel 33, 38, 101, 103 und 104 des Grundgesetzes enthaltenen Rechte verletzt zu sein, die Verfassungsbeschwerde zum Bundesverfassungsgericht erheben.（任何人得主張，其基本權利或在基本法第20條第4項、第33條、第38條、第101條、第103條及第104條所規定之權利，遭受公權力侵害，而向聯邦憲法法院提起憲法訴願）。中譯文參照陳愛娥教授之翻譯，司法院網站中譯外國法規可檢索：http://www.judicial.gov.tw/db/db04.asp

19 大法官解釋可能只解釋憲法或者統一解釋法令，也可能同時解釋憲法以及統一解釋法令。

20 可以主張統一解釋的聲請人，當然不只人民。依據司法院大法官審理案件法第7條規定，尚有中央或地方機關。

21 至於如何認定確定終局裁判，釋憲實務上有相當的爭議存在，並非毫無爭論。請參考本書第六章。

22 請注意：必須要與「其他審判機關」間，例如最高法院與最高行政法院等，分屬不同審判系統間，如果是某某高等法院與最高法院之間，因同屬一個審判系統，則不算與「其他審判機關」間。這部分在本書第六章還會再詳談。

見，復又需同時滿足確定終局裁判之要件，可想而知，少之又少[23]。

解釋憲法部分，就比較大宗了，但這也是實務上所收到的多數人民聲請案件容易遭誤解的地方。

大法官解釋主要在審查法令違憲問題，可以粗略的說，所謂的解釋憲法，就是在解釋系爭的**法令**有無違憲問題。系爭法令，就是指人民窮盡訴訟途徑後，所得到的那一個確定終局裁判本身適用的法律或命令（之一或全部），同時也必須是聲請人據以聲請違憲的法令（之一或全部），我們稱之為系爭法令。

解釋憲法，簡單說，就是聲請大法官們解釋——這個聲請人辛辛苦苦走完審級救濟所得到的確定終局裁判，其所適用的「系爭法令」本身，到底有無違憲？絕非判決結果或審判過程違憲的問題。

因此，實務上常常收到的人民聲請釋憲案（包括也有經律師代理的案件），卻是請求大法官們解釋其被判敗訴的那個「判決」本身「違憲」！通常這是不受理決議的案件之大宗，因為大法官不是第四審，主要功能並不是在救濟個案[24]，而且這種聲請釋憲案之類型常常是爭執法院「認事用法」之爭議，並非指摘「確定終局裁判」所適用的「法律或命令」本身發生有何牴觸憲法之疑義。本書第六章人民聲請大法官解釋之程序中，還會再詳論[25]。

---

[23] 因此有主張統一解釋法令部分應予廢除者，如蘇永欽，誰統一誰和誰的什麼？——從第668號解釋看大法官統一解釋制度的日薄崦嵫，法令月刊第61卷第2期，民國99年2月。

[24] 但也有學者對大法官解釋的「例外」情況專文分析，如李念祖，大法官從事個案違憲審查之憲法解釋實證研究，收錄於：當代公法新論（上），元照出版社，2002年7月出版，頁825以下。

[25] 同樣地，可以主張解釋憲法的聲請人也不僅只有人民。依據司法院大法官審理案件法第5條規定，也有中央或地方機關，以及人民、法人或政黨，和立法委員等三款的程序規定；另外根據釋字第371號、第572號及第590號解釋，各級法院（包括法官）亦得聲請大法官解釋。

第四節　大法官解釋對外具有拘束全國各機關及人民的效力

　　大法官解釋做出來之後，會產生什麼樣的效果？翻遍憲法以及司法院大法官審理案件法（簡稱大審法），除了政黨違憲的案件，於大審法第30條規定有宣告政黨解散之效果，但因為政黨違憲的案件似從未成案過，不談。絕對沒有任何一個條文有說大法官解釋做出來後的法效果如何。

　　其實從憲法第78條：「司法院解釋憲法，並有統一解釋法律及命令之權」規定意旨，可推導出司法院所設的大法官會議是國家最終的憲法解釋機關；憲法意旨與精神為何？系爭法令有無違憲？最後是由大法官會議說了算。

　　但因為憲法以及法律就是沒有明白文字做為依據，恐生爭端，例如：人民聲請的釋憲案，若最後由大法官解釋宣告該確定終局判決所適用之法令違憲的話，聲請人可否以此為理由聲請法院就該案件提起再審？即生爭議。

　　因此大法官解釋自己就在民國71年間公布釋字第177號解釋，解釋文末段闡釋：「本院依人民聲請所為之解釋，對聲請人據以聲請之案件，亦有效力。」該號解釋理由書更進一步闡明：「……人民聲請解釋，經解釋之結果，於聲請人有利益者，……，該解釋效力應及於聲請人據以聲請之案件，聲請人得依法定程序請求救濟。」

　　越二年後，73年公布釋字第185號解釋，更明白的說：「司法院解釋憲法，並有統一解釋法律及命令之權，為憲法第七十八條所明定，其所為之解釋，**自有拘束全國各機關及人民之效力，各機關處理有關事項，應依解釋意旨為之，違背解釋之判例，當然失其效力。**」

　　更有甚者，該號解釋接著闡明法令有無違憲問題，是大法官會議說了算，不是單純的機關間見解歧異[26]問題：「確定終局裁判所適用之法律或命令，或其適用法律、命令所表示之見解，經本院依人民聲請解釋認為與憲法意旨不符，其受不利確定終局裁判者，得以該解釋為再審或非常上訴之理由，已非法律見解歧異問題。……」本號解釋同時宣告行政法院62年判字第610號判例違憲。

　　因此，粗略而言，根據釋字第185號解釋，大法官解釋對外有四種效力：

- (1)**拘束全國各機關及人民之效力**：這是最重要的效果，可從憲法第78條推導得出。
- (2)**各機關處理有關事項，應依解釋意旨為之**：進一步指示全國各機關，包括行政、立法及司法機關在內，大法官解釋具有最終的效力。
- (3)**違背解釋之判例，當然失其效力**：違背解釋者，當然失其效力。日後大法官解釋對象，尚擴及最高法院與最高行政法院之決議、行政機關的函釋等等。
- (4)**解釋結果確實認為有牴觸憲法者，人民得據以該解釋作為再審或非常上訴之理由**：這是附帶地讓人民有聲請憲法解釋之動力，自此號解釋公布後，人民聲請釋憲案件之比例即開始大幅地提升。

---

26 若只是單純的機關間見解歧異，就不是所謂的「適用法規顯有錯誤」，而得以之為聲請再審之理由。民事訴訟法第496條第1項第1款參照：「有下列各款情形之一者，得以再審之訴對於確定終局判決聲明不服。但當事人已依上訴主張其事由或知其事由而不為主張者，不在此限：一、適用法規顯有錯誤。……」。

第五節　大法官解釋以解釋文及解釋理由書呈現

一、大法官解釋與法院判決有很大的不同

雖然大法官解釋文及解釋理由書與法院判決書性質上都是公文書，但大法官解釋的本質，學理上稱為「規範審查」，是對法律或命令（或相當於法律或命令者）審查其合憲性與否的問題，與法院判決是針對訴訟「個案」所主張的權利做出勝訴或敗訴的決定，完全不同。**這也是本書特別強調的重點之一**，若對訴訟個案勝訴或敗訴不服，是依審級救濟程序分別提起上訴（通常訴訟程序）或再審或非常上訴（特別訴訟程序），本質上與大法官解釋之聲請無關。

切不可將大法官解釋當成訴訟法上「特別訴訟程序」的一種，而誤以為所有訴訟案件最後還有大法官解釋可以「主持正義」。

雖然大法官解釋原則上也須透過具體爭議去審查規範，而這具體爭議常因個案而出發（人民聲請案件則必因個案爭議始），且大法官審查過程中確實也有斟酌個案情狀做出判斷，但**個案本身在大法官解釋中只是程序審查或討論的開啟「過程」**，以及解釋的結果如果對人民有利，人民可根據該大法官解釋就其原因案件提起再審或非常上訴，如此而已。

況且，既使大法官解釋宣告確定終局裁判所適用之「法令」違憲，決不代表確定終局裁判「判錯了」，只是確定終局裁判所依據的「法令」違憲，法院若再判一次，仍不一定會使當事人從「敗訴」變成「勝訴」！還要看具體個案。嚴格而言，只是「有機會」讓人民可以再請求一次救濟程序罷了。

總而言之，規範審查是大法官解釋對系爭法令通盤的合憲性檢討，與法院僅對單獨具體的個案所做出之勝敗判斷，迥不相同。

二、大法官解釋結果，展現在解釋文及解釋理由書

　　大法官共同開會議決釋憲案的解釋結果，就展現在解釋文及解釋理由書上。大法官們對該解釋案的共同意見、看法與討論結果，完完全全呈現在大法官解釋文與解釋理由書。

　　大法官解釋在哪裡可以找得到？現今網路資訊發達，政府網站所公布、公開的資料也非常地詳盡完整，與過去十年前甚至於更早之前比起來，政府部門的資訊公開真的有相當大幅度的進步，「電子化政府」成效卓越，例如：司法院網站中就每一號的大法官解釋文、解釋理由書甚至包括聲請書即有非常完整的公布，參照網址：http://www.judicial.gov.tw。

　　此外，當今社會新聞資訊多方齊聚溢流，報導良莠不齊，大法官解釋常遭扭曲誤解其實也非新鮮事，欲得到正確的大法官解釋文與解釋理由書，當然需要直接、第一手地閱讀文本。

三、大法官解釋文及解釋理由書之效力有何差異

　　再來，稍微討論大法官解釋文及解釋理由書的效力差異問題。晚近的大法官解釋文，越有仿判決書主文而有主文化的趨勢，因此越新的大法官解釋文，主文化的趨向就越明顯，就是結果合憲或違憲的宣告，在解釋文中會很清楚、簡要地呈現。

　　大法官解釋文本身當然具有拘束力，這部分毫無疑問。

　　但解釋理由書呢？原則上，解釋理由書就是解釋文的論理延伸，解釋文主文化後，幾乎就直接下結論，結論之理由如何構成就要看解釋理由書的闡釋。但偶而也會有解釋理由書附帶說明解釋文沒有說的一些事情，舉一個例子，民國97年釋字第637號解釋。

　　這是有關「旋轉門條款」之解釋，是由法官所聲請的釋憲案。旋轉門條款又稱為公務員利益迴避條款，公務員服務法第14條之1規定：「公務

員於其離職後三年內，不得擔任與其離職前五年內之職務直接相關之營利事業董事、監察人、經理、執行業務之股東或顧問。」

原因案件為曾任職某市之工務局局長王五，離職後隨即任職某營造股份有限公司擔任總經理一職，經檢察官起訴認違反上開公務員服務法之規定。該案之審理法官認為系爭規定牴觸憲法第15條工作權以及第23條比例原則，有違憲疑義，將本案裁定停止訴訟程序，聲請大法官解釋。

大法官釋字第637號解釋文即明白闡釋，系爭規定（所謂旋轉門條款）未牴觸憲法第23條，與憲法保障人民工作權之意旨無違。解釋文宣告系爭條文合憲，有拘束力，故無疑義。但解釋理由書末段另言，立法機關宜「……依據法律規定之實際執行情形，審酌維護公務員公正廉明之重要公益與人民選擇職業自由之均衡，妥善設計，檢討修正，特此指明。」這段沒有出現在解釋文中的文字究竟有無拘束力？

首先，這是法官裁定停止原因案件而聲請釋憲案，當法官收到此解釋文及解釋理由書時，該怎麼判？依前所述，大法官解釋文具有拘束全國各機關及人民之效力，故法官本即依此解釋意旨，朝系爭之旋轉門條款合憲的解釋方向，作為原因案件審判的判斷基礎。

但解釋理由書末段對立法機關之「建議」呢？這是解釋文所沒有出現的文字，發生什麼效力？立法機關有無因此受到拘束？實務上，多認為解釋理由書在闡明解釋文之意旨範圍內，有拘束力，但若額外出現的警示或籲請立法者應如何如何之文字，對立法者而言雖沒有法律上的拘束力，立法機關在當下或許不負擔對系爭法規的「修補義務」，但釋憲者所預留的伏筆，若立法機關日後仍消極不作為，亦「可能」在將來埋下違憲的種子[27]。

---

[27] 然而多數是在解釋文中出現的警示或籲請相關機關應如何之文字，而仍長期不作為，日後被

但如果是解釋理由書內所出現的闡釋性憲法原則說理或論理脈絡，倒是常常成為日後學理與實務界援引的對象，最著名的就是釋字第443號解釋理由書闡釋「層級化的法律保留」，這也是我國本土釋憲實務就法律保留理論發展出的著名體系之一。

四、大法官解釋意見書

談到大法官解釋文及解釋理由書的效力，就不得不再談到大法官解釋的意見書。實務上常有大法官解釋公布的同時，另有大法官以個人名義（或者聯名共同發表）所謂的協同意見書、或一部協同、一部不同意見書、或部分協（不）同意見書或者不同意見書，這些意見書的性質是什麼？發生何種效力？

意見書的法令依據是司法院大法官審理案件法第17條第1項及其施行細則第18條。後者第1項規定，若贊成解釋文草案的原則（例如：若系爭案件只有一個爭點，就該爭點贊成多數決之原則），但對理由有補充或不同之法律意見者，得提出協同意見書。

另外同條第2項則規定，若曾對解釋文草案之原則表示不同的法律見解者（同上例：如就該爭點與多數決採取不同的解釋原則，如多數意見採合憲結論，但提出意見書者認為應採違憲結論，或者甚至認為系爭案件程序上應不予受理者是），就可以提出一部或全部的不同意見書。

再者，釋憲實務上曾出現幾種特殊型態的意見書，例如一部不同、一部協同意見書，以及部分不同、部分協同意見書，這是該案件的解釋範圍涉及數條法律或命令（即解釋標的有數個），對其中部分或一部之解釋結

宣告違憲者。如釋字第640號解釋宣告「財政部臺灣省北區國稅局書面審核綜合所得稅執行業務者及補習班幼稚園托兒所簡化查核要點第七點」違憲，限期失效。即是因為釋字第247號已就相類似的規定於解釋文中宣示「檢討改進」，事隔近20年，竟仍未改進！

論與多數意見有異，即可為部分或一部不同意見；若對其中部分或一部法令之解釋原則與多數意見相同，但有補充意見提出，則為部分或一部協同意見。其他的只是排列組合的問題。至於「部分」與「一部」之間，只是個別大法官用語習慣之差異，無關宏旨。

　　意見書只是個別或數位大法官聯名對該號解釋所提出的「意見」，雖然根據審理案件法第17條第1項規定須連同解釋文及解釋理由書一併公布，但意見書沒有憲法解釋之拘束力，這部分是沒有爭議的。

　　大部分的意見書是論理的補充或表達自己立場的說明[28]，而協同意見書，絕大多數是釋憲理由構成的補充意見；再者，不同意見書當然也沒有拘束力，卻常為理論與實務界激盪出新的不同思考之種子，甚至也有可能成為未來改變憲法解釋見解之論理依據。例如：釋字第439號變更釋字第211號，釋字第211號劉鐵錚大法官所提出的不同意見書結論，即成為日後釋字第439號多數的解釋原則。

---

[28] 尤其是早期的意見書中，甚至自擬解釋文與解釋理由書，公開讓社會大眾參照比較。

第三章 大法官會議做過哪些重要解釋

　　什麼是「重要」？「重要」是什麼？是什麼「重要」？這又是一個世上難解的問題之一。

　　每一個人基於各自不同的需求與價值觀都會有不同的「重要」與否的觀察、取捨、標準或權衡。懷抱著「以國家興亡為己任、置個人死生於度外」，其所認知的「重要」，自然會和「江上之清風，與山間之明月，耳得之而為聲，目遇之而成色，取之無禁，用之不竭，是造物者之無盡藏也……」的北宋文學大家蘇軾所認知者異。

　　對於人權守門員、憲法守護者之大法官，重要的大法官解釋當然是那些落實人權保障、釐清權力分立界限有著開創性貢獻的宏偉解釋，字字精準、鏗鏘有力，每一筆劃都是人權的血淚奮鬥史；顯然不會是那些……如何運用高超技巧將受理案「轉化」成不受理案，不該避重就輕的爭點使之風淡雲清，以及將不受理案審查文寫得令人嘖嘖稱奇的「重要」「不」解釋！

　　本書所稱「重要」，是和一般讀者、潛在聲請人、對大法官解釋有興趣以及對司法改革有理想的人，站在一起觀照是不是「重要」。

　　作者學力有限，本書篇幅也有限，事實上幾乎每一號大法官解釋都或多或少有其重要之處（不重要者，原則上也不會做出解釋），取捨之下，粗略區分為三個部分介紹：(1)首先是對人權的保障做出劃時代貢獻的解釋；(2)再者，就我國權力分立間之界限與範圍，擲地作金石聲的闡釋；(3)最後，基於司法被動性格，必須要有人啟動聲請機制，大法官方得表示意見，因此釋憲的途徑暢通或者便利與否，左右釋憲之結果與成效，第

三部分討論則關於充實釋憲管道之「重要」解釋[1]。

第一節　立基人權保障的礎石

一、釋字第365號：父權優先條款，違憲

　　雖然中國有一句諺語：「法不入家門。」但是婚姻生活中，總要有一個人提出意見，既使不一定是最終的決定。

　　已結婚者或許同有感受，夫妻共營婚姻生活，柴、米、油、鹽、醬、醋、茶，尤其當有了子女，也成為家庭共同成員時，瑣碎到「今天晚餐要吃什麼？」這樣的問題若不明快處理，也可能會不定時引爆另一場家庭風暴。

　　婚姻可以是一場甜蜜的負擔，也可能是一座殘酷的牢籠；對未成年子女而言，家庭可以是一座溫暖的避風塘，也可能是一個佈滿地雷的戰場。

　　舊民法第1089條前段，首先規定：「對於未成年子女之權利義務，除法律另有規定外，由父母共同行使或負擔之。」據此，原則上應由父母共同決定未成年子女之權利義務關係應該如何安排，兩相無事，靜觀其變。但若兩者意見不一致時，怎麼辦？以誰為主？

　　舊民法第1089條中段即規定：「父母對於權利之行使意思不一致時，由父行使之。」此即一般俗稱「父權優先條款」。這裡的權利有哪些？比如說：監護權、親權、懲戒權、財產法上之法定代理權等等所有關於保護

---

[1] 另外，什麼是「重要」，本書學力實在有限，要窮盡所有重要解釋，勢所不能，主觀價值取捨後，擇其解釋公布日期較近者、社會大眾關注較多者、以及對釋憲程序影響較大者，擇要數號介紹如下。日後若有機緣，再整理其他重要解釋的評釋發表之。

教養子女的身分上及財產上的權利，若父母意見不一致時，依當時民法的規定，最終決定權在於父親。

（一）原因案件事實簡述

聲請人扈三娘，其丈夫童猛先聯合其父母將聲請人扈三娘驅趕離家，再將與其所生之次子推給扈三娘撫養，童猛為逼迫與其離婚，繼又訴請扈三娘履行同居義務之訴。未果，童猛無毒不丈夫，反而訴請交付子女之訴，既使扈三娘會同警察查獲童猛與他人通姦之事實。童猛訴請交付子女的訴訟，法院以（舊）民法第1089條中段規定：「父母對於權利之行使意思不一致時，由父行使之。」判決夫童猛勝訴確定。

另一個聲請人顧大嫂，是一位台北縣私立中學老師，其夫孫立是一名在新竹教書的大學教授。大學教授受肯定的是其專業智識能力而非「個人品格」，滿腹經綸與倫理道德常非正相關。兩人婚後一起住在新竹，顧大嫂每週即須從新竹至台北兩地往返，一年後生一女，逾二年，孫立多次因細故或無故毆打顧大嫂，遭判處拘役三十日，緩刑二年確定。之後，孫立遠赴國外一整年，未留給母女任何的生活費用，顧大嫂只得攜女回娘家居住，因而開啟數年間的子女爭奪戰。包括孫立訴請交付子女，地院與高院間二方互有輸贏，最終最高法院仍依據（舊）民法第1089條而判決孫立勝訴。另外，孫立在訴訟時也同時與他人通姦，先後已生下一子一女，法院當然也都知情。

（二）解釋精要

大法官於83年9月23日做出釋字第365號解釋，解釋文明白指出：「**民法第一千零八十九條，關於父母對於未成年子女權利之行使意思不一致時，由父行使之規定部分，與憲法第七條人民無分男女在法律上一律平等，及憲法增修條文第九條第五項消除性別歧視之意旨不符，應予檢討修正，並應自本解釋公布之日起，至遲於屆滿二年時，失其效力。**」

（舊）民法第1089條中段之父權優先條款，違反性別平等原則，宣告違憲，限期失效。釋字第365號成為大法官解釋中**首件**性別平等之指標性解釋。

（三）解釋成效

該解釋出爐二年後，85年9月立法院通過、總統公布新修正之民法第1089條，將原先的中段「父權優先條款」刪除。增訂第2項：「父母對於未成年子女重大事項權利之行使意思不一致時，得請求**法院**依子女之最佳利益酌定之。」爾後，法入家門，如果父母意見不一致時，可以請求法院決定之[2]。自此，臺灣社會之家庭圖像，廓然改觀。

二、釋字第392號：檢察官有羈押權，違憲

（一）解釋背景

現在的我們可能不容易想像，16年前我國的檢察官可以自己「依法[3]」羈押犯罪嫌疑人。依據法院組織法規定，檢察官職權主要是代表國家進行訴追工作，並且基於刑事訴訟結構之三角關係，當事人與檢察官是

2　須特別注意的是，新修正之民法第1089條刪除「父權優先條款」，但增訂第2項：「父母對於未成年子女重大事項權利之行使意思不一致時，得請求法院依子女之最佳利益酌定之。」因此，原因案件雖然因釋憲的結果，大法官宣告系爭法律違憲，聲請人得據以聲請再審，但既使再審之訴中，法院依據新修正的民法第1089條審判，仍不一定會因而判決聲請人勝訴。理由在於：新法只是賦予法院當父母對未成年子女重大事項權利之行使意思不一致時，依「子女最佳利益」酌定之，並不一定表示原因案件之「子女最佳利益」審酌後應歸屬於聲請人，也可能從新審酌子女之最佳利益後，仍然是相對人。從這個角度，也可再一次的強調，大法官解釋不是第四審。或許有人會問：聲請人不就「白忙一場」了嗎？這個問題在最後一章，將有說明。

3　（舊）刑事訴訟法第101條、第102條第3項準用第71條第4項及第120條等規定，於法院外賦予檢察官羈押被告之權；同法第105條第3項賦予檢察官核准押所長官命令之權；同法第121條第1項、第259條第1項賦予檢察官撤銷羈押、停止羈押、再執行羈押、繼續羈押暨其他有關羈押被告各項處分之權。

立於平等的地位，另由客觀第三人之法官聽審，斷其曲直。但當時檢察官卻可在訴追過程中，「合法」羈押犯罪嫌疑人。毋寧令人產生「有罪推定」而押人取供之疑，更有甚者，當事人與檢察官兩造武器如何對等？

　　現在的我們可能也不容易想像，當時實務界所引起的反彈有多巨大，以某檢察官刊文[4]標題可略知一二：「槍斃都可以，羈押為什麼不行？」

　　其實主要的理由，若放在今日的臺灣社會檢視，仍足令吾人反思。當時（80年代末、90年代初）社會暴力事件頻傳，尤其議會政壇「染黑」情形非常嚴重，當時議會笑談，在議場裡隨地可以撿到遺失物：手槍一把！法治社會在當時台灣未上軌道，檢方為求迅速辦案、查案與破案，若沒有羈押權這把大刀，擔心將喪失與黑道周旋的武器與先機，檢察官與加害人的武器，「必須」對等！

　　而這號保障人身自由的指標性案件，也創下我國釋憲史上第二次開憲法法庭舉行二次公開言詞辯論的歷史紀錄[5]。當時的言詞辯論代表人物，至今仍在釋憲史上著有貢獻。[6]代表立法院聲請之二位訴訟代理人目前已為資深、即將卸任的大法官：林子儀大法官與許宗力大法官（時任台灣大學教授）；當時的法務部長馬英九部長親自披掛上陣（現已是中華民國總統）；法務部另一名代表也是現任的大法官：林錫堯大法官；檢察機關代表之一盧仁發檢察長，日後晉升為最高檢察署檢察總長；法務部另推薦的學者之一，目前則是司法院副院長的蘇永欽大法官（時任政治大學法學院院長）。誠可謂冠蓋雲集、博洽淹貫，戮力為我國憲政發展而案牘勞形，共同寫下精采的一頁。

4　法務通訊第1744期，84年9月21日，第二版。
5　參照司法院大法官網站之大事紀要。
6　聯合晚報，84年10月19日，第三版；自立晚報，84年10月19日。

（二）解釋精要

本號解釋文及解釋理由書論證嚴密、層次分明、用語精練、擲地有如金石，值得一讀再讀，尤其對憲法第8條（我國憲法最重要的條文之一）人身自由保障的細膩闡釋，大開大闔，大破大立。

大破的部分，憲法第8條第2項規定：「人民因犯罪嫌疑被逮捕拘禁時，其逮捕拘禁機關應將逮捕拘禁原因，以書面告知本人及其本人指定之親友，並至遲於二十四小時內移送該管**法院**審問。本人或他人亦得聲請該管**法院**，於二十四小時內向逮捕之機關提審。**法院**對於前項聲請，不得拒絕，並不得先令逮捕拘禁之機關查覆。逮捕拘禁之機關，對於**法院**之提審，不得拒絕或遲延。」

憲法第8條第2項所稱的「法院」，僅限於擁有審判權之法院，不包括檢察機關。因此警察或檢察機關逮捕拘禁犯罪嫌疑人時，二者合併共用24小時，必須在24小時內移送有審判權之法院審問之。檢察官不再擁有羈押權，僅有羈押「聲請」權，**羈押權限只在於法官（即擁有審判權之法院）**，惟有法官有權決定犯罪嫌疑人應否羈押。

假設，如果憲法第8條第2項所稱之「法院」包括檢察機關，則當逮捕拘禁犯罪嫌疑人時，必須在24小時內移送審問的「法院（假若包括檢察機關）」，將導致自己是逮捕拘禁機關同時也是審問機關（只是從檢察機關內部之甲地送往乙地），檢察官的羈押權因此合憲。

但釋字第392號並不如此以為，警察或檢察機關只是逮捕拘禁機關，必須在24小時內移送法院（狹義法院，指有審判權之法官）審問，因此檢察官擁有羈押權違憲，檢察官只有羈押聲請權。這就是「大立」。

最重要的理由則是憲法第8條之制定目的。**欲保障人身自由，當以由法官構成之法院決定羈押與否，較能達成此目的，此不涉及檢察機關公不公正、客不客觀的問題，如同我們也不會（也不能）在法制上懷疑警察機**

關的公正客觀性問題。若然，同樣是國家機關，何不賦予警察機關羈押權？但這顯然與人身自由的高密度保障相牴觸。

羈押將人自家庭、社會、職業生活中隔離，拘禁於看守所、長期[7]拘束其行動，此人身自由之喪失，對其心理造成嚴重打擊，對其名譽、信用等人格權影響甚為重大，這是干預人身自由強度至極的強制處分，只能為「保全程序之最後手段」而謹慎為之。而此一手段的合法、必要與否，當由獨立審判的機關（法官），依法定程序予以審查決定，方符合憲法第8條第2項規定意旨，大法官會議明白地宣示出憲法的意旨精神。

（三）深入討論

本號檢察官羈押權的合憲性爭議，不得不提及90年代偵辦「華隆案」成名的已故臺北地檢署許阿桂檢察官。

1991年4月間，華隆公司一群小股東將檢舉信寄至台北地檢署，分由檢察官許阿桂偵辦。許阿桂檢察官以證人身分傳喚當時國華人壽總經理翁有銘，經訊問後認涉案重大，立即收押台北看守所。其後，此案如滾雪球般的引起社會轟動，尚涉及當時部長級人物的兒女等等，「疑似官商勾結，利益輸送」（維基百科，搜尋：許阿桂），小檢察官竟敢打大老虎！社會響起一片掌聲。

但立法院內又是另一番場景。卻提出102位立法委員連署的臨時提案，要求當時的法務部長呂有文到院說明，說明檢察官押人是否侵犯人

---

[7] 根據現行刑事訴訟法第108條規定，羈押被告，原則上偵查中不得逾二個月、審判中不得逾三個月，但有繼續羈押之必要時，得裁定延長之；而延長羈押期間，偵查中不得逾二個月，以延長一次為限，審判中每次不得逾二個月，如所犯最重本刑為十年以下有期徒刑以下之刑者，第一審、第二審以三次為限，第三審以一次為限（但是，如所犯最重本刑為十年以上有期徒刑之罪者－如刑法第271條第1項之殺人罪，有無羈押次數之限制？法無明文。）又根據本條第6項規定，「案件經發回者，其延長羈押期間之次數，應更新計算」。因此審判中案件一再經發回者，想像上，羈押期間可能綿綿無盡！

權？

　　雖然那時的提案未獲立院通過，但羈押權爭議餘波盪漾，華隆案同年6月間起訴後，當時立法委員又連署提出刑訴修正案，欲將偵查中的羈押權交由法官為之，但經法務部反彈未獲立院修正通過。這是釋字第392號的遠因。

　　三年後，適值涉嫌叛亂罪的許信良由美返台，在中正機場遭逮捕，高檢署發通緝令羈押，引起改革派司法官集體抗議羈押權集中在檢察長手上，也聲請釋憲[8]。

　　若上網搜尋司法院網站公布的釋字第392號解釋附件，關於聲請書部分就有許○良、立法委員連署以及法官聲請等數份，而許○良之釋憲聲請代理人，就是後來擔任中華民國第二位民選總統、首位非國民黨籍總統，目前因貪污案身繫囹圄的陳水扁（當時是律師）。

　　華隆案現在呢？有興趣的讀者不妨上網搜尋一下，據網路新聞，有些已無罪確定，有些仍在最高法院與高等法院中往返。

　　許阿桂檢察官，卻因操勞過度、積勞成疾，當同班同學蘇貞昌先生目前仍在政界發光發熱時，「忍者桂」卻於1997年以五十年華癌症辭世，留下法律人高風亮節的檢察官典範，也留下刑事訴訟法第323條第1項的「公訴優先自訴」之許阿桂條款，也「間接」影響釋字第392號解釋，但解釋的結果「卻是」檢察官有羈押權：違憲。

　　本案或許可以從法律社會學的角度，研究台灣法律正義與社會正義的巨大落差。

　　我想，許阿桂檢察官若不是因為華隆案大概也不會如此一戰成名，而

8　參考蔡墩銘編著，社會與法律－二十世紀台灣社會見聞，2001年2月，翰蘆出版社，頁54-55。

至目前為止，我所看到的司法實務界，我相信我們仍有許許多多的無名法官、檢察官們默默地在法院的一方，謙卑地盡其心力，為肩上所背負的司法正義良心而奮戰不懈！

三、釋字第535號：警察臨檢，須符合憲法意旨

（一）解釋背景

民國87年某日晚間九時石敢當獨自在士林重陽橋散步，遇二名警員正執行道路臨檢，見石敢當夜晚獨自一人行走，要求石敢當出示身分證件以供檢查，石敢當答以未帶證件而拒絕檢查。

該二警復對石敢當搜身（判決用語：**經警自衣褲外緣盤檢**），石敢當即口出三字經穢言相對，後遭警移送地檢署偵查，以觸犯刑法第140條第1項，於公務員依法執行職務時當場侮辱罪起訴，地院判決石敢當處拘役20日，得易科罰金，以及宣告緩刑二年，二審維持一審判決，本案定讞。

查當時警察臨檢的法律依據，只有民國75年11月10日修正公布的警察勤務條例第11條第3款規定：「警察勤務方式如左：臨檢：於公共場所或指定處所、路段，由服勤人員擔任臨場檢查或路檢，執行取締、盤查及有關法令賦予之勤務。」石敢當主張，該法並未對臨檢的實行方式具體規定，包括何時、何地、以如何的方式進行，況且警察勤務條例只是組織法，組織法不能用來作為警察為達成行政目的——臨檢手段的依據。因此臨檢行為無行為法作為依據，違反法律保留原則，違憲。石敢當的諸多主張，直指核心。

臨檢，當然是對人身自由的限制。

將受臨檢的人拘束在當場甚至帶至警察局，檢查其所攜帶物品或搜索其身體並盤問之，自屬限制受臨檢人之身體自由、行為自由、不表意自由以及侵害其人格權（人性尊嚴）。

　　試想：電影裡常有這樣的鏡頭，警察命令受臨檢人趴在牆上，用自己的腳勾開受臨檢人的腿，使其兩腳打開，警察即快速用手拍打可能藏有槍械的身體各部位（包括隱私部位），當任何人在公開場所被如此臨檢盤查時，路人率皆停下腳步，指指點點，受臨檢人有何尊嚴可言，本案石敢當因此口出穢言，國罵出口（只是因為沒有帶身分證！）因此，法律必須明定臨檢盤問的主體、對象、時機與臨檢之程序，以及警察臨檢盤問得採取之手段方式，方符合憲法保障人權之意旨。

（二）解釋精要

1. 警察勤務條例為組織法兼行為法性質

警察勤務條例規定警察機關執行勤務之編組及分工，並對執行勤務得採取之方式加以列舉，已非單純之組織法，實兼有行為法之性質。依該條例第11條第3款，臨檢自屬警察執行勤務方式之一種。

2. 臨檢手段須遵守法治國原則

臨檢實施之手段：檢查、路檢、取締或盤查等不問其名稱為何，均屬對人或物之查驗、干預，影響人民行動自由、財產權及隱私權等甚鉅，應恪遵法治國家警察執勤之原則。

3. 臨檢須符合法律明確性原則

實施臨檢之要件、程序及對違法臨檢行為之救濟，均應有法律之明確規範，方符憲法保障人民自由權利之意旨。

4. 不得任意臨檢、隨機檢查

警察勤務條例第11條第3款有關臨檢之規定，並無授權警察人員得不顧時間、地點及對象任意臨檢、取締或隨機檢查、盤查之立法本意。

5. 對場所臨檢之限制

除法律另有規定外，警察人員執行場所之臨檢勤務，應限於已發生危害或依客觀、合理判斷易生危害之處所、交通工具或公共場所為之，其中處所為私人居住之空間者，並應受住宅相同之保障。

6. 對人臨檢之限制

對人實施之臨檢則須以有相當理由足認其行為已構成或即將發生危害者為限，且均應遵守比例原則，不得逾越必要程度。

7. 執行人員須出示證件

臨檢進行前應對在場者告以實施之事由，並出示證件表明其為執行人員之身分。

8. 臨檢應於現場實施

臨檢應於現場實施，非經受臨檢人同意或無從確定其身分，或現場為之對該受臨檢人將有不利影響或妨礙交通、安寧者，不得要求其同行至警察局、所進行盤查。

9. 查明身分後原則上即應任其離去

其因發現違法事實，應依法定程序處理者外，身分一經查明，即應任其離去，不得稽延。

10. 系爭法律合憲限縮

前述條例第11條第3款之規定，於符合上開解釋意旨範圍內，予以適用，始無悖於維護人權之憲法意旨。

11. 有關機關應於二年內檢討改進

現行警察執行職務法規有欠完備，有關機關應於本解釋公布之日起二年內依解釋意旨，且參酌社會實際狀況，賦予警察人員執行勤務時應付突發事故之權限，俾對人民自由與警察自身安全之維護兼籌並顧，通盤檢討訂定，併此指明。

（三）深入討論

首先，釋字第535號解釋之結論是合憲？合憲限縮？還是違憲？學界與社會看法眾說紛紜。

本文認為釋字第535號解釋宣告警察勤務條例第11條第3款之規定尚屬合憲，但必須做限縮，而籲請有關機關於二年內檢討改進[9]。為什麼本號解釋的基調定為合憲？這可以從解釋文開宗明義表示：「警察勤務條例規定警察機關執行勤務之編組及分工，並對執行勤務得採取之方式加以列舉，已非單純之組織法，實兼有行為法之性質。」可嗅出一些本號解釋結論採合憲之鋪陳端倪。

反而言之，若要「直接」宣告系爭法律違憲，大概就不會繞一圈先肯認警察勤務條例亦有行為法性質之型態；更有甚者，如果宣告系爭法律違憲，毋寧表示警察勤務條例僅具組織法性質，檢討整部警察勤務條例，將可能全部都有類似爭議而將宣告違憲（皮之不存，毛將焉附）。

又本號解釋即使是合憲，但又「籲請」有關機關二年內通盤檢討警察勤務法規並全面改進之，此之「籲請」，嚴格而言，拘束力非無爭議。但因為此號解釋論證清晰嚴密，大法官解釋本身即具相當程度的社會公信力，該揭示對「有關機關」產生相當的壓力，「有關機關」也因而全面檢討提案修法改進之[10]，92年6月25日「警察職權行使法」制定公布，取代原來的警察勤務條例，並自92年12月1日施行，正符合90年12月14日公布之釋字第535號解釋所揭示之二年期間。

是無人可如此率直表示，大法官解釋必須要宣告違憲才有意義！合憲限縮宣告，仍能促使相關機關修法而達成大法官解釋規範控制目的，**核心**

---

[9] 另可參考釋字第627號解釋李震山大法官部分協同意見書。

[10] 結論合憲，但有關機關仍配合修法者，尚有釋字第584號解釋，可參考本書作者的另一本著作，人之圖像與憲法解釋，翰蘆出版社，2007年元月出版，頁192。

關鍵在於法學論證的嚴密與結論的貼近人民，本號解釋正是一個例證。

四、釋字第603號：戶籍法規定，不按指紋，就不發給國民身分證，違憲

（一）解釋背景

立法史上，台灣社會數度因為有重大刑案發生，而欲要求全民必須按捺指紋建檔以供刑事犯罪偵查之用。民國84年5月，發生眾所注目的桃園縣劉縣長命案，立法委員因而提案修正戶籍法，增訂第8條第2項：「依前項規定請領國民身分證，應按捺指紋並錄存。」同條第3項又規定：「**請領國民身分證，不依前項規定捺指紋者，不予發給。**」同年6月立法院即通過此案。

雖然早在84年立法院已修正通過的法律，行政院卻因種種原因而未執行。而當民國90年間，美國發生911恐怖攻擊事件，同年監察院即通過糾正案，糾正行政院及內政部等單位，認為行政機關應依戶籍法規定執行之。行政院於91年、94年二度提案修正，主張廢除戶籍法第8條第2、3項，但未獲多數立委支持。內政部仍定於民國94年7月1日全面換發國民身分證，並執行戶籍法第8條按捺指紋存錄之規定。

立法委員們因此於94年5月間緊急提出大法官釋憲案，並同時聲請暫時處分，在大法官解釋案未公布前，暫時停止戶籍法第8條第2、3項之適用。**大法官也因而做出釋憲史上第一次的暫時處分受理案：釋字第599號**。暫時處分的期間，釋字第599號宣示：至本案解釋公布時（即日後的釋字第603號解釋）或至遲於本件暫時處分公布屆滿六個月時，失其效力（也就意味著大法官自己給自己定下一個解釋期限）。同年7月27日、28日大法官舉行釋憲史上第10、11次的憲法法庭言詞辯論。

（二）解釋精要

指紋係個人身體之生物特徵，因其具有人各不同、終身不變之特質，故一旦與個人身分連結，即屬具備高度人別辨識功能之一種個人資訊。

由於指紋觸碰留痕之特質，故經由建檔指紋之比對，將使指紋居於開啟完整個人檔案鎖鑰之地位。因指紋具上述諸種特性，故國家藉由身分確認而蒐集個人指紋並建檔管理者，足使指紋形成得以監控個人之敏感性資訊。

本案違憲的最主要理由在於：關於強制全民按捺指紋並存錄之，以作為核發國民身分證要件之規定，其目的為何？戶籍法未設規定，於憲法保障人民資訊隱私權之意旨已有未合。

我國自終止動員戡亂時期後，已回復戶警分立制度，防範犯罪已不在戶籍法立法目的之涵蓋範圍內。況且行政院於言詞辯論時，亦否認取得全民指紋目的在於防範犯罪，故防範犯罪不足以為系爭法律之規範目的。

另外，並非國家不得定有法律要求人民按捺指紋，而是「國家基於特定重大公益之目的，而有大規模蒐集、錄存人民指紋，並有建立資料庫儲存之必要者，應以法律明定其蒐集之目的，其蒐集之範圍與方式且應與重大公益目的之達成，具有密切之必要性與關聯性，並應明文禁止法定目的外之使用。」

本號解釋亦對立法指出一個方向：「主管機關尤應配合當代科技發展，運用足以確保資訊正確及安全之方式為之，並對所蒐集之指紋檔案採取組織上與程序上必要之防護措施，以符憲法保障人民資訊隱私權之本旨。」

復依比例原則、不當連結禁止原則等審查方法檢視，終宣告戶籍法第8條第2、3項規定，違憲。

（三）解釋成效

　　戶籍法於97年5月28日修正公布，此次修正大幅修改戶籍法，其中第57條（即原第8條規定）修正理由第五點即明言：「依司法院釋字第603號解釋意旨，刪除原條文第二項及第三項規定。」自此，84年間制定但卻從未實施的換發國民身分證必須按捺指紋的戶籍法規定，釋字第603號解釋宣告違憲後，立法院接著配合修法刪除。未來也不大可能會有類似強制按捺指紋否則不發給國民身分證的規定，但只要符合釋字第603號解釋的闡釋，並不排除將來在其他法規中（例如設立一部專法）規定強制全民按捺指紋的可能性。

五、釋字第644號：人民團體法規定，主張共產主義或分裂國土的人民團體，不予許可設立，違憲

（一）解釋背景

　　稍微對台灣民主運動發展有認識的人，大概都聽過陳師孟先生。但不一定知道，其祖父曾是國民黨要員陳布雷先生。陳師孟，曾任台灣大學經濟系教授、台北市副市長、中華民國總統府秘書長，曾於民國87年間以發起人代表身分，向台北市政府社會局申請籌組社會團體「台北市外省人台灣獨立促進會」，其宗旨明言：「支持以和平方式，推動台灣獨立建國」。

　　當時台北市政府社會局認為「台北市外省人台灣獨立促進會」為政治團體，其主張與人民團體法第2條「人民團體之組織與活動，不得主張共產主義或分裂國土」規定相違背，依同法第53條規定，不許可設立。聲請人陳師孟提出訴願、再訴願（當時仍存有再訴願程序）均被駁回，復提起行政訴訟，最後也被最高行政法院駁回，其後聲請大法官解釋，主張人民團體法第2條違反憲法保障人民言論與結社自由，應屬違憲。

　　人民團體依法可分為職業團體、社會團體及政治團體，性質上都是屬於非營利團體。**關於政治團體之目的（主張）與行為（活動），憲法增修條文第5條第5項已經劃出一條界線，即「政黨之目的或其行為，危害中華民國之存在或自由民主之憲政秩序者為違憲。」**即使如此，禁止「危害中華民國之存在或自由民主之憲政秩序」的政黨，尚須該政黨成立後，而發生這類禁止的行為，而且要經憲法法庭作成解散之判決，該政黨方被禁止，宣告解散。人民團體法卻直接在申請設立之初，就不予許可，顯然過苛。

（二）解釋精要

1. 結社自由審查——許可設立與否之法定理由，應嚴格審查

　(1)結社自由之憲法本旨

　　　憲法第14條規定人民有結社之自由，旨在保障人民為特定目的，以共同之意思組成團體並參與其活動之權利，並確保團體之存續、內部組織與事務之自主決定及對外活動之自由等。

　(2)得對結社自由為限制

　　　結社自由除保障人民得以團體之形式發展個人人格外，更有促使具公民意識之人民，組成團體以積極參與經濟、社會及政治等事務之功能。各種不同團體，對於個人、社會或民主憲政制度之意義不同，受法律保障與限制之程度亦有所差異。

　(3)須經比例原則檢視

　　　惟結社自由之各該保障，皆以個人自由選定目的而集結成社之設立自由為基礎，故其限制之程度，自以設立管制對人民結社自由之限制最為嚴重，因此相關法律之限制是否符合憲法第23條之比例原則，應就各項法定許可與不許可設立之理由，嚴格審查，以符憲法保障人民結社自由之本旨。

2. 言論自由審查―從嚴審查對言論內容之實質限制

(1)對言論自由之限制，應符合比例原則之要求

言論自由有實現自我、溝通意見、追求真理、滿足人民知的權利，形成公意，促進各種合理的政治及社會活動之功能，乃維持民主多元社會正常發展不可或缺之機制（本院釋字第509號解釋參照），其以法律加以限制者，自應符合比例原則之要求。

(2)以政治主張做為許可設立人民團體法定要件，係屬言論自由的限制

所謂「主張共產主義，或主張分裂國土」只是一種政治主張，以之為不許可設立人民團體之要件，是賦予主管機關職權以審查言論的本身與內容，直接限制人民言論自由權。

(3)人民團體法第2條授權主管機關對言論內容為實質審查

雖然憲法增修條文第5條第5項規定：「政黨之目的或其行為，危害中華民國之存在或自由民主之憲政秩序者為違憲。」惟組織政黨既無須事前許可，須俟政黨成立後發生其目的或行為危害中華民國之存在或自由民主之憲政秩序者，經憲法法庭作成解散之判決後，始得禁止，而以違反人民團體法第2條規定為不許可設立人民團體之要件，係授權主管機關於許可設立人民團體以前，先就言論之內容為實質之審查。

(4)對言論內容之實質限制採從嚴審查

倘於申請設立人民團體之始，僅有此主張即不予許可，則無異僅因主張共產主義或分裂國土，即禁止設立人民團體，顯然逾越憲法第23條所定之必要範圍，與憲法保障人民結社自由與言論自由之意旨不符。

3. 解釋宣告——違憲，立即失效

前開人民團體法第2條及第53條前段之規定部分於此範圍內，應自本解釋公布之日起失其效力。

（三）深入討論

1. 審查客體的擴張

本號解釋理由書首段，明白指出大法官審查的對象，非以聲請書指明者為限，而且包括確定終局裁判所「實質援用」為裁判基礎之法令。

遍查聲請書，包括確定終局判決（最高行政法院90年度判字第349號判決[11]）都沒有提到人民團體法第53條。大法官也將其納入審查，主要原因是人民團體法第2條是行為要件的規定，法律效果的規定則在第53條，二者合併適用後，才能得出「主張共產主義或分裂國土的人民團體者，不予許可設立」之結論，因此必須一併審理。

2. 追蹤解釋成效

本號解釋係繼釋字第445號解釋宣告集會遊行法，其事前審查集會、遊行的政治性言論違憲後，另一個具有高度人權保障時代意義的解釋。宣告政府機關可以事後檢視其人民團體的目的與行為（有無主張共產主義或分裂國土），但若事前審查，毋寧是對言論自由內容之實質限制，因此採嚴格審查，而與比例原則之必要性原則顯然不符，違憲，立即失效。

釋字第445號解釋公布（87.1.23）後，立法院於民國91年6月26日配合該號解釋修正集會遊行法相關條文。

---

[11] 參見司法院大法官解釋彙編(二十一)，司法院印，民國98年5月初版，頁304以下。

　　但是，同樣也宣告違憲、立即失效的法律人民團體法相關規定，人民團體法至今卻仍未配合釋字第644號解釋修正。人民團體法於98年曾修法一次，此為配合民法總則而修正，可惜未能一併修改其第2條與第53條。雖然大法官已宣告違憲，立即失效，被宣告的法令當然、確定地、嗣後失其效力，惟相關法律尚未配合修正，似乎有所不夠圓滿。

第二節　劃下權力分立的紅線

一、釋字第261號——終止萬年國會

（一）解釋背景

　　我國第一屆國民大會代表選舉，各省於民國36年11月21至23日舉行，選出2961位國大代表，代表當時的中國4.61億人民，成為該時世界上最大的民主國家[12]。次月，舉行第一屆監察委員代表選舉，由各省市議會、蒙古西藏地方議會及華僑團體選出180席監委；隔年1月又舉行第一屆立法委員選舉，與國大代表同，亦由全中國各省市人民選出，共選出759名立法委員[13]。

　　依憲法規定，國民大會代表與監察委員每六年改選一次，立法委員則每三年改選一次，但後來，由於國民政府自中國大陸撤退，「事實不能」依法辦理選舉（實際上無法選出臺灣省與福建省以外其餘省份的代表），

---

[12] 隔年四月，這些國大代表選舉出中國首次的總統、副總統。總統由蔣中正獲得90.03%的選票當選，副總統則由李宗仁獲得52.62%擊敗副總統候選人孫科47.38%。參考維基百科，關鍵詞：「第一屆國民大會第一次會議」。

[13] 當時國共內戰已接近尾聲，中國共產黨拒絕派員參與選舉。參考維基百科，關鍵詞：「1948年中華民國立法委員選舉」。

為此，司法院大法官釋字第31號解釋（43.1.29）闡明，**在第二屆監察或立法委員未能依法選出集會與召集以前，仍應由第一屆監察或立法委員繼續行使職權**。在當時風雨飄搖的時代背景，這號解釋發揮了相當程度的穩定國家政權功能。

然而，這第一屆中央民意代表就這樣一直地、繼續地行使職權，至民國80年12月31日為止（此即釋字第261號解釋所宣示必須終止行使職權的日期），其間除了因為台灣地區人口增加及中央民代缺額（如自然凋零、無法行使職權等原因）而辦理數次中央民代增額補選外，前後長達約45年，這第一屆中央民代方終止職權，因而第一屆民代被戲稱為「萬年國會」。

（二）解釋要點

1. **中央民意代表之任期制度**為憲法所明定，第一屆中央民意代表當選就任後，國家遭遇重大變故，因未能改選而繼續行使職權，**乃為維繫憲政體制所必要**。

2. 惟**民意代表之定期改選，為反映民意，貫徹民主憲政之途徑**，而本院釋字第31號解釋、憲法第28條第2項及動員戡亂時期臨時條款第6項第2款、第3款，既無使第一屆中央民意代表無限期繼續行使職權或變更其任期之意，亦未限制次屆中央民意代表之選舉。

3. 事實上，自中華民國58年以來，中央政府已在自由地區辦理中央民意代表之選舉，逐步充實中央民意機構。

4. **為適應當前情勢**，第一屆未定期改選之中央民意代表除事實上已不能行使職權或經常不行使職權者，應即查明解職外，**其餘應於中華民國80年12月31日以前終止行使職權**，並由中央政府依憲法之精神、本解釋之意旨及有關法規，適時辦理全國性之次屆中央民意代表選舉，以確保憲政體制之運作。

（三）深入討論

1. 本號解釋究為合憲宣告抑或違憲宣告

這是一個饒富爭議的問題，釋字261號解釋時，尚處於司法院大法官會議法的時期，立法委員們根據該法第4條第1項規定，於其行使職權適用憲法發生疑義，聲請解釋。解釋結果：「釋字第三十一號解釋、憲法第二十八條第二項及動員戡亂時期臨時條款第六項第二款、第三款，既無……之意，亦未……」乍看比較像是對釋字第31號解釋的補充解釋，以及對憲法第28條第2項及動員戡亂時期臨時條款第6條第2、3款採取合憲的宣告。

若單獨對本號解釋對象（即釋字第31號解釋、憲法第28條第2項及動員戡亂時期臨時條款第6條第2、3款）分析，應是採合憲宣告，但明明本號解釋結論是要終止第一屆中央民意代表的職權，又像是宣告「第一屆中央民代繼續行使職權」這個行為違憲，本號解釋到底是合憲宣告還是違憲宣告，其實並不清楚。

2. 本號解釋的理由與方法尚非明確

再者，本號解釋的理由與方法亦不明確。解釋理由，嚴格而言只有一個（其實是直接下結論的句法）：「未定期改選之中央民意代表須終止行使職權」，其他都在闡述釋字第31號並沒有「使第一屆中央民意代表無限期繼續行使職權或變更其任期之意，亦未限制次屆中央民意代表之選舉」之意思（但為什麼釋字第31號沒有這些意思，未見理由）。

3. 何謂「為適應當前情勢」？

解釋方法只有一個：「為適應當前情勢」。

此似延續釋字第31號「情事變更原則」的脈絡，「暗示」民國79年（釋字第261號解釋當時）已無釋字第31號「當時」（民國43年）

「惟值國家發生重大變故，事實上不能依法辦理次屆選舉時，若
聽任立法、監察兩院職權之行使陷於停頓，則顯與憲法樹立五院
制度之本旨相違」之情事。但理由究竟何在？為什麼民國79年
「時」就沒有民國43年時的「情勢」？「當前情勢」到底是什
麼？民國79年沒有民國43年時局勢那麼緊張嗎？

4. 定期失效或限期失效之期日或期間，判準何在？

再者，和所有其他有關定期失效或限期失效的憲法解釋都有類似的
疑義，為何第一屆中央民代終止行使職權的終止點是在：中華民
國80年12月31日？大法官解釋是否應闡明一個判準，為後來就類
似事項得以遵循或參考？不過這號解釋實過於特殊，以後大概也
不會有類似的事件發生。

5. 釋字第261號解釋就終結萬年國會現象發揮臨門一腳

本號解釋當時的社會背景中，「野百合學運」亦被認為是終止萬年
國會的重要推手之一，當然當時還有其他的政治環境與社會因
素。但以現在的角度回頭觀照，釋字第261號解釋就終結萬年國會
現象實扮演著臨門一腳的角色。大法官解釋雖然不見得是民主憲
政火車頭的帶領者，但至少發揮了穩定當時憲政體制的功能，而
就此一政治味濃厚的憲政議題白紙黑字地立下解決方案。

6. 權力分立的紅線

「民意代表必須定期改選」，成為大法官解釋所立下的一條權力分
立的紅線。日後在釋字第499號同樣地也對民意代表須定期改選再
一次作出宣示。

二、釋字第419號──副總統兼任行政院長，與憲法意旨未盡相符

（一）解釋背景

這是釋憲史第一件，大法官受理審查總統「統治行為」的解釋憲法案。

或許以前有類似的聲請案，但成案受理並且解釋出來的，這是第一件。且更於民國85年10月16日在司法院憲法法庭舉行釋憲史上第四次的言詞辯論。

而且，這是審查第一次透過全民直選所選舉出來的總統[14]的統治行為，其民主正當性實質上更甚於過去透過由國民大會代表所間接選出的總統。當時中華民國第九任總統李登輝先生、副總統連戰先生，其政治聲勢與民間威望正可謂如日中天，大法官會議當時竟「敢」實質審查總統的統治行為，也間接可證大法官會議在全民心中所扮演的憲政仲裁者角色，具有舉足輕重之地位。

本案的解釋背景，簡略而言，原中華民國第八任總統李登輝先生，以及當時的副總統李元簇先生，行政院長為連戰先生，於民國85年首度全民直選總統時，由李登輝先生與行政院長連戰搭檔一組競選並當選之。連戰先生於同年5月20日就任副總統時，曾向總統李登輝先生提出辭呈，請辭原行政院長之職，當時李總統批示「著毋庸議」，引起社會一股說文解字風潮，到底「著毋庸議」意義為何？

無論公文上的「著毋庸議」意義為何，副總統連戰先生兼任行政院院長已成事實。國會殿堂沸沸揚揚，不到一個月，先通過「咨請總統儘速重

---

14 中華民國憲法增修條文第2條第1項前段規定：「總統、副總統由中華民國自由地區全體人民直接選舉之，自中華民國八十五年第九任總統、副總統選舉實施。」

新提名行政院長，並咨請立法院同意」的決議，但李總統不置可否。不同的立法委員們，前仆後繼地就不同的憲法疑義，分別找了當時立委總額三分之一以上之委員前後共連署聲請了四份聲請案[15]（當然連署人重複者所在多有，法令也無不得重複連署的規定）。可見當時討論的熱烈氛圍，或許這也是釋憲史上至今最多立法委員連署份數的憲法解釋案。

（二）解釋要點——分為三大部分

1. 副總統與行政院院長二者職務性質非顯不相容

副總統得否兼任行政院院長，憲法並無明文規定，副總統與行政院院長二者職務性質亦非顯不相容，**惟此項兼任如遇總統缺位或不能視事時，將影響憲法所規定繼任或代行職權之設計**，與憲法設置副總統及行政院院長職位分由不同之人擔任之本旨未盡相符。引發本件解釋之事實，應依上開解釋意旨為適當之處理。

2. 行政院院長於新任總統就職時提出總辭，屬統治行為，非得為釋憲客體

行政院院長於新任總統就職時提出總辭，係基於尊重國家元首所為之禮貌性辭職，並非其憲法上之義務。對於行政院院長非憲法上義務之辭職應如何處理，乃總統之裁量權限，為學理上所稱統治行為之一種，非本院應作合憲性審查之事項。

---

[15] 例如：立法委員馮定國等62名「為新任總統可否對行政院院長率內閣閣員總辭時，對行政院院長批示慰留或退回，而無須再提名並咨請立法院同意，又副總統得否兼任行政院院長，於適用時產生疑義，聲請憲法解釋案」，立法委員郝龍斌等82名「為副總統得否兼任行政院院長，於適用時產生疑義，聲請憲法解釋案」。又如：立法委員張俊雄等57名「為連戰先生以副總統身分兼行政院院長，有牴觸憲法第四十九條等條文之疑義，聲請憲法解釋案」以及立法委員饒穎奇等80名「為總統改選，行政院院長須否辭職並由總統重新提名行政院院長咨請立法院同意，副總統得否兼任行政院院長，及立法院『八十五年六月十一日審查通過咨請總統儘速重新提名行政院院長，並咨請立法院同意』決議案，是否逾越憲法賦與立法院之職權，以及對總統是否具拘束力等，產生疑義，聲請憲法解釋案」。

3. 逾越憲法所定立法院之職權之決議，對總統並無憲法上之拘束力

依憲法之規定，向立法院負責者為行政院，立法院除憲法所規定之事項外，並無決議要求總統為一定行為或不為一定行為之權限。故立法院於中華民國85年6月11日所為「咨請總統儘速重新提名行政院院長，並咨請立法院同意」之決議，逾越憲法所定立法院之職權，僅屬建議性質，對總統並無憲法上之拘束力。

（三）深入討論

1. 總統統治行為的紅線

本號解釋大法官軟性地委婉說明，副總統「不宜」兼任行政院長。

但如果必須明白地就此議題二擇一表態，到底副總統兼任行政院長是合憲還是違憲[16]？本書傾向於違憲宣告。理由在於：本號解釋文第一部分後段已表明，若總統缺位時，依憲法第49條規定應由副總統繼任，**若副總統也缺位時，由行政院院長代行職權**（憲法增修條文第2條第7項及第8項亦同此旨），憲法原本設計即將副總統與行政院院長分由不同人擔任，從憲法文義解釋以及大法官論述的脈絡觀察，違憲結論，似可理解[17]。**這是大法官就總統統治行為所劃下的一道紅線：人事安排必須要遵守憲法明文規定的意旨。**

---

[16] 解釋結果出爐當時，社會與論一致地「各自解讀」，參考：「釋憲案留空間，違不違憲，三黨各自表述」，自由時報86年1月1日第二版；「解讀釋憲文，官方大合唱，三黨不同調」，中國時報86年1月1日第四版；「兼閣揆是否違憲，釋憲後還是各說各話」，聯合報86年1月2日第四版。

[17] 爭議可能出在本號解釋理由書一、中段有一句話：「…本件副總統兼任行政院院長，憲法並無禁止之明文規定，又未違反權力分立原則，從兩種職務性質而論，復無顯然不能相容或有利益衝突之處，而此一兼任問題，各方仍有仁智之見，**則其兼任尚難認為瑕疵重大而明顯，已達顯然違憲程度。**…」似乎又與主文所宣示之意旨不同。但當解釋文與解釋理由書二者文義發生衝突時，基於解釋文性質上類似判決主文，當以解釋文為主。

2. 本號解釋成於97修憲前的舊法時期，本案若置於今日再解釋一次，可能結論將有所不同

　　但須特別注意的是，本號解釋成於民國85年，隔年，民國86年7月1日著名的憲法第四次增修（或稱97修憲），**將我國中央政府體制從原本的近似內閣制大幅修改為，或稱半總統制、或稱混合式的雙首長制**，總統得直接任命行政院長，無須經立法院同意；而且總統在一定條件下得解散立法院，立法院亦於一定條件下得彈劾總統（現行增修條文則又修改為大法官審理總統、副總統彈劾案，立法院則得通過總統、副總統罷免案，這是另話不深談）。若相同的釋字第419號解釋緣由，目前再解釋一次，恐怕結論將廓然改觀。

　　改變的理由有二，當時憲法對立法院與行政院若發生僵局時，並無適合的解決途徑（這也是本號解釋時，社會各界殷殷期盼大法官就此議題闡釋憲法意旨的緣由），但97修憲後，立法院與行政院間已有不信任投票制度可資解決。因此，若配合現行憲法規定，本案原因事實若再發生一次，或許將被認定為政治問題不予受理（或者受理但做出類似釋字第328號解釋之結論）。

　　再者，則是解釋方法的疑義。

　　解釋文首段明示「副總統得否兼任行政院院長憲法並無明文規定，副總統與行政院院長二者職務性質亦非顯不相容」，既無明文且非顯不相容，解釋方法應該是：若認為小部分不相容，即屬瑕疵可補正，釋字第342號解釋即曾明白表示有關法律雖已生效但立法機關應行補正程序，若整體大法官解釋理論前後一貫，且未變更解釋的前提下，本號解釋結論應該是要做合憲宣告。

3. 顯然是政治問題，大法官仍承擔重任毅然解釋

由此號解釋可知，本質明明是屬於高度政治問題（涉及當時立法院各黨派勢力的消長以及當時總統本身的權責不明），但那時社會卻企盼大法官解決此一憲政僵局（其後尚有釋字第520號解釋，也是屬於高度政治問題），公正、客觀、廉明的大法官社會形象顯已一定程度地建立在人民心中，而對我國堅持憲政主義的民主發展史再添一筆貢獻。本號解釋，事後多年再回頭觀照，解釋理由與結論仍鏗鏘有力，一定程度化解了社會紛爭，稱此號解釋為大法官所做過的重要解釋，亦可見大法官會議實擔負著憲政仲裁者的國家任務，絕非過言。

三、釋字第499號──國民大會第五次修憲，違憲

（一）解釋背景

曾有人戲言，世界上最沒有用的兩件東西，一件是人體內的盲腸，另一個就是「國民大會」。但盲腸從中醫的觀點不一定毫無用處，國民大會對我國的民主發展也並絕非毫無貢獻，然此戲言可側面了解國民大會普遍在人民心中的觀感與地位。

自民國94年6月7日國民大會通過立法院所提的修憲案後，國民大會「自我凍結」憲法本文所賦予的職權，分散由人民、立法院、司法院大法官或其他機關行使之。例如：中華民國領土變更案、修改憲法及複決立法院所提的憲法修正案，原由國民大會議決改為由全民複決[18]；對總統、副總統彈劾案，原由監察院提議向國民大會提出，改由立法院提出聲請司法院大法官審理[19]等等。

---

[18] 憲法第4條、第27條第1項，增修條文第1條參照。
[19] 憲法第100條，增修條文第2條第10款參照。

　　國民大會的法律定位，一直是研究民主憲政制度的難題之一。我們的國父　孫中山先生在《五權憲法》書中將國民大會當作政權機構，負責選舉、罷免、創制與複決。他的原始構想似將其設計為類如似美國選舉人團性質的非議會組織。

　　但孫中山先生又提出了政權，治權分離的思想，即國大有權，政府萬能。在這個思想下，國民大會不能被視為有立法權的議會，而是一個掌握政權的機構。孫中山先生另把立法院作為議會，並由國民大會選舉產生。**結果是，五院之間互不牽扯，無須互相負責，僅需對國大負責，以達到政府萬能的目的。這和立憲主義國家權力機關彼此間相互制衡（check and balance）的原理迥異。**[20]

　　再者，國民大會依憲法規定每六年改選一次（還記得前述釋字第31號，實際上直至釋字第261號以後國民大會才真正被改選），依憲法規定國民大會是常設機關，但不可能「常常」選舉總統、副總統或罷免總統、副總統，若立法院也沒有「常常」提出憲法修正案讓國民大會複決，國民大會就只剩下「修改憲法」一事可做了。

　　中華民國修憲史上，國民大會就常挾修憲之名行種種「擴權」之實，史跡斑斑，釋字第499號解釋的背景正是箇中代表，被稱為「國民大會代表自肥案」。

　　究竟有什麼樣的社會能量累積，激盪出連「專職」修改憲法的機關竟會如此擴權（自行延長任期長達二年餘），且職司違憲審查的大法官也受理審查，又做出違憲的結論（憲法增修條文竟會被宣告違憲）！

　　再描繪一下釋字第499號解釋前的社會氛圍：釋字第499號解釋成於民

---

[20] 對孫文五權憲法理論的批判，另可參考：李鴻禧，中華民國立憲政治的病理分析－以孫文的五權憲法為中心，收錄『臺灣憲法之縱剖橫切』，元照出版，2002年出版，頁13以下。

國89年3月，四年前（民國85年）首度總統人民直選，上述釋字第419號解釋副總統不得兼任閣揆，就在人民直選的李總統上任後不久做出。

隔年，民國86年縣市長改選，原本是少數的民進黨首度大勝（23席縣市長中占有12席，國民黨則占8席，總得票數僅少於國民黨七千多票）；再隔年，民國87年首度三合一選舉（立法委員、北高直轄市市長及縣市議員及鄉鎮市長合併選舉），則由國民黨大勝（225席立委中國民黨占123席，民進黨僅占70席；台北市長由馬英九勝出，高雄市長則由謝長廷小勝吳敦義4千多票當選）；而釋字499號解釋時（民國89年3月）正值第二次民選總統選舉前後，89年5月20日即發生中華民國首度中央政府政黨輪替。

回頭看那數年間，臺灣社會民心望向政治改革，極力企盼民主自由、清廉政治及政黨輪替，是時蔚為風潮（當年總統大選投票率超過8成，此後則逐次下降），國民大會竟一反民主選舉常態，修憲欲依比例代表方式選出國大，並以立法委員選舉各政黨所推薦及獨立參選之候選人得票之比例分配當選名額，復又同時延長自己的任期二年四十二天以及立法委員任期五個月，如此行徑，人心沸騰，當然被戲稱為「自肥案」。

（二）解釋要點

1. 國大代表修改憲法之行為本身仍有規範界限，必須符合程序正當性

修改憲法亦係憲法上行為之一種，如有重大明顯瑕疵，即不生其應有之效力。所謂明顯，係指事實不待調查即可認定；所謂重大，就議事程序而言則指瑕疵之存在已喪失其程序之正當性，而違反修憲條文成立或效力之基本規範。國民大會於88年9月4日三讀通過修正憲法增修條文，其修正程序牴觸上開公開透明原則，且衡諸當時有效之國民大會議事規則第38條第2項規定，亦屬有違。依其議事錄及速記錄之記載，有不待調查即可發現之明顯瑕疵，國

民因而不能知悉國民大會代表如何行使修憲職權，國民大會代表依憲法第133條規定或本院釋字第331號解釋對選區選民或所屬政黨所負政治責任之憲法意旨，亦無從貫徹。**此項修憲行為有明顯重大瑕疵，已違反修憲條文發生效力之基本規範。**

2. **修改憲法並非毫無限制，採有界限說**

憲法中具有本質之重要性而為規範秩序存立之基礎者，如聽任修改條文予以變更，則憲法整體規範秩序將形同破毀，該修改之條文即失其應有之正當性。憲法條文中，諸如：第1條所樹立之民主共和國原則、第2條國民主權原則、第二章保障人民權利、以及有關權力分立與制衡之原則，具有本質之重要性，亦為憲法整體基本原則之所在。基於前述規定所形成之自由民主憲政秩序，乃現行憲法賴以存立之基礎，凡憲法設置之機關均有遵守之義務。

3. **國大代表由立法委員之席次比例選出，與自由民主憲政秩序有違**

(1)構成規範衝突

第三屆國民大會88年9月4日通過之憲法增修條文第1條，國民大會代表第四屆起依比例代表方式選出，並以立法委員選舉各政黨所推薦及獨立參選之候選人得票之比例分配當選名額，**係以性質不同、職掌互異之立法委員選舉計票結果，分配國民大會代表之議席**，依此種方式產生之國民大會代表，本身既未經選舉程序，僅屬各黨派按其在立法院席次比例指派之代表，與憲法第25條國民大會代表全國國民行使政權之意旨，兩不相容，明顯構成規範衝突。

若此等代表仍得行使憲法增修條文第1條以具有民選代表身分為前提之各項職權，將**牴觸民主憲政之基本原則**，是增修條文有關修改國民大會代表產生方式之規定，與自由民主之憲政秩序

自屬有違。

(2)無不能改選的正當理由

　　上開增修條文第1條第3項後段規定：「第三屆國民大會代表任期至第四屆立法委員任期屆滿之日止」，復於第4條第3項前段規定：「第四屆立法委員任期至中華民國91年6月30日止」，計分別延長第三屆國民大會代表任期二年又四十二天及第四屆立法委員任期五個月。按國民主權原則，民意代表之權限，應直接源自國民之授權，是以代議民主之正當性，在於民意代表行使選民賦予之職權須遵守與選民約定，任期屆滿，除有不能改選之正當理由外應即改選，乃約定之首要者，否則將失其代表性。本院釋字第261號解釋：「民意代表之定期改選，為反映民意，貫徹民主憲政之途徑」亦係基於此一意旨。所謂不能改選之正當理由，須與本院釋字第31號解釋所指：「國家發生重大變故，事實上不能依法辦理次屆選舉」之情形相當。**本件關於國民大會代表及立法委員任期之調整，並無憲政上不能依法改選之正當理由。**

(3)與利益迴避原則有違

　　而國民大會代表之自行延長任期部分，於利益迴避原則亦屬有違，俱與自由民主憲政秩序不合。

4. **宣告違憲之效果：原增修條文繼續適用**

　　第三屆國民大會於88年9月4日第4次會議第18次大會以無記名投票方式表決通過憲法增修條文第1條、第4條、第9條暨第10條之修正，**其程序違背公開透明原則**及當時適用之國民大會議事規則第38條第2項規定，**其瑕疵已達明顯重大之程度**，違反修憲條文發生效力之基本規範；其中第1條第1項至第3項、第4條第3項內容並與

憲法中具有本質重要性而為規範秩序賴以存立之基礎，產生規範衝突，**為自由民主憲政秩序所不許**。上開修正之第1條、第4條、第9條暨第10條應自本解釋公布之日起失其效力，86年7月21日修正公布之原增修條文繼續適用。

（三）深入討論

1. 修憲程序有重大明顯瑕疵，為本件違憲的主要理據

細繹釋字第499號當時憲法關於修憲程序規定，只有憲法第174條關於修憲之提議、出席與議決人數比例之規定，以及增修條文第1條第9項（現行法第12條）授權之規定，並沒有修憲程序應遵守何等原則之明文。釋字第381號解釋曾揭示：除憲法第174條明文限制外，國民大會的議事規範關於「自律事項之決定，仍應符合自由民主憲政秩序之原則」可資參照。

本號解釋係將「重大明顯瑕疵」做為鋪陳違憲的主要理據。但「重大明顯瑕疵」標準，過去大法官釋字第342號及第419號兩號解釋，亦曾引用過。

2. 對照釋字第342號解釋之「明顯重大瑕疵」

釋字第342號解釋是關於國家安全會議組織法草案等三項法律草案所生的程序瑕疵爭議，依立法紀錄顯示[21]，只有第二案「國家安全局組織法草案」完成一讀程序，其他兩案都沒有完成審議，但兩個多禮拜後，突然有委員於立法院院會中提案變更大會議程，將此三案逕付二讀。

其後，「經『表決』及『重付表決』之程序通過後，列入『第二讀會』議程。依立法院議事規則第30條第2項規定：『第二讀會應將

---

[21] 參考立法院公報第83卷第2期，委員會紀錄第143頁。

議案朗讀，依次或逐條提付討論」。在未朗讀議案及就條文內容
做任何討論之情形下，主席遂將三案交付表決。**第一案進行表決
時，勉強仍可確知贊成、反對及棄權委員之人數及名單，至表決
第二案及第三案時，會場秩序業已失控，主席亦無法確知其表決
結果及委員投票意向，更無從確認曾否踐履三讀表決程序。**[22]」

但請注意，釋字第342號解釋結論是宣告合憲：「……關於依憲法
增修條文第9條授權設置之國家安全會議、國家安全局及行政院人
事行政局之組織法律，立法院於中華民國82年12月30日移送總統
公布施行，**其通過各該法律之議事錄，雖未經確定，但尚不涉及
憲法關於法律成立之基本規定。除此之外，其曾否經議決通過，
因尚有爭議，非經調查，無從確認。依前開意旨，仍應由立法院
自行認定，並於相當期間內議決補救之。**……」如此程度，尚未
至重大明顯瑕疵！

反觀本號（釋字第499號）原因案件被認定「重大明顯瑕疵」的程
序，僅因為國民大會投票方式採「無記名投票」：「國民因而不
能知悉國民大會代表如何行使修憲職權，國民大會代表依憲法第
133條規定或本院釋字第331號解釋對選區選民或所屬政黨所負政
治責任之憲法意旨，亦無從貫徹。此項修憲行為有明顯重大瑕
疵，已違反修憲條文發生效力之基本規範。」因此宣告違憲。

暫不論採「無記名投票」是否屬於「重大明顯瑕疵」，至少釋字第
342號原因事實之程序過程瑕疵，客觀上如此「零落」，大法官仍
認為「尚未及重大明顯瑕疵」，對照釋字第499號之原因事實，程
序上僅因採「無記名投票」就認為是「重大明顯瑕疵」。二者顯

---

[22] 參考釋字第499號解釋，大法官賴英照所提之協同意見書。

然存在相當的落差。

3.「明顯重大瑕疵」判準仍不夠「明顯」

釋字第342號解釋與釋字第499號解釋同樣以「明顯重大瑕疵」為判準，但顯然前者採寬鬆，後者採嚴格解釋，或許因為前者只是法律三讀的程序而後者是憲法修憲的程序，修憲理應比法律修改程序之嚴謹度，要求應相對高出許多，而合理化其解釋。

但是再對照釋字第419號。

釋字第419號所討論的「明顯重大瑕疵」，則是在判斷總統的統治行為：「……本件副總統兼任行政院院長，憲法並無禁止之明文規定，又未違反權力分立原則，從兩種職務性質而論，復無顯然不能相容或有利益衝突之處，而此一兼任問題，各方仍有仁智之見，**則其兼任尚難認為瑕疵重大而明顯，已達顯然違憲程度**。……」誠然基於權力分立原則，司法機關當然不會去質疑總統的某一項統治行為具有「明顯重大瑕疵」。

如此對照前後三件關於「明顯重大瑕疵」的解釋，所謂的「明顯重大瑕疵」判準，實仍非顯然明確。

4. 修憲採「無記名投票」是否為「重大明顯瑕疵」

首先，憲法對憲法修正案的程序，並無明文規定應採記名或無記名表決。這一點沒有疑義。

而修憲採「無記名投票」是否為「重大明顯瑕疵」，基本上有兩種看法[23]：

(1)甲說：重大明顯瑕疵說

民主的公開、透明原則也適用於議會內部關係，以方便選民對

---

23 整理自釋字第499號解釋孫森焱大法官部分協同意見書。

議員政治責任之追究，故除非有特殊重大事由，否則議會應採公開投票。

(2)乙說：非重大明顯瑕疵說

　　A、以『無記名投票』修憲，尚難謂為憲法所不許。

　　B、以無記名投票進行修憲議案之表決，雖會增加人民及政黨對國民大會代表追究責任的困難度，惟國民大會代表並未因此而卸卻其政治責任，故尚無以此認定系爭程序構成違憲之餘地。

　　C、無記名投票方式並不當然即違反民主憲政秩序。我國憲法並未明文規定修憲之決議應以記名投票方式為之。「國民參與原則」與「責任政治原則」固然為修憲程序中之重要原則，但也不必然即導出修憲的決議必須要以記名投票方式方才符合此二原則。

　　D、憲法責任政治所要求的國會透明、公開，所指涉範圍為何，學說意見不一。一說認為國會透明、公開僅止於議事公開，也就是討論與辯論公開，課予議會有讓任何人，特別是媒體進入議事場所觀察、監督議員發言、討論之義務，但該義務並不包括投票內容之公開。

　　顯而易見，本號解釋多數鑑定人[24]都認為修憲採「無記名投票」尚非屬「重大明顯瑕疵」。

　　再者，本號解釋**賴英照大法官的協同意見書**對記名、無記名投票有非常精采的論證，特節錄在此，以饗讀者（段落分行則採本書方式，以不超過五行為原則）：

---

[24] 參照釋字第499號解釋孫森焱大法官部分協同意見書，同前註。

「依國民大會相關議事錄及速記錄之記載，行憲以來歷次會議進行修憲案之表決時，均僅記載在場人數及贊成者之人數，偶有兼及反對及棄權者之統計，但均未記錄贊成、反對或棄權者之名單。

因此縱使採行記名表決，選民仍難以知悉國民大會代表『如何行使修憲職權』。從而依過去修憲會議之慣例而言，不論是否採行記名投票，對於憲法第133條所定責任政治之貫徹，未必產生涇渭分明之效果。

實務上，選民對國會議員之罷免並不多見。本解釋以貫徹罷免權之行使為基礎，認為無記名投票違憲，理由亦嫌薄弱。況如將來改從歐美多數國家先例，修憲廢除國會議員之罷免制度時，本解釋所揭示之公開透明原則，將何所附麗？

另方面，由於黨團之運作與監督，採行記名投票時，確使黨員之投票行為易於受到控制。政黨對於違反黨意而行使表決權之國民大會代表，亦便於施加黨紀處分；如受處分者為僑選或不分區之身分者，並可因而喪失國會議員之資格。（參照本院釋字第331號解釋）如採行無記名投票，則黨紀之追究確實較為困難。

在此情形下，若有黨意與民意相互扞格時，採無記名投票使黨員免於黨紀處分之牽制，反有利於廣大民意之反映。準此而論，記名或無記名投票之利弊得失尚難一概而論。

本院釋字第381號解釋雖指明國民大會『自律事項之決定，應符合自由民主憲政秩序之原則』，惟從該號解釋認為國民大會可不受憲法第174條之限制自行訂定修憲案第一讀會之出席人數觀之，無記名投票之採行應屬議會自律事項之範圍，不能遽認其當然違背『自由民主憲政秩序之原則』。」[25]

---

[25] 本號的解釋背景，當時社會雖然已民怨鼎沸，壓倒性的主張國民大會此次修憲應採違憲說，

第三節　釋憲大門再推開

稍微說明一下，為什麼關於釋憲程序也算是重要的大法官解釋。

我國聲請釋憲程序的法律依據主要是「司法院大法官審理案件法（實務上簡稱大審法）」以及「司法院大法官審理案件法施行細則（實務上簡稱大審法施行細則）」這兩部法律，然而只有大審法及其施行細則做為釋憲程序性規定，實際上有所不足。包括釋憲的效果不明（大法官宣告法律違憲了以後呢，聲請人可以得到什麼？）、聲請主體受限（例如：法官如何聲請釋憲？）、人民為什麼要來聲請法令違憲，對人民有什麼附帶的好處？等等難題，直接且不當地阻斷了釋憲管道，掩蔽了釋憲大門。

大法官解釋便「自己」逐步地暢通釋憲途徑、打開釋憲大門。而這「潘朵拉的盒子」一旦打開，大家期盼越多越深，要求大法官解釋再開大一些、再開多一些，因此期許及批評聲浪四起，反而忘卻原初大法官的美意！在權力分立架構下，這問題終究還是應由立法解決，方為正辦。

一、釋字第177號、第185號、第193號以及釋字第686號解釋
——人民聲請釋憲之效力

（一）解釋背景

還記得本書第二章闡述何謂大法官解釋時，其中一點：「大法官解釋對外具有拘束全國各機關及人民的效力」，曾討論過釋字第177號解釋。大法官解釋的效力問題，現行法律幾乎找不到任何的依據，理論上大法官

釋字第499號解釋結論似也順應民意，但民意是一件事，法律人本質應該具備的就法言法、依法論法，以及理性論證能力仍不能「退讓」，這就是法律人的尊嚴所繫。就本號解釋的結論可資贊同，但就本號的論證據而言，非無可討論之處，賴英照大法官意見書中展現了大法官的本色與尊嚴，值得敬佩！

解釋是「規範審查」，所處理的核心問題是法律（廣義的法律）有無違憲，而法律有沒有違憲，並不一定會和人民可不可以獲得救濟有關聯。

但是，站在現實的土地思考，如果聲請人聲請釋憲後，且釋憲結果是法令違憲，卻不能得到任何救濟的利益，試問：還有多少聲請人願意純為公益聲請釋憲？

釋字第177號（71.11.05）便是第一號確認司法院依人民聲請所為之解釋，對聲請人據以聲請之案件，亦有效力[26]。約兩年後，釋字第185號、第188號以及釋字第193號解釋陸續出爐，這些都是和人民聲請釋憲效力直接相關的重要解釋。甫出爐的釋字第686號解釋（100.3.25）也開了一面小窗。

因為有這幾號解釋，人民寄望大法官解釋能給一個救濟的機會，但須特別注意（本書也一再地強調）：即使聲請人聲請了大法官解釋，大法官解釋受理後且宣告系爭法令違憲，對聲請人而言，僅是獲得一個法院救濟的機會，至於法院會不會因而判決聲請人勝訴，並不一定！須視所宣告的法令本身，以及其後法院的判斷。

對人民（聲請人）而言，這幾號解釋是打開了人民聲請釋憲的大門，但對大法官解釋而言，這道為人民設想的門，推的並不輕鬆！請看這幾號解釋的發展前後脈絡，即可明白。

（二）各號解釋要點

1. 釋字第177號（重點）

本院依人民聲請所為之解釋，對聲請人據以聲請之案件，亦有效力。

---

[26] 前大法官蘇俊雄認為，釋字第177號解釋「其效果無疑將原本集中於規範控制的釋憲體系，擴展為兼容權利救濟的體制，打開對我國司法審查個案救濟之門。」誠屬的論。蘇俊雄，違憲審查制度及憲法解釋效力之界限，月旦法學雜誌第42期，1998年11月，頁30。

2. **釋字第185號（三個重點）**

(1)重申釋字第177號：司法院解釋憲法，並有統一解釋法律及命令之權，為憲法第78條所明定，**其所為之解釋，自有拘束全國各機關及人民之效力。**

(2)各機關處理有關事項，應依解釋意旨為之，**違背解釋之判例，當然失其效力。**

(3)確定終局裁判所適用之法律或命令，或其適用法律、命令所表示之見解，經本院依人民聲請解釋認為與憲法意旨不符，其受不利確定終局裁判者，**得以該解釋為再審或非常上訴之理由，已非法律見解歧異問題。**

3. **釋字第193號（重點）**

本院釋字第177號解釋所稱：「本院依人民聲請所為之解釋，對聲請人據以聲請之案件，亦有效力」，**於聲請人以同一法令牴觸憲法疑義而已聲請解釋之各案件，亦可適用。**

4. **釋字第686號（重點）**

本院就人民聲請解釋之案件作成解釋公布前，**原聲請人以外之人以同一法令牴觸憲法疑義聲請解釋**，雖未合併辦理，但其聲請經本院大法官決議認定符合法定要件者，其據以聲請之案件，亦可適用本院釋字第177號解釋……。

（三）深入討論

1. **關於釋字第177號解釋部分**

訴訟上，我國通常訴訟程序原則為三級三審制，但除了通常訴訟程序外，尚規定有特別訴訟程序。也就是說當訴訟走完三級三審後，原則上已經最終確定（即俗稱定讞），已經有一個「確定終局判決」，不能再為爭執。但如果另有特別事由，則非常例外地

可以再啟動訴訟程序，稱此為特別訴訟程序。

例如民事訴訟法第496條即規定再審程序，其第1項規定有13款得聲請再審的事由，該條第1款：關於確定終局判決「適用法規顯有錯誤者」，解釋上有無包括「消極的不適用法規」？

最高法院66年度台再字第170號判例明示「適用法規顯有錯誤者」，並不包括「消極的不適用法規」，顯有限縮法律文義，窄化了人民得聲請再審的途徑。釋字第177號解釋即認為：「確定判決消極的不適用法規，顯然影響裁判者，自屬民事訴訟法第496條第1項第1款所定適用法規顯有錯誤之範圍，應許當事人對之提起再審之訴……」這是第177號解釋的原因事實。

釋字第177號解釋更重要的是解釋文末段：「本院依人民聲請所為之解釋，對聲請人據以聲請之案件，亦有效力。」但是有什麼效力呢？本號解釋的闡釋並不算太清楚。

2. 關於釋字第185號解釋部分

日後，有某聲請人即引用對自己有利的解釋部分向法院聲請再審，例如：釋字第180號解釋的聲請人持該號解釋：「平均地權條例……、土地稅法……關於土地增值稅徵收及土地漲價總數額計算之規定……應向獲得土地自然漲價之利益者徵收……」認為結果對自己有利，向法院聲請再審。

但法院卻認為[27]大法官解釋效力亦有如同法律之不溯及既往原則，

---

[27] 原判決摘錄如下「……前開大法官會議第180號解釋係做成於本件迭次裁判之後，而法律不溯及既往乃為適用法律之重要原則，司法院大法官會議解釋雖非法律，惟其在審判上之適用，仍當依循此一原則，聲請人等自難執此解釋指摘成立在前之確定裁判，聲請人等對於原確定裁判依平均地權條例及土地稅法有關規定之認定原處分課徵其土地增值稅為適法，雖有不同意見，但在該釋字第180號解釋作成前，僅屬法律上見解之歧異……」行政法院72年度裁字第510號裁定。

因此只對解釋公布日後，嗣後地發生效力。然而原因案件勢必發生在解釋公布日前（無原因案件，何來該號大法官解釋），而且因為大法官解釋效力為嗣後效力，因此原因案件裁判時的「不同意見（如大法官解釋）」，僅屬法律上見解之歧異，並非裁判適用法規顯有錯誤，得為聲請再審之事由。

換句話說，當時該法院認為，在大法官解釋還沒有出爐前，法院的見解與大法官見解之間只是見解歧異的差別。如果依照此見解，釋字第177號解釋所稱：「本院依人民聲請所為之解釋，對聲請人據以聲請之案件，亦有效力。」毋寧是具文。

因而有第二件司法院闡釋人民聲請釋憲的效力解釋，即釋字第185號：「確定終局裁判所適用之法律或命令，或其適用法律、命令所表示之見解，經本院依人民聲請解釋認為與憲法意旨不符，其受不利確定終局裁判者，**得以該解釋為再審或非常上訴之理由，已非法律見解歧異問題。」**

釋字第185號解釋確立大法官解釋效力對聲請人之確定終局裁判發生溯及效力。聲請人得據該解釋為再審或非常上訴（如果是刑事案件）之理由。

3. 附帶提及釋字第188號解釋

既然提到釋憲聲請的效力，附帶一提釋字第188號解釋。該號解釋是中央與地方機關聲請統一解釋時的效力，原理原則與前述釋字第177號與第185號解釋大同小異。

釋字第188號解釋闡明：「中央或地方機關就其職權上適用同一法律或命令發生見解歧異，本院依其聲請所為之統一解釋，除解釋文內另有明定者外，應自公布當日起發生效力。各機關處理引起歧見之案件及其同類案件，適用是項法令時，亦有其適用。惟引

起歧見之該案件，如經確定終局裁判，而其適用法令所表示之見解，經本院解釋為違背法令之本旨時，是項解釋自得據為再審或非常上訴之理由。」

這號解釋承接著釋字第183號解釋而來。因為釋字第183號解釋將第177號解釋關於大法官解釋效力僅限於人民聲請，若是中央或地方機關行使職權適用法令發生疑義或爭議時之聲請解釋效力，則屬另一個問題。因為釋字第177號本來就沒有說明這一部分，大法官沒有說的部分，「通常」都會被當成沒有。

另外，釋字第183號解釋比較少人提，那是因為釋字第188號解釋也認為，若是中央或地方機關行使職權適用法令發生疑義或爭議時之聲請解釋效力，原則上也是嗣後發生效力（自解釋公布當日起發生效力），而引起歧見的案件，也得據該解釋為再審或非常上訴之理由。只要提出釋字第188號，即能涵蓋釋字第183號的內容，而且理論前後相貫通。

4. 釋字第193號解釋部分

簡單整理一下上述各解釋。

大法官解釋的效力原則上是嗣後發生效力，這是為顧及法安定性，但為了個案妥當性，賦予聲請人個案救濟的機會，因此釋字第177號及第185號，例外地給予聲請人的確定終局裁判溯及效力，意指得據以聲請再審或非常上訴。但是，其他人呢？同樣也是確定終局裁判所適用的**那項被宣告違憲的法令**，可不可以提起救濟？發生很大的爭議。

比如說，假設未來有某一號解釋，大法官解釋宣示無期徒刑違憲，立即失效，因而從該號解釋公布日起，所有無期徒刑條文失其效力，嗣後（在該號解釋公布日起）再也沒有人會被判處無期徒

刑。根據釋字第177號、第185號解釋，聲請人可以根據該號解釋做為聲請再審或非常上訴之理由，得到救濟的機會，非常大的可能可以免予無期。

但是，非聲請人但也是在該號解釋公布日**前**被判處無期徒刑的人呢？因為根據釋字第177號、第185號解釋僅限於原聲請人，其他人並不包括在內，因此非聲請人仍會被判處無期。

而釋字第193號解釋，則依然謹守釋字第177號及第185號解釋的看法，大法官解釋之效力還是沒有擴及到解釋公布日前之一般人，但是開了一個小門，擴及到**聲請人以同一法令牴觸憲法疑義而已聲請解釋之各案件**。細繹之下，這是當然的結果，蓋已聲請解釋之各案件，在大法官內部作業程序本即應予併案，釋字第193號解釋事實上並無擴張釋字第177號及第185號解釋的範圍。

5. **最後是釋字第686號解釋**

原上述聲請人聲請釋憲的效力，僅及於聲請人本身，蓋如果沒有聲請，自然就沒有聲請釋憲效力所及的問題。實務上亦有不同聲請人主張同一個法令違憲，不同的聲請人，不同的確定終局裁判，內部當然分為不同的案件，如果都在解釋公布日前遞狀聲請，院內作業程序都會予以併案，一旦併案，日後解釋效力當然都及於各聲請人。原本都沒有問題。

但釋字第686號解釋文：「本院就人民聲請解釋之案件作成解釋公布前，原聲請人以外之人以同一法令牴觸憲法疑義聲請解釋，雖**未合併辦理**，但其聲請經本院大法官決議認定符合法定要件者，其據以聲請之案件，亦可適用本院釋字第177號解釋……」關鍵處在於，某聲請書在做成某號解釋公布前已送，但未及合併辦理，該號解釋卻已公布，聲請效力無法及於該聲請書，形成漏

洞，釋字第686號解釋即在填補這個小漏洞。

釋字第686號解釋認為，只要在作成解釋公布前，原聲請人以外之人以同一法令牴觸憲法疑義聲請解釋，**雖未合併辦理**，但其聲請經本院大法官決議認定符合法定要件者，其據以聲請之案件，也為釋憲效力所及。須特別注意，雖然釋憲效力及於「原聲請人以外之人」，但這個人必須也要在該號解釋公布日之前，向司法院遞狀提起釋憲，而不是所有聲請人以外的人都為釋憲效力所及，都可以聲請再審或非常上訴。簡而言之，這號解釋其實只是為填補一個釋憲效力的小小缺口[28]。

二、釋字第371號、第572號及第590號解釋──各級法院法官有聲請釋憲權

（一）打開各級法院法官聲請釋憲大門的釋字第371號解釋（84年1月20日公布）

1. 解釋背景

釋字第371號解釋之背景，有幾個有趣的問題。

首先，這是件立法委員聲請案。

聲請原因是台南地方法院81年3月法律座談會的討論結論[29]，其認

---

[28] 但為了填補這個小小缺蟑，可能的後座力，如同陳新民大法官本號不同意見書所言：「……由本號解釋多數意見所宣示，直到解釋公布前，提出之釋憲聲請，都可以享受到釋憲結果的救濟實益。試問：是否會正同『以蜜引蜂蠅』般的吸引人民踴躍提出釋憲聲請？此種見解難道不會加重釋憲與審判機關的重擔？」惟這個後座力，於實務肯認併案制度時即已存在，「以蜜引蜂蠅」也許會因為這號解釋而更加嚴重，值得後續觀察。

[29] 這次座談會的原因案件提案，是因為某受處分人因違反稅法案件，對於地方法院處罰之裁定提起抗告，但未依當時相關稅法規定先向主管機關提繳保證金或繳清稅款即提起抗告，原審法院應如何處理？本次座談會的結論採乙說，即認為根據釋字第288號解釋的同一法理，上開相關稅法規定，使未向主管機關提繳保證金或繳清稅款之受處分人，喪失抗告之機會，係

為：「按法院辦理具體案件時，有審查有關法律是否牴觸憲法之權限。如認法律與憲法牴觸而無效時，得拒絕適用之。……」當立法委員在審查司法院大法官審理案件法草案時，認為司法院審查通過上述的法律見解，賦予一般法官實質違憲審查權，造成牴觸憲法第80條及第170條之疑義，因而聲請釋憲。

顯然，當時提案的立法委員們並不認為一般法院的法官擁有「實質違憲審查權」。

提案聲請當時，現行的司法院大法官審理案件法尚處於法律草案階段，當時仍是適用「司法院大法官會議法」，該法並沒有規定法官的違憲審查權部分。如果就這樣肯認一般法院都有「實質違憲審查權」，毋寧使我國變成兼採英美法系的「具體個案違憲審查模式」，而非歐陸法系的抽象規範違憲審查模式。這種「大變革」，當然涉及修法，絕非法律座談會可以定案的問題。

何況，座談會的結論對任何法院本來就無拘束力，僅供法官辦案之參考，既使已經司法院內廳處審查「發布」該座談會之結論，對司法院本身也無拘束力，這和大法官解釋的性質完全不同。

其次，這是件11位立法委員連署聲請的解釋案。

只有11位？是的，在當時「司法院大法官會議法」時期並沒有對立法委員聲請案做任何程序性的規範，適用相當於現行法第5條第1項第1款：「中央或地方機關，於其行使職權，適用憲法發生疑義，或因行使職權與其他機關之職權，發生適用憲法之爭議，或適用法律與命令發生有牴觸憲法之疑義者。」而將立法院也認為

對人民訴訟權所為不必要之限制。當時多數說的意見竟是原審法院應將該案卷宗直接檢送抗告法院處理，相當前衛。

是該條所規範的中央機關之一。

還有一個特殊的地方。本號解釋案公布前，現行「司法院大法官審理案件法」才通過未及兩年，大法官解釋便宣告該法所明文規定的法官聲請釋憲部分，停止適用！

現行司法院大法官審理案件法是在民國82年2月3日修正公布，該法第5條第2項原規定：「最高法院或行政法院就其受理之案件，對所適用之法律或命令，確信有牴觸憲法之疑義時，得以裁定停止訴訟程序，聲請大法官解釋。」依此規定，只有最高法院以及行政法院以機關名義方得聲請大法官解釋，各級法院各個審判庭法官原則上皆無聲請釋憲權。但釋字第371號解釋在該法公布未至兩年即改變了這個規定。

2. **解釋要點**

(1)憲法第80條規定，法官依據法律獨立審判，所稱之法律指**形式意義法律**

法官依據法律獨立審判，憲法第80條定有明文，故依法公布施行之法律，法官應以其為審判之依據，不得「自行[30]」認定法律為違憲而逕行拒絕適用。

(2)賦予各級法院法官皆有聲請解釋憲法之權

惟憲法之效力既高於法律，法官有優先遵守之義務，法官於審理案件時，對於應適用之法律，**依其合理之確信**，認為有牴觸憲法之疑義者，自應許其先行聲請解釋憲法，以求解決。是遇有前述情形，各級法院得以之為先決問題裁定停止訴訟程序，並**提出客觀上形成確信法律為違憲之具體理由**，聲請本院大法

---

[30] 此係本書為求論述清楚所加文字。

官解釋。

(3)法官聲請釋憲要件有三（整理釋字371號解釋文意旨）

　　A、須以法院名義聲請釋憲。但無需經行政直屬長官之核可。

　　B、必須對個案應適用之法律本身認為有牴觸憲法之疑義。

　　C、須有合理確信該法律違憲，且提出客觀上形成確信法律為違
　　　憲之具體理由。

3. 深入討論

本號解釋開啟了各級法院法官聲請釋憲之大門。關於程序部分的深
入討論，將在第七章部分細究。原依大審法規定，並非所有各級
法院法官皆可聲請釋憲，但釋字第371號解釋賦予各級法院法官們
得就其審判個案所適用的法律聲請釋憲，這有兩個意義，一方面
確立我國違憲審查的專設機關為大法官會議，非採美國或日本立
法例；另一方面，（於解釋理由書中）肯認我國違憲審查法制的
發展承襲歐陸國家。

但是，本號解釋受理程序部分，實非無爭議。

首先，立法委員以審查尚未通過的法律草案為名，以及將司法院內
部「發布」的地方法院座談會法律意見作為釋憲客體，聲請解
釋。這兩個部分都有疑義！

前者似將大法官解釋當做國會之憲法諮詢機關。

因立法委員本即屬憲政機關之一，於權力分立架構下，無論是行使
立法或修法權限亦負有遵守憲法義務，若於修法之際發生有違憲
疑慮即聲請解釋，不僅和大法官會議的違憲審查權扞格不入，也
會落人指導立法之口實。但亦有認為此類屬於「立法前的司法審
查」，由司法先行指導立法，係出於尊重司法，並無不可，稱此
為「預防性審查」。

再者，司法院內部「發布」的地方法院座談會法律意見，根本沒有任何拘束力可言；而且立法委員以行使職權為法定要件，再怎麼樣行使職權，想像上很難適用到地方法院法律座談會的討論結論本身。因此，此一劃時代的打開法官聲請釋憲大門，確立我國違憲審查制的基本方向，其受理程序實非無疑義。

從這一號解釋也可以說明，釋憲程序要件再怎麼要求嚴謹，若遇到重大「釋憲價值」且影響深遠者，只要大法官們多數議決受理，仍可突破僵化的程序要件。

因為對釋憲程序要件的重視，目的絕對不是為了嚴守程序規定本身，遵守程序要件目的仍在「保障人權」，絕非為避免形成「司法案件洪流化」[31]。

（二）釋字第572號解釋——具體化釋字371號解釋法官聲請釋憲之聲請要件

1. 解釋背景

本號解釋原因案件的背景，為某法官審理殺人等案件時，認為量刑時宣告死刑或無期徒刑太重，但宣告有期徒刑十五年之上限則嫌過輕，主張刑法第33條第3款的規定應宣告無效，使各級法院法官在量刑時，得就個案宣告二十年至五十年之長期自由刑。該法官即依據釋字第371號解釋聲請釋憲。

本號解釋，大法官藉此機會，對釋字第371號解釋做出補充，更具體敘明法官聲請釋憲的要件，此即釋字第572號解釋之背景簡介。

---

[31] 從另一個角度觀察，或許就是因為司法本身對保障人權部分努力不夠，才導致司法案件洪流化的結果。如今，若為了避免案件過多，反而在程序上做出種種限制，除了對「個別」收案的法官得以輕易地駁回，以減少自己的案件量外，對「整體」案件過多的情況顯然毫無助益。

2. **解釋要點**

(1)釋字第371號所謂「先決問題」，係指審理原因案件之法院，**確信**系爭法律違憲，**顯然**於該案件之裁判結果有影響者而言。

(2)所謂「提出客觀上形成確信法律為違憲之具體理由」，係指聲請法院應於聲請書內**詳敘**其對系爭違憲法律之闡釋，以及對據以審查之憲法規範**意涵**之說明，並基於以上見解，提出其**確信**系爭法律違反該憲法規範之論證，且其**論證**客觀上**無**明顯錯誤者，始足當之。

(3)如僅對法律是否違憲發生疑義，或系爭法律有合憲解釋之可能者，尚難謂已提出客觀上形成確信法律為違憲之具體理由。

3. **本號解釋的程序問題**

釋字第371號解釋打開了各級法院法官聲請釋憲之大門，但是釋字第572號解釋將此大門設下重重關卡，猶如上了數道密碼鎖。

程序上應檢討者：本號解釋的實體內容，應屬介於不受理與補充解釋之間。

從形式看，釋字第572號解釋比較像是不受理。蓋解釋理由書第二段已表明，本件聲請「核與上揭要件不符，應不受理」。第三段末亦認為，「本件聲請意旨，就刑法第三十三條第三款本文關於自由刑為上限之規定，如何牴觸憲法第七條、第十五條及第二十三條之闡釋，對其客觀上形成確信法律為違憲之具體理由亦尚有未足，併予指明。」這完全是不受理的論述方式。

但若稱此號解釋為補充解釋，也無不可。因為實體上本號解釋也真的限縮了釋字第371號解釋的要件。

更進一步的問題是，司法院大法官審理案件法第10條第1項已明定：「……不合本法規定不予解釋……」。據釋字第572號解釋內

容，本號原因案件就是因不合程序要件而不予解釋，已很清楚的表達原因案件不受理的結論。因此，釋字第572號解釋與大審法第10條第1項規定間發生緊張關係。

（三）釋字第590號解釋——補充釋字第371號、第572號解釋，賦予各級法院法官聲請釋憲時之緊急處分權

1. 解釋背景

本號原因案件是某法官審理兒童保護安置事件，適用兒童及少年性交易防治條例第15條及第16條第1項規定，認為該法賦予直轄市、縣（市）主管機關所設的緊急收容中心72小時安置時間，與憲法第8條規定須於24小時內移送該管法院訊問的規定明顯不符，應宣告無效。

大法官審理後，採取與釋字第572號解釋類似的方式，聲請部分採不受理結論，但做出補充釋字第371號、第572號解釋之方式，公布釋字第590號解釋。（本號解釋與大審法第10條第1項規定間，同樣也產生緊張關係！）

2. 解釋要點

(1)所謂「法官於審理案件時」，係指法官於審理刑事案件、行政訴訟事件、民事事件及非訟事件等而言。

(2)所稱「裁定停止訴訟程序」自亦包括各該事件或案件之訴訟或非訟程序之裁定停止在內。因之，**裁定停止訴訟或非訟程序，乃法官聲請釋憲必須遵循之程序**。

(3)訴訟或非訟程序裁定停止後，如有急迫之情形，法官即應探究相關法律之立法目的、權衡當事人之權益及公共利益、斟酌個案相關情狀等情事，為必要之保全、保護或其他適當之處分。

(4)依本院釋字第371號及第572號解釋，**聲請本院大法官解釋者，**

應以聲請法官所審理之案件並未終結，仍在繫屬中為限，否則即不生具有違憲疑義之法律，其適用顯然於該案件之裁判結果有影響之先決問題。

3. 進一步討論

本案未對實體意見做出結論誠屬可惜，而且將聲請部分不受理駁回，實有不可歸責於聲請法官之事由。闡述如下：

本案聲請法官於聲請之初，即認為兒童及少年性交易防治條例的規定，緊急收容中心得留置兒童或青少年72小時的時間實在太長，與憲法保障須於24小時內由法官介入之強制規定顯然不符。**因而趕快將案件結案，裁定將該涉案少年交付至其他適當場所。**

結果釋字第590號解釋卻認為，本案法官已經結案，因此有違憲疑義之法律顯然已經對裁判結果沒有影響。

換句話說，當法官發現有違憲疑義之法律時，應即刻裁定停止訴訟程序。但就本案而言，法官一裁定停止訴訟程序，原因案件之受安置的兒童或青少年，不就越「安置」越久了嗎？72小時已經過長，一裁定停止訴訟，等到大法官解釋出爐，「安置」綿綿無盡期！

然而釋字第590號解釋卻又說，我這號解釋，更賦予聲請釋憲的法官一個緊急處分權，即「訴訟或非訟程序裁定停止後，如有急迫之情形，法官即應探究相關法律之立法目的、權衡當事人之權益及公共利益、斟酌個案相關情狀等情事，為必要之保全、保護或其他適當之處分。」

本號大法官解釋實已「幫忙」本案法官指出一個方向：「遇此急迫情形，法官於裁定停止非訟程序時，即應為必要之妥適處分，諸如先暫交付其親權人或監護權人，或於該兒童或少年之家庭已非

適任時，則暫將之交付於社會福利機構為適當之輔導教養等是。」這就是本案緊急處分的例示方式。

問題是，在釋字第590號解釋未出爐前，未明文賦予聲請法官緊急處分權時，試問：聲請法官如何能在沒有法律明文規定下，做出什麼樣的緊急處分？本案聲請法官在當時除了儘快作出裁定，讓該名兒童或青少年脫離緊急安置中心外，還有其他方法嗎？

本號解釋以此不可歸責於聲請法官的理由，將法官聲請部分不受理，同樣喪失了對實體部分做出闡釋的機會：到底這種長達72小時的行政安置有無牴觸憲法第8條的規定？徒留想像空間。

第四章　大法官解釋與統計資料

第一節　撰寫本節緣由及統計名詞解釋

管仲（西元前685年）《管子》「問篇」中曾說：「**不明於數，欲舉大事，猶舟之無楫而經於水險也。**」

統計資料之重要性[1]，如當代統計巨擘前韋主計長端（伯韜）所言[2]：「**管理現代化國家，必須掌握統計數據，包括歷史資料及預測，才能洞悉國家基本態勢，規劃國家發展的正確軌跡，以不可搖憾的數字為政策的合理性辯護，據數究理，執簡馭繁，推動社會進步，增進民眾福祉。**」

為使大法官解釋的發展現代化，從精確的統計數字角度切入[3]，以微觀或宏觀分析大法官解釋，絕對有其必要性。「聯合國曾建議，一個能立足於現代國際社會的政策，必須有能力提供約1,600項國情統計指標資料。此舉充分顯示數字管理成功與否，是國家現代化的關鍵。[4]」但問題是，該如何選取大法官解釋的統計資料？又其統計指標該如何選擇？

如果認為法律實務工作中，「人」占有很大的決定因素，以「大法官屆次」統計大法官解釋案，也許是一個可以做為統計的參考指標。但必須

1　謝邦昌，「統計的出世及入世觀」，中國統計通訊，第9卷第11期，民87年11月，頁24-33。亦具參考價值。

2　韋端，「心中有數－統計發展與國家現代化」，財團法人國家政策研究基金會國政研究報告，財金（研）090-024號，90年6月1日。

3　司法院統計處從民國69年始，每年都有編印「司法院統計年報」。近年來，司法院每年也有編印「司法業務年報」，亦有上網供民眾線上檢索。本書統計資料來源，主要以司法院所編印的「司法業務年報」、司法院統計處編印的「司法院統計年報」，以及「大法官釋憲史料（司法院發行，87年9月出版）」為統計分析的基礎。

4　韋端，同註2。

特別注意的是：自97修憲後，憲法增修條文第5條第2項已明文修改為大法官「不分屆次，個別計算」，因此第六屆已是大法官區分屆次的最後一屆，民國92年以後就任的大法官已無屆次區別，須先予釐清。

本節先整體性的就聲請案件數量、每年解釋公布件數、應不受理與未結件數等指標分析，再以上述指標做綜合性參考，擷取重要的統計資料，以利讀者微觀或宏觀詮釋「大法官解釋」。

其實更為重要的是，統計數據本身的正確性！因為統計數據本身是中立的，惟有透過詮釋者的眼睛方產生出意義與價值，但不同的詮釋者自有不同的解讀，而唯有統計數據的精確方能做出有實效的解讀！

進入統計資料分析前，先解說本節末所附統計表的一些名詞。

這些統計表是自民國37年10月盤古開天有大法官解釋以來，到去年（99年），每一年的大法官審理解釋案件收結情況。

首先區分「聲請件數」、「終結件數」與「未結件數」三欄，其中聲請件數有「總計」、「舊收」與「新收」三小欄；終結件數有「合計」、「公布解釋」、「應不受理」、「撤回」、「併案」與「其他」六小欄，這些資料來源有從民國87年9月出版的《大法官釋憲史料》一書中重新編輯，而87年以後的統計資料則從司法院編印的歷年《司法業務年報》中擷取。

但本書在「終結件數」欄中，刪除了原始資料的「暫存」與「存查」這兩小欄，這理由可能須要交代一下：「暫存」是指從大陸所帶來的聲請案，自民國49年以後已無任何一件，現在再保留此欄已無實益。

「存查」則是因早期未將「陳請案」從聲請案裏區分出來，有些案件雖然名稱冠上「聲請釋憲」，但實質內容是陳請案者，早期有列入「存查」。而這類案件事實上也不多，因為如果真的是陳請案，陳情者多會寫明，魚目混珠其實不多，尤其自90年代始，司法院另設專人處理陳請案

後，「存查」此統計資料目前亦無太大實益。本書因此將此兩小欄刪除。

再來是歷屆大法官（收受聲請解釋案件）之期間：

第一屆大法官：民國37年10月至47年08月止；

第二屆大法官：民國47年09月至56年08月止；

第三屆大法官：民國56年09月至65年09月止；

第四屆大法官：民國65年10月至74年09月止；

第五屆大法官：民國74年10月至83年09月止；

第六屆大法官：民國83年10月至92年09月止；

自民國92年起，大法官不分屆次，個別計算（憲法增修條文第5條第2項）。

又所謂的「憲一」、「憲二」及「統一」、「統二」，這是司法院統計表依聲請者及案件性質，將案件區分為「憲一」、「憲二」及「統一」、「統二」。這同時也是實務上收案分類的指標。

憲一：指機關聲請解釋憲法，包括中央機關、地方機關、立法委員三分之一以上以及法官聲請（大審法第5條第1項、第3項及釋字第371號解釋等）都歸於此。

憲二：指人民聲請解釋憲法（大審法第5條第2項）。

統一：指機關聲請統一解釋法令（大審法第7條第1項）。

統二：指人民聲請統一解釋法令（大審法第7條第2項）。

第二節　重要統計資料分析

一、第一至六屆聲請件數與公布件數統計資料分析

　　從第一屆至第六屆（即自民國37年10月至92年9月止）總聲請解釋件數為7,640件[5]。第一屆有658件（其中公布件數為79件，比例約為12%），第二屆有355件（其中公布件數為43件，比例也約為12%），第三屆則有446件（其中公布件數為24件，比例約為5.4%），第四屆有1,145件（其中公布件數為53件，比例約為4.6%），第五屆有2,702件（其中公布件數為167件，比例約為6.1%），第六屆有2,334件（其中公布件數為200件，比例約為8.5%）。

　　聲請件數與解釋公布件數比例第一屆最高，那是因為當時聲請件數也少，當聲請件數越來越多時，比例自然會越來越低，第六屆受理比例8.5%已經算是很高（表示約91.5%聲請案被不受理，但也高達九成！）。

> 【本段重點】
>
> 　　第一屆至第六屆共解釋出566號解釋，與總聲請解釋件數7,640件，計算比例約為：7.4%。換句話說，從第一屆至第六屆（民國37年10月至92年9月）所有聲請大法官解釋的案件件數中只有7.4%受理公布出解釋，約92.6%的聲請案被不受理！[6]

---

[5] 第一屆至第六屆解釋案件統計資料出自：司法院2004.7印，2006.5增印，中華民國司法院大法官憲法守護者，頁50至55。

[6] 計算聲請案件數與受理公布件數間，存有一個可以想像的落差。例如：第一至六屆總聲請件數為7,640件，但很可能這7千多件聲請案並非全都在第一至六屆裡全部被解釋或做出不受理，偶有數件遺留至下一屆處理者。以下的計算也都有此小小落差問題，因此本節的計算結果，多僅稱「約」。

二、第一至六屆機關聲請與人民聲請解釋案件統計資料分析

如前述，第一屆至第六屆總聲請解釋件數為7,640件。若以機關聲請與人民聲請做統計指標，第一屆至第六屆聲請解釋中，機關聲請者815件，占10.67%；人民聲請者共6,825件，占89.33%。大約是9比1。各屆的詳細統計資料如圖表所示[7]，看圖說故事，從第三屆開始，人民聲請釋憲案件比例即高達九成以上。

但是若以作成解釋公布的件數計算，比例就遠不是9比1。

第一屆至第六屆作成解釋566件，其中機關聲請者266件，占47%，人民聲請者300件，占53%，已經接近5比5了。詳細統計資料也如圖表所示。

其中第三屆所公布的24件解釋全部都是機關聲請，沒有一件是因人民聲請而公布解釋，也就是說整整十年（第三屆自民國56年09月至65年09月止）超過九成比例的人民聲請釋憲案，沒有一件被解釋公布！

不過到第六屆時，人民聲請釋憲案而被解釋公布之比例已經達7成5，但第六屆人民聲請釋憲案之比例卻高達9成2，因此整體而言，機關聲請而公布解釋的比例還是比人民聲請而公布解釋者高出甚多，這應該和機關多有專業法制人員息息相關。

【本段重點】

從第一屆至第六屆的統計資料分析，人民聲請件數與機關聲請件數比例約為9：1，但作成解釋公布，人民聲請者與機關聲請者的比例為5.3：4.7，因此可以得出由機關聲請而被大法官會議公布解釋的機會高很多！

---

[7] 以下五個圖表，出自：中華民國司法院大法官，憲法守護者，司法院印。2006.05，頁50以下。

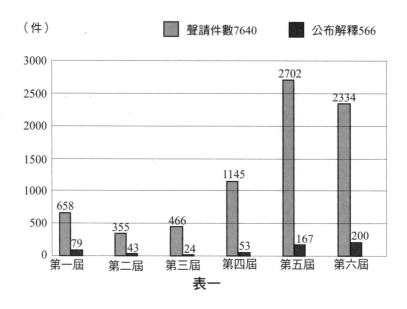

（件）

■ 聲請件數7640　　■ 公布解釋566

表一

■ 機關聲請

■ 人民聲請

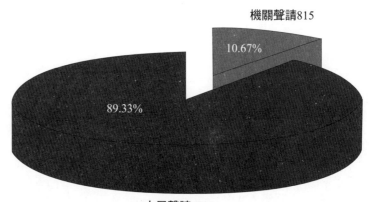

機關聲請815

10.67%

89.33%

人民聲請6825

表二

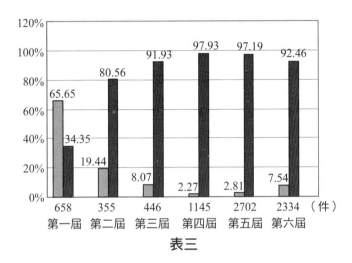

表三

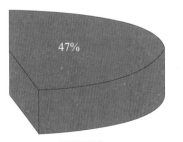

表四

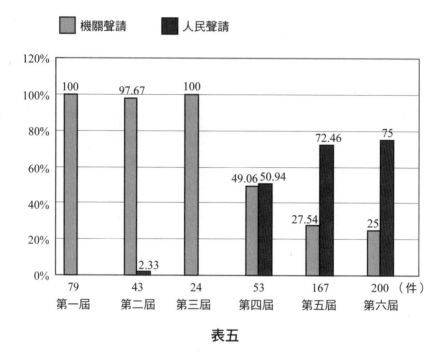

表五

三、從近十年聲請案件數量分析

換一個統計角度分析，從近十年的統計資料來看，首先是聲請案件數量。

自民國37年成立大法官會議收案以來，至今總收案件數已超過一萬件，「會台字」約在99年底前破10000號。「會台字」是民國41年大法官會議來台復會以後，其聲請案件所冠的名稱，來台以前，尚有「會字」及「會舊字」，未結案而帶到台灣來的，其實不多。

看看近十年的聲請案件數量統計資料[8]，民國89年那一年，聲請案件

8　參照司法院網站中之統計資料，http://www.judicial.gov.tw/juds/index1.htm。

數有173件（其中解釋憲法有157件，統一解釋法律及命令有16件）；民國
90年，聲請案件數有193件（其中解釋憲法有169件，統一解釋法律及命令
有24件），此後逐年增加；至民國96年，聲請案件數恰巧400件（其中解
釋憲法有359件，統一解釋法律及命令有41件），而民國99年聲請案件數
則高達541件（其中人民聲請有529件，機關聲請有12件）。

【本段重點】

　　從近十年聲請案件數可以知道三件事：第一，近十年來，每年聲請案件
越來越多。表示越來越多的聲請人期盼透過大法官解釋獲得救濟，但是聲請
案件中重複聲請的也不在少數，而重複者很多也因聲請理由相同或類似而被
「重複不受理」。

　　第二，近十年來聲請案件數，從每年200件左右，越來越多，到去年
（99年）的541件，過去每年以17%強的速度增加，對照後述的大法官解釋
公布件數，則增減互見，實際上並不因聲請案件數多而使得大法官解釋公布
件數增多，反而解釋公布件數與聲請案件數的比例日益降低，何以如此？這
是個有趣的問題意識。

　　第三，近十年來聲請案件中，統一解釋法令只占10%~15%，但近十年來
因聲請統一解釋法令而公布的件數相當地少，人民聲請統一解釋而公布者，
更是微乎其微。因為人民聲請統一解釋而能成立者，本來就非常不容易。

四、從近十年解釋公布件數分析

　　再看近十年來的解釋公布件數：民國89年解釋公布21件，90年17件、
91年18件、92年16件、93年17件、94年20件、95年15件、96年13件、97年
18件、98年16件、99年14件，這十年來平均每年解釋公布18.5件。

　　每年解釋公布18.5件有何意義？首先，是不是可以推知大法官們每個月平均「只能」做出1至2件解釋案呢？從實務觀點這顯然是否定的答案。

　　案情有繁有簡，有的案件共識程度高、有的甚至沒有任何交集，理由各別互異；甚至有些大法官解釋對人權保障甚有助益、有些則只是重申過去的解釋意旨。有些承辦大法官認為非大案不做、有些承辦大法官或認為只要符合程序就應受理且公布解釋，如果統計得出歷年來有多少受理案件在「灘頭堡前戰死」，方得具象大法官解釋的「績效」，但這類數目字從未列入統計指標，事實上也難以統計。

　　大法官解釋的「績效」若從數目字可以量化計算，恐將造成「『劣』大法官解釋逐『良』大法官解釋」。只要數字無須品質、只要數字無須在乎人權保障，這和上級審法官績效評比第一名者，細繹之下結果是將絕大部分的案件想盡辦法發回，離開自己的案件清單裡，同樣地陷入數字績效的迷思。此舉絕非全民之福！也和大法官解釋原初的設定相背。

　　再來就是近十年來，聲請解釋案件日益增多，但解釋公布件數仍維持在一定的件數，何以如此？從數字上看不出來，反而徒增很多想像空間。

　　若從實務觀點，我相信，當「憲法訴訟法」草案（即大審法修正案）未通過施行之前，大法官們再怎麼非常努力地工作，每年解釋的公布件數大概也是這個數字左右，而且這還是大法官解釋運作已經步上軌道之後的情況，若因法定事由更替大法官時，大概有半年左右的時間，所有基本的實務運作爭議問題，都會被從新從頭檢討一次，屆時自然壓縮討論案件實體的時間。

【本段重點】

　　近十年來大法官解釋平均每年公布18.5件。但這個數字只有在討論「司法院大法官審理案件法」或「憲法訴訟法」時才有意義。

五、近年應不受理與未結件數分析

　　司法院網站所公布的統計資料揭示，99年終結案件中以「應不受理」終結，約占95.9%，98年終結案件中以「應不受理」終結，則約占94.9%，該比率與97年（95.1%）相當[9]。這統計資料，大致符合實務處理解釋案件的情況，每年約略有超過9成的高比例聲請案件將被不受理，誠然不受理的原因各異，但有非常高的比例幾乎是完全未「依法」聲請，或者誤解司法院大法官審理案件法的程序規定，這就是本書所要解說的一大重點。

　　至於未結件數，近十年來每年高低各異，89年有134件、90年113件、91年123件、92年153件、93年200件、94年164件、95年149件、96年176件、97年199件、98年246件、99年226件，這未結件數事實上實際意義不大[10]。

　　聲請案件一年比一年多，未結案件同樣會受連動影響，除了顯然不受理的案件外，處理案件本來就需要一些時間，當然每位大法官處理案件所需時間以及每個案件複雜度各有不同，當年終才送進來的案件，很容易就成為該年度的未結件數。

　　但必有一些棘手舊案難以處理，每每討論後復又擱置或者承辦大法官尚在斟酌之中者，這類案件其實不會占太多（97年以前的舊案至多十來件），尤其每當大法官換新血時，案件重分，大家都會率先清理舊案，再處理新案，因此陳年舊案在大法官解釋中應該不算多見[11]。

---

[9]　參照司法院網站，http://www.judicial.gov.tw/juds/index1.htm

[10]　這部分也就是本章註6所稱計算上的小小落差。

[11]　可能會有人說：遲來的正義不是正義！但對照歷年來聲請案件數已超過萬件，十來件是在97年以前聲請的，比例已是相當的低（0.1%左右），雖說只要有一件「遲到」依然還是遲來的正義。但是「正義」的前提，多數聲請人還是盼望能宣告「違憲」獲得救濟機會，然而，以後如果有機會或者另有人士研究：「大法官會議釋憲聲請案結案日數與宣告違憲間的關係」

> 【本段重點】
>
> 　　近年應不受理的比例高達9成5（與第一至六屆平均9成26，其實也差不多），一方面因為聲請案件越來越多，另一方面則是因為絕大多數聲請人對聲請程序的不了解所致（這就是本書撰寫的最大目的：實例解析聲請程序）。至於未結件數分析，實際上意義不大。

第三節　大法官解釋結果宣告合憲、違憲統計分析

　　這個統計表格製作本身花了一番功夫，希望能拋磚引玉，冀方家達人指正。思慮不周，礙於學力，亥豕相望，事所難免。這樣通盤性的檢討歷號解釋違憲與否，其實有些解釋該如何歸類是存有爭議的，另外，應如何定義「違憲」，也非無疑義。這只是本書初步的觀察。

　　先提本節分析後的結論：大法官歷號宣告違憲的解釋，比例上約占三成。這個數字或許不因少數解釋歸類錯誤而產生過大的誤差。

一、本書對違憲解釋的理解

　　一般而言，宣告某某系爭法令「立即失效」，這種顯然屬於「違憲」的型態，沒有爭議，例如釋字第405號解釋，宣告83年7月1日修正公布的教育人員任用條例第21條第2項「應自本解釋公布之日起失其效力」；釋字第445號解釋，宣告集會遊行法第11條第1款、第2款、第3款「應自本解釋公布之日起失其效力」等是。

　　這類宣告某某系爭法令「立即失效」者，表達方式尚有「不再適用」

　　之類的題目，或許可以探究出，案件放越久與宣告違憲的比例之間的關係。

（如釋字第92號等）、「應不予援用」（如釋字第177號等）、「已無從適用」（如釋字第202號等）、「應不再援用」（如釋字第256號等）、「應停止適用」（如釋字第280號等）等等相類似的用語，都是宣告系爭法令立即失效。

還有一種也是屬於「違憲」的類型，相對也比較沒有爭議的，就是宣告系爭法令定期或者限期失效。定期失效的違憲宣告比較少，如釋字第251號解釋宣告違警罰法第28條至遲應於80年7月1日起失其效力；釋字第654號解釋宣告羈押法第23條第3項、第28條應自98年5月1日起失其效力者是。

限期失效就比較多了，如釋字第224號解釋，宣告稅捐稽徵法第35條至第39條，應自解釋公布之日起，至遲於屆滿2年時失其效力；釋字第289號、第300號、第313號、第365、第366號解釋等等。

另外有一些解釋是從「解釋意旨」去推測違憲，本書歸類為「其他」類之違憲，例如釋字第396號與第583號宣告公務員懲戒法應通盤檢討修正，觀其文字，其違憲幾乎可以確認。這類「其他」不多，基本上從解釋文及解釋理由書看不出來有合憲宣告的文字，但可推測其宣告違憲的意旨者，僅少數幾號。

二、單純「檢討改進」則歸於合憲類型

除此之外，如果已經在解釋文中表示系爭法令已與憲法意旨無違，只是某某法令應由主管機關檢討改進等等，這類解釋宣告很多，如釋字第162、211、222、239、247、250、255、259、265、270、286、301、311、318、319、327、330、334、335、336、342、346、347、353、356、359、377、397、409、414、417、426、428、429、433、434、441、465、466、468、472、485、488、489、493、496、501、502、

515、518、531、536、536、539、540、542、544、559、564、578、579、584、600、604、614、637、643、647、648、672、676、678、681號等等非常之多，本書認為這類單純的「檢討改進」仍應歸類為合憲宣告。但本書仍認為這些都是開放性可以討論的議題。

　　本書目前認為這類單純的「檢討改進」應歸類為合憲，其理由：1.從人民可否據以聲請救濟的觀點來看。單純檢討改進的宣告，人民顯然不可以根據被宣告某某法令「應檢討改進」的大法官解釋，而請求原因案件再審或非常上訴。2.何況這類解釋都已在解釋文及解釋解由書中明白表示，系爭法令與憲法意旨無違或者尚無牴觸等等相類似的用語（與本書歸類為「其他」者不同），只是系爭法令有些瑕疵，建議檢討改進而已。3.理論上，如此歸類亦與「合憲性解釋原則」道理一貫。

三、不涉及法令違憲之解釋，排除歸類在違憲解釋內

　　還有一類不涉及法令違憲之解釋，例如：釋字第86號解釋為監察院函詢「將高等法院及地方法院之民刑訴訟均併由行政院所屬之司法行政部主管此項設施是否與憲法第77條『司法院為國家最高司法機關掌理民事刑事訴訟之審判及公務員之懲戒』之規定相違背[12]」並不涉及法令違憲問題，雖本號解釋隱隱約約有宣示政府行為違憲的影子，只是實在太過隱晦，暫無法歸類為違憲。相關部門也未據以做任何實質改變（直到民國69年）。

　　釋字第162號解釋亦為監察院函詢「司法院所屬之其他人員如行政法院之院長、評事，公務員懲戒委員會之委員長、委員等既非依據法律獨立辦理民刑事訴訟之審判，是否得認為憲法第81條規定之法官，殊不無疑義」並不涉及法令違憲問題。

---

[12] 全文照錄，當時解釋文尚無標點符號。

釋字第277號解釋則闡釋「目前既無地方稅法通則，現行稅法又有未設上述通則性規定者，應從速制定或增訂。」亦不涉及何一法令違憲問題。

釋字第342號解釋認為「依前開意旨，仍應由立法院自行認定，並於相當期間內議決補救之。若議決之結果與已公布之法律有異時，仍應更依憲法第72條之規定，移送總統公布施行。」亦非涉及何一法令違憲問題。

釋字第364號解釋為立法委員連署問大法官「憲法第11條有無包括廣電自由？」同樣也沒有涉及法令違憲問題。

四、關於補充及變更解釋，亦難以歸類為合憲或違憲

大法官解釋中還有一種特殊的解釋類型，就是補充及變更解釋。例如：釋字第94、99、101、104、107、119、131、133、134、141、145、147、149、156、159、165、174、186、209、254、298、299、308、314、378、449、503、546、572、590、684號解釋等等。

該如何定性我國實務上所發展出來的補充或變更解釋，這本身已經是一個困難的問題[13]，如果要再歸類合憲或者違憲，更是困難，因為無法一概而論。並不是只要補充或變更解釋就一定可以歸類為合憲或違憲，需要個別解釋去檢視。但歸類為違憲解釋有其實務上的意義，此舉得讓聲請人獲得救濟的機會。因此從這個角度思考，本書仍將釋字第684號解釋歸類為違憲。

---

[13] 從程序上觀察，大法官解釋中，是曾有聲請人直接聲請補充解釋而且也成為釋字公布的前例，例如釋字第503解釋補充釋字第356號，釋字第652號解釋補充釋字第516號等，但這真的算少數，有更多的聲請人聲請補充解釋而被駁回者，無論是只有聲請補充解釋還是附帶聲請補充解釋，至於聲請人僅聲請變更解釋而且成案者，應該是沒有。學理上就補充或變更解釋是否為一獨立的聲請釋憲類型，存有相當大的爭議。

五、一些歸類上有疑義的解釋

（一）暫歸類為違憲的解釋

另外，有一些本書認為歸類爭議的解釋，本書暫歸類為違憲，但屬於「其他」類，號數不多，於此說明理由。例如：

1. 釋字第166號解釋，這是關於宣告違警罰法有關拘留、罰役由警察官署裁決之規定，應迅改由法院依法定程序為之（監察院聲請案）。大法官解釋明白宣示行政與立法機關應迅速修法以符合憲法意旨，雖未直接宣告違警罰法失效，但通篇解釋脈絡幾乎可以判斷違警罰法已違憲，可能為顧及法安定性考量，沒有直接宣告無效。這是號大多數人會認為是違憲宣告的解釋。

2. 釋字第261號解釋，這是一個非常特殊的解釋。因為這號解釋沒有宣告任何一項法令違憲，但本書仍暫歸類為違憲解釋。其宣告第一屆未改選的中央民意代表，應於80年12月31日以前終止行使職權。幾乎等同宣告政府的某項不作為，違憲。

   或許有讀者會認為，大法官解釋宣告違憲的對象本來就不只限於法律或命令。其實這樣說也還不夠精確，當然大法官解釋早就已經擴及到判例、決議等等，但這些都還只是在「得」規範審查的範疇內。統治行為可否受司法違憲審查，這有著相當複雜的學理爭議，也和政治問題原則上不審查的原則有關（釋字第328號解釋就是著例），但大法官解釋中，仍有少數直接審查「政治問題」而且還宣告違憲的，本號解釋就是這麼一號特殊的解釋。

   同樣宣告統治行為違憲的，還有兩號解釋。一是釋字第419號關於副總統得否兼任行政院長的解釋，雖然解釋文言「非顯不相容」，但若翻為白話文來說，此舉仍有「不相容」的部分。從通篇意旨，本書目前認為仍應歸類為違憲。另外一號則是釋字第632

號解釋，認為總統如果消極不提名監察委員，或者立法院消極不行使同意權「……自為憲法所不許」，同樣也揭示政府的某項統治行為有違憲之虞。

3. 另外，還有兩號關於公務員懲戒法的解釋：釋字第396號及第583號解釋，同樣已明白指出公務員懲戒法與公務人員懲處相關規定，應通盤檢討修正，其解釋文及解釋理由書用辭以及脈絡觀察幾乎已然宣示違憲，本書仍暫列為違憲[14]。

4. 釋字第491號則是公務人員考績法關於公務人員專案考績，一次記兩大過免職的相關規定，雖未宣告任何一項法令違憲（但釋憲聲請書卻直接挑戰相關法令違憲），然解釋文末明白指出：「相關法令應依本解釋意旨檢討改進，其與本解釋不符部分，應自本解釋公布之日起，至遲於屆滿二年時失其效力。」這是號宣告系爭相關規定檢討改進，又有落日條款之解釋，也很特殊。目前本書仍暫列為違憲。

5. 釋字第589號解釋也是一件特別的解釋。這是關於政務人員退職撫卹條例之規定。舊法原規定政務官於其任期屆滿後如任軍、公、教人員年資滿十五年者，有選擇領月退職酬勞金的權利，但93年新法規定，於92年12月31日前已服務十五年以上者，將來退職時，仍得依原規定，選擇月退。

---

[14] 釋字第396號與583號解釋，到底應該列為違憲或者僅是單純建議檢討修正，本書陷入兩難。這兩號都是涉及公務人員懲戒與懲處法制規定的通盤檢討，是一個重大的複雜爭議問題，若從解釋文脈絡觀察，違憲意旨幾乎已經如梗在喉，但就是沒有明白說出來，而且也沒有如釋字第491號解釋般宣告落日條款，另外，公務員懲戒法至今也未見有通盤檢討修正的法案通過。只是，執行層面是另一回事，相關機關未配合大法官解釋修法的情況實也不多見，這兩號解釋可說是少數的例外，吾人仍相信，這只是時間問題，通盤檢討公務員懲戒法制，在未來的某一天將會落實。

問題是在新法修正施行前已任職於受有任期保障的政務官，如果接續計算至退職的年資也已合計滿十五年者，因為退職時在92年12月31日以後，就失去選擇月退的權利。釋字第589號解釋認為此舉與憲法所保障的信賴原則有違，有關機關應依其解釋意旨給予選擇領取月退的權利。

請注意，本號解釋也未明文宣告任何一項法令違憲，而是直接指示有關機關應依本號解釋意旨作為。但據解釋意旨脈絡，本書目前仍歸類為違憲。

6. 釋字第601號解釋雖然也未明白表示那一條法令違憲，但也是多數人都認為是違憲的解釋。案因立法院審議94年度中央政府總預算案時，突然刪除司法院大法官支領司法人員專業加給之預算，認為此與憲法第81條之意旨「尚有未符」，釋字第601號解釋雖無明文宣告該決議違憲，卻在文辭脈絡中已道盡了違憲意旨。本書仍歸類為違憲。

（二）暫無法歸類為違憲的解釋

然而，有一些爭議的解釋，本書卻暫時無法歸類為違憲。例如：

1. 釋字第276號解釋，宣告「合作社法第五十五條第一項第六款規定之解散命令，乃解散合作社之處分，對於此種處分之要件及程序如何，該法未為明確之規定，宜由主管機關妥為檢討修正。」違憲意旨幾乎已呼之欲出，但仍未明示違憲。本書最後還是無法將之歸類為違憲，主要因為這是人民聲請的案子，聲請人應該難以據此模糊不清的解釋結論而獲得救濟機會。

2. 釋字第369號解釋也是如此。其宣告「二者互有出入，適用時易滋誤解，應由相關主管機關檢討房屋租稅之徵收政策修正之。」違憲意旨也已如鯁在喉，但仍未明示違憲。這也是人民聲請的案

　　子，聲請人應該也難以據此解釋結論而獲得救濟機會。

　　最後還是必須重複說明一次，每一號大法官解釋的解釋結論應如何歸類，是一個具開放性討論的問題。實益在於：至少與人民（包括聲請人以及解釋公布之後適用該法令的所有人）得否獲得救濟的機會（或於訴訟上主張）相關，但究應如何判斷，本書只是個開端或引子，自認想法尚非成熟，冀能拋磚引玉。然而，在實務工作中，歷年來大法官解釋違憲比例約占三成，這個結論，大致上是符合本書尚未製作出此表格前的想像。

六、整理所有至今大法官會議宣告法令違憲的解釋

〔至100年3月止，歷年大法官解釋宣告法令違憲一覽表〕

作者自製

屆別	解釋號次	公布日期	宣告違憲的法令[15]	解釋結論	立即失效	定(限)期失效	其他
一	49	44.7.27	司法院院字第1464號解釋	應予變更	∨		
一	51	44.8.13	司法院院字第2822號解釋	應予變更	∨		
一	61	45.8.13	司法院院字第2044號解釋	應予變更	∨		
一	92	50.8.06	司法院院解字第3486號解釋	不再適用	∨		
二	108	54.7.28	司法院院字第1232號解釋	應予變更	∨		
二	113	55.5.11	司法院院解字第2903號解釋	不再有其適用	∨		
三	136	62.8.3	司法院院解字第3991號解釋	應予變更	∨		
四	152	67.5.12	司法院院字第2185號解釋	應予變更	∨		
四	166	69.11.7	違警罰法有關拘留、罰役由警察官署裁決之規定	應迅改由法院依法定程序為之			∨
四	177	71.11.5	最高法院60年台再字第170號判例	應不予援用	∨		

---

[15] 另可參考：司法院大法官解釋索引（上冊）—釋字第1號至第550號解釋，司法院發行，92年6月出版，其第39頁以下「據以聲請解釋之裁判及解釋對象」。本表格則針對宣告違憲之法令，無擴及該解釋所有的解釋對象，因此即使某號解釋結論是部份違憲、部分合憲，本文仍將該號解釋歸為一號「違憲」解釋。

屆別	解釋號次	公布日期	宣告違憲的法令	解釋結論	立即失效	定(限)期失效	其他
四	185	73.1.27	行政法院62年判字第610號判例	應不予援用	V		
四	187	73.5.18	司法院院字第339號及院字第1285號解釋 行政法院50年判字第98號判例	應予變更 應不再援用	V		
五	201	75.1.3	行政法院53年判字第229號判例	於該解釋公布後，當然失其效力	V		
五	202	75.2.14	司法院院字第626號解釋有關第五部分	已無從適用	V		
五	210	75.10.17	70.8.31發布之獎勵投資條例施行細則第27條 財政部70台財稅字第37930號函	有違憲法第19條租稅法律主義之主旨	V		
五	213	76.3.20	行政法院27年判字第28號及30年判字第16號判例	應不再援用	V		
五	218	76.8.14	財政部67.4.7台財稅字第32252號、69.5.2台財稅字第33523號函	應自本解釋公布之日起6個月內停止適用		V	
五	220	76.12.23	行政法院60年判字第528號判例	不得再行援用	V		
五	224	77.4.22	稅捐稽徵法第35條至第39條	應自本解釋公布之日起，至遲於屆滿2年時失其效力		V	
五	242	78.6.23	74.6.3.修正公布前之民法第992條	與憲法第22條之規定有所牴觸	V		
五	243	78.7.19	行政法院51年判字第398號、53年判字第229號、54年裁字第19號、57年判字第414號判例 公務員懲戒法	應不再援用 應由有關機關通盤檢討，而為適當之調整	V		
五	251	79.1.19	違警罰法第28條	至遲應於80.7.1起失其效力，並應於此期限前修訂相關法律		V	
五	256	79.4.4	最高法院26年上字第362號判例	應不再援用	V		
五	261	79.6.21	第一屆未定期改選之中央民意代表	應於80.12.31以前終止行使職權			V
五	264	79.7.27	立法院第84會期第26次會議決議	與憲法第70條規定牴觸，自不生效力	V		

屆別	解釋號次	公布日期	宣告違憲的法令	解釋結論	立即失效	定(限)期失效	其他
五	266	79.10.5	行政法院48年判字第11號判例	應不再援用	∨		
五	268	79.11.9	71.6.15修正發布之考試法施行細則第9條第2項	增設法律所無之限制,並有違憲法保障人民權利之意旨,應不予適用	∨		
五	269	79.12.7	行政法院裁字第232號判例	嗣後不再援用	∨		
五	271	79.12.20	最高法院25年上字第3231號判例	應不再援用	∨		
五	273	80.2.1	68.5.4修正發布之都市計畫樁測定及管理辦法第8條後段	與憲法第16條之意旨不符,應不予適用	∨		
五	274	80.2.22	51.7.25修正發布之公務人員保險法施行細則第68條	增加法律所無之期間限制,有違憲法保障人民權利之意旨,應不予適用	∨		
五	275	80.3.8	行政法院62年判字第30號及62年判字第350號判例	應不再援用	∨		
五	280	80.6.14	銓敘部74.6.12（74）台華特3字第22854號函	應停止適用	∨		
五	282	80.7.12	國民大會代表所得受領之報酬及其他中央民意代表所得受領之待遇	應分別以法律明定其項目及標準本解釋自81.1.1起生效		∨	
五	288	80.12.13	79.1.24修正前之貨物稅條例第20條第3項	與憲法第16條之意旨有所牴觸	∨		
五	289	80.12.27	司法院院解字第3685號、第4006號及行政院61.10.12修正發布之財務案件處理辦法	均應自本解釋公布之日起,至遲於屆滿2年時失其效力		∨	
五	291	81.2.28	內政部77.8.17函頒之時效取得地上權登記審查要點第5點第1項	與憲法保障人民財產權之意旨不符,此部分應停止適用	∨		
五	294	81.3.13	行政院新聞局76.7.22發布之出版品管理工作處理要點	將工作檢查證發給非市政府所屬機關人員使用之規定,不得再行適用	∨		

屆別	解釋號次	公布日期	宣告違憲的法令	解釋結論	立即失效	定(限)期失效	其他
五	300	81.7.17	破產法第71條第2項但書	至遲應於本解釋公布之日起屆滿1年時停止適用		V	
五	306	81.10.16	最高法院69年台非字第20號判例	應不予援用	V		
五	312	82.1.29	行政法院53年判字第229號判例前段	應不再援用	V		
五	313	82.2.12	民用航空法第87條第7款	應自本解釋公布日起，至遲屆滿1年時，失其效力		V	
五	316	82.5.7	銓敘部79.10.6臺華特一字第0470777號函	增加法律所無之條件，與憲法實施社會保險照顧殘廢者生活，以保障人民權利之意旨尚有不符，應不再援用	V		
五	320	82.6.18	戰士授田憑據處理條例施行細則第3條第1項	與法律規定不符，有違憲法保障人民權利之意旨，應不予適用	V		
五	321	82.6.18	75.6.29.修正公布之關稅法第23條	與憲法第16條保障人民訴訟權之意旨有所牴觸	V		
五	323	82.6.18	行政法院59年判字第400號判例	應不再援用	V		
五	324	82.7.16	74.6.18修正發布之海關管理貨櫃辦法第26條前段	應以法律或法律授權之命令定之，並應於83.12.31以前制定施行，逾期上開規定應停止適用		V	
五	329	82.12.24	外交部所訂之條約及協定處理準則	應依本解釋意旨修正之			V
五	337	83.2.4	財政部76.5.6臺財稅字第7637376號函	應不再援用	V		
五	338	83.2.25	行政法院57年判字第414號及59年判字第400號判例	應不再援用	V		

屆別	解釋號次	公布日期	宣告違憲的法令	解釋結論	立即失效	定(限)期失效	其他
五	339	83.2.25	60.1.9.修正公布之貨物稅條例第18條第1項第12款 財政部66.12.20臺財稅字第38572號函	不符憲法保障人民權利之意旨,均應不予援用	∨		
五	340	83.2.25	公職人員選舉罷免法第38條第2項	與憲法第7條之意旨有違,應不再適用	∨		
五	349	83.6.3	最高法院48年台上字第1065號判例	嗣後應不再援用	∨		
五	350	83.6.3	77.8.17函頒之時效取得地上權登記審查要點第8點第1項、第2項	與憲法保障人民財產權之意旨有違,在此範圍內,應不予援用	∨		
五	362	83.7.29	民法第988條第2款	與憲法保障人民結婚自由權利之意旨未盡相符,應予檢討修正。在修正前,民法第988條第2款對於因信賴確定判決而締結之婚姻部分,應停止適用	∨		
五	363	83.8.29	臺北市政府70.7.23發布之台北市獎勵投資興建零售市場須知	係增加都市計畫法第53條所無之限制,有違憲法保障人民權利之意旨,應不予適用	∨		
五	365	83.9.23	民法1089條	與憲法第7條及憲法增修條文第9條第5項之意旨不符,應予檢討修正,並應自本解釋公布之日起,至遲於屆滿2年時,失其效力		∨	

屆別	解釋號次	公布日期	宣告違憲的法令	解釋結論	立即失效	定(限)期失效	其他
五	366	83.9.30	刑法第41條	關於易科罰金以6個月以下有期徒刑為限之規定部分，應自本解釋公布之日起，至遲於屆滿1年時失其效力		∨	
六	367	83.11.11	營業稅法施行細則第47條、財政部發布之法院、海關及其他機關拍賣或變賣貨物課徵營業稅作業要點第2項	有違憲法第19條及第23條保障人民權利之意旨，應自本解釋公布之日起至遲於屆滿1年時失其效力		∨	
六	368	83.12.9	行政法院60年判字第35號判例	有違憲法第16條保障人民訴訟權之意旨，應不予適用	∨		
六	371	84.1.20	司法院大法官審理案件法第5條第2項、第3項	應停止適用	∨		
六	373	84.2.24	工會法第4條	應自本解釋公布之日起，至遲於屆滿1年時，失其效力		∨	
六	374	84.3.17	最高法院75.4.22第8次民事庭會議決議（1）	應不予適用	∨		
六	380	84.5.26	大學法施行細則第22條第1項後段、第3項	應自本解釋公布之日起，至遲於屆滿1年時，失其效力		∨	
六	382	84.6.23	行政法院41年判字第6號判例	應不予援用	∨		
六	384	84.7.28	檢肅流氓條例第5條、第6條、第7條、第12條、第21條	均應自本解釋公布之日起，至遲於85.12.31失其效力		∨	
六	386	84.9.29	中央政府建設公債發行條例第8條前段	應自本解釋公布之日起，於其後依該條例發行之無記名公債，停止適用	∨		
六	390	84.11.10	工廠設立登記規則第19條第1項	應自本解釋公布之日起，至遲於屆滿1年時失其效力		∨	

屆別	解釋號次	公布日期	宣告違憲的法令	解釋結論	立即失效	定(限)期失效	其他
六	392	84.12.22	刑事訴訟法第101條、第102條第3項、第105條第3項、第121條第1項、第259條第1項,提審法第1條 司法院院解字第4034號解釋	應自本解釋公布之日起,至遲於屆滿2年時,失其效力應予變更		∨	
六	394	85.1.5	營造業管理規則第31條第1項第9款	自本解釋公布之日起,應停止適用	∨		
六	395	85.2.2	公務員懲戒委員會再審字第335號、第351號、第411號、第452號、第478號、第486號、第489號及第497號等案例	應自本解釋公布之日起不再援用	∨		
六	396	85.2.2	公務員懲戒法相關規定	有關機關應就公務員懲戒機關之組織、名稱與懲戒程序,併予檢討修正			∨
六	399	85.3.22	內政部65.4.19臺內戶字第682266號函	應不予援用	∨		
六	400	85.4.12	行政院67.7.14台67內字第6301號函及同院69.2.23台69內字第2072號函	應不再援用	∨		
六	402	85.5.10	保險代理人經紀人公證人管理規則第48條第1項第11款	應自本解釋公布日起,至遲於屆滿1年時,失其效力		∨	
六	405	85.6.7	83.7.1修正公布之教育人員任用條例第21條第2項	應自本解釋公布之日起失其效力	∨		
六	406	85.6.21	內政部73.2.20台內營字第213392號	應不適用	∨		
六	410	85.7.19	最高法院55年台抗字第161號判例	不再援用	∨		
六	413	85.9.20	行政法院63年判字第673號判例	應不予適用	∨		
六	415	85.11.8	所得稅法施行細則第21條之2	限縮所得稅法之適用,有違憲法第19條租稅法律主義,應不予援用	∨		

屆別	解釋號次	公布日期	宣告違憲的法令	解釋結論	立即失效	定(限)期失效	其他
六	419	85.12.31	由副總統兼任行政院院長，與憲法設置此二職位分由不同之人擔任之本旨，未盡相符	引發本件解釋之事實，應依解釋意旨為適當之處理			∨
六	420	86.1.17	獎勵投資條例施行細則第32條	與立法意旨未盡相符部分，應不適用	∨		
六	422	86.3.7	行政院49.12.23台49內字第7226號令及內政部73.11.1台內地字第266779號函	應不再援用	∨		
六	423	86.3.21	交通工具排放空氣污染物罰鍰標準第5條	應自本解釋公布之日起，至遲於屆滿6個月時失其效力		∨	
六	425	86.4.11	內政部78.1.5台內字第661991號令發布之土地徵收法令補充規定第16點	與土地法第233條之規定未盡相符，於憲法保障人民財產權之意旨亦屬有違，應不予適用	∨		
六	430	86.6.6	行政法院48年判字第11號判例	應不予援用	∨		
六	436	86.10.3	軍事審判法第11條、第133條第1項、第3項、第158條	應自本解釋公布之日起，至遲於屆滿2年時失其效力		∨	
六	439	86.10.30	海關緝私條例第49條司法院釋字第211號解釋相關部分	應不再適用應予變更	∨		
六	440	86.11.14	台北市政府64.8.22發布之台北市市區道路管理規則第15條	應不再援用	∨		
六	443	86.12.26	役男出境處理辦法第8條	應自本解釋公布日起至遲於屆滿6個月時，失其效力		∨	
六	445	87.1.23	集會遊行法第9條第1項但書集會遊行法第11條第1款、第2款、第3款	亟待檢討改進應自本解釋公布之日起失其效力	∨		
六	446	87.2.13	公務員懲戒委員會再審字第431號議決案例及其他類似案例	應不再援用	∨		

屆別	解釋號次	公布日期	宣告違憲的法令	解釋結論	立即失效	定(限)期失效	其他
六	450	87.3.27	大學法第11條第1項第6款、大學法施行細則第9條第3項	應自本解釋公布之日起，至遲於屆滿1年時失其效力		∨	
六	451	87.3.27	內政部77.8.17台內地字第621464號函發布之時效取得地上權登記審查要點第3點第5款	應不予適用	∨		
六	452	87.4.10	民法1002條	應自本解釋公布之日起，至遲於屆滿1年時失其效力		∨	
六	453	87.5.8	商業會計法第5條第4項	應不予適用	∨		
六	454	87.5.22	83.4.20行政院台內字第13557號函修正核定之國人入境短期停留長期居留及戶籍登記作業要點第7點	應自本解釋公布之日起，至遲於屆滿1年時失其效力		∨	
六	455	87.6.5	行政院人事行政局63.5.11（63）局肆字第09646號函	諭知有關機關於本解釋公布之日起1年內，基於本解釋意旨，逐以法律規定或由行政院會同考試院，依軍人及其家屬優待條例第32條第2項之授權妥為訂定		∨	
六	456	87.6.5	85.9.13修正前之勞工保險條例施行細則第25條第1項	與憲法第23條規定之意旨未符，應不適用	∨		
六	457	87.6.12	行政院國軍退除役官兵輔導委員會發布之「本會各農場有眷場員就醫、就養或死亡開缺後房舍土地處理要點」第4點第3項	主管機關應於本解釋公布之日起6個月內，基於解釋意旨，就相關規定檢討，妥為處理		∨	
六	459	87.6.26	司法院院字第1850號解釋	應不再援用	∨		
六	462	87.7.31	行政法院51年判字第398號判例	應不再適用	∨		
六	469	87.11.20	最高法院72年台上字第704號判例	應不予援用	∨		

屆別	解釋號次	公布日期	宣告違憲的法令	解釋結論	立即失效	定(限)期失效	其他
六	471	87.12.18	槍砲彈藥刀械管制條例第19條第1項	應自本解釋公布之日起不予適用	∨		
六	474	88.1.29	47.8.8考試院訂定發布之公務人員保險法施行細則第70條（84.6.9修正發布為第47條）	逕行規定時效期間，應不予適用	∨		
六	477	88.2.12	戒嚴時期人民受損權利回復條例第6條	與憲法第7條有所牴觸，凡屬漏未規定之情形，均得於本解釋公布之日起2年內，依該條例第6條規定請求國家賠償	∨		
六	478	88.3.19	財政部73.12.27台財稅第65634號函	應不予援用	∨		
六	479	88.4.1	內政部訂定之社會團體許可立案作業規定第4點	逾越母法意旨，侵害人民依憲法應享之結社自由，應即失其效力	∨		
六	483	88.5.14	公務人員任用法第18條第1項第3款公務人員俸給法第13條第2項公務人員俸給法施行細則第7條	與憲法保障人民服公職權利之意旨未盡相符，應從速檢討修正			∨
六	484	88.5.14	財政部70.8.19台財稅字第36889號函	應不再援用	∨		
六	487	88.7.9	冤獄賠償法第2條第2款前段	自本解釋公布之日起，應不予適用	∨		
六	491	88.10.15	公務人員考績法第12條第1項、第2項、第18條	應自本解釋公布之日起，至遲於屆滿2年時失其效力		∨	
六	492	88.10.29	經濟部74.8.20經（74）商字第36110號函	應不予援用	∨		
六	499	89.3.24	第3屆國民大會於88.9.4第4次會議第18次大會以無記名投票方式表決通過憲法增修條文第1條、第4條、第9條暨第10條之修正	應自本解釋公布之日起失其效力，86.7.21修正公布之原增修條文繼續適用	∨		

屆別	解釋號次	公布日期	宣告違憲的法令	解釋結論	立即失效	定(限)期失效	其他
六	505	89.5.5	財政部64.3.5台財稅第31613號函	應不予適用	✓		
六	507	89.5.19	83.1.21修正公布之專利法第131條第2項、第3項	應自本解釋公布之日起不予適用	✓		
六	514	89.10.13	教育部81.3.11修正發布之遊藝場業輔導管理規則第13條第12款、第17條第3項	應不予援用	✓		
六	516	89.10.26	行政法院85.1.17庭長評事聯席會議決議	應不予適用	✓		
六	520	90.1.15	經行政院會議決議停止執行之法定預算項目，基於其對儲備能源、環境生態、產業關連之影響，並考慮歷次決策過程以及一旦停止執行善後處理之複雜性，自屬國家重要政策之變更	仍須儘速補行由行政院院長或有關部會首長適時向立法院提出報告並備質詢之程序	✓		
六	522	90.3.9	77.1.29修正公布之證券交易法第177條第3款	自本解釋公布之日起，應停止適用；	✓		
六	523	90.3.22	檢肅流氓條例第11條第1項	應於自本解釋公布之日起1年內失其效力		✓	
六	524	90.4.20	全民健康保險法第31條、第41條第3款、第51條、84.2.24發布之全民健康保險醫療辦法第31條	應於本解釋公布之日起2年內檢討修正		✓	
六	529	90.7.13	國防部81.11.5（81）仰依字第7512號函、內政部台（81）內役字第8183830號函、行政院85.8.23台85內字第28784號函金馬地區役齡男子檢定為已訓乙種國民兵實施辦法	應不予適用主管機關81.11.7廢止該辦法時，應採取合理之補救措施，或訂定過渡期間之條款	✓		
六	530	90.10.5	司法院組織法、法院組織法、行政法院組織法、公務員懲戒委員會組織法	應自本解釋公布之日起2年內檢討修正		✓	
六	532	90.11.2	83.9.16發布之臺灣省非都市土地山坡地保育區、風景區、森林區丁種建築（窯業）用地申請同意變更作非工（窯）業使用審查作業要點第2點、第3點	應不予適用	✓		

屆別	解釋號次	公布日期	宣告違憲的法令	解釋結論	立即失效	定(限)期失效	其他
六	535	90.12.14	警察勤務條例相關規定	應於本解釋公布之日起2年內依解釋意旨,通盤檢討訂定		V	
六	549	91.8.2	勞工保險條例第27條、第63條、第64條、第65條	應於本解釋公布之日起2年內予以修正		V	
六	551	91.11.22	毒品危害防制條例第16條	應自本解釋公布之日起2年內通盤檢討修正,逾期未為修正者,誣告反坐之規定失其效力		V	
六	552	91.12.13	民法第988條第2款等相關規定	儘速檢討修正	V		
六	556	92.1.24	司法院院字第667號解釋司法院釋字第68號、第129號解釋	應予變更	V		
六	558	92.4.18	81.7.25修正公布之國家安全法第3條第1項	應自立法機關基於裁量權限,專就入出境所制定之法律相關規定施行時起,不予適用	V		
六	562	92.7.11	土地法第34條之1執行要點第12點	應不予適用	V		
六	566	92.9.26	73.9.7修正發布之農業發展條例施行細則第21條後段財政部73.11.8臺財稅第62717號函	應不再適用	V		
不分	567	92.10.24	42.8.3頒布之戡亂時期預防匪諜再犯管教辦法第2條	應不予適用	V		
不分	568	92.11.14	勞工保險條例施行細則第18條	應不予適用	V		
不分	569	92.12.12	司法院院字第364號及院字第1844號解釋最高法院29年上字第2333號判例前段及29年非字第15號判例	應予變更應不再援用	V		

屆別	解釋號次	公布日期	宣告違憲的法令	解釋結論	立即失效	定(限)期失效	其他
不分屆次	570	92.12.26	81.12.18經濟部及內政部會銜修正發布之玩具槍管理規則第8條之1、內政部82.1.15台（82）內警字第8270020號公告	均應不予適用			
不分	573	93.2.27	監督寺廟條例第2條第1項、第8條	應自本解釋公布日起，至遲於屆滿2年時，失其效力		∨	
不分	576	93.4.23	最高法院76年台上字第1166號判例	應不再援用	∨		
不分	580	93.7.9	耕地三七五減租條例第19條第3項準用同條例第17條第2項第3款	應自本解釋公布日起，至遲於屆滿2年時，失其效力（95.7.9）		∨	
不分	581	93.7.16	79.6.22修正之自耕能力證明書之申請及核發注意事項第4點	應不予適用　司法院釋字第347號解釋相關部分應予變更	∨		
不分	582	93.7.23	最高法院31年上字第2423號、46年台上字第419號判例所稱共同被告不利於己之陳述得採為其他共同被告犯罪（事實認定）之證據及其他相同意旨判例	應不再援用	∨		
不分	583	93.9.17	公務員懲戒法懲戒、公務人員考績法懲處相關規定	通盤檢討修正			∨
不分	585	93.12.15	319槍擊事件真相調查特別委員會條例第8條第1、2、3、4、6、7、8、9項、第13條第1、3項	均自本解釋公布之日起失其效力	∨		
不分	586	93.12.17	84.9.5訂頒之證券交易法第43條之1第1項取得股份申報要點第3條第2款、第4條	應自本解釋公布之日起，至遲於屆滿1年時，失其效力		∨	
不分	587	93.12.30	民法第1063條限制子女提否認生父之訴	與憲法保障人格權及訴訟權之意旨不符		∨	
			最高法院23年上字第3437號、75年台上字第2071號判例	應不再援用			

屆別	解釋號次	公布日期	宣告違憲的法令	解釋結論	立即失效	定(限)期失效	其他
不分	588	94.1.28	行政執行法第17條第1項第4、5、6款拘提事由、同條項第1、3、4、5款管收事由、同條第2、3項、第19條第1項	均應自本解釋公布之日起至遲於屆滿6個月時失其效力		∨	
不分	589	94.1.28	93.1.7制定公布政務人員退職撫卹條例第10條	有關機關應即依本解釋意旨,使有任期且獨立行使職權政務人員於法律上得合併退撫條例施行前後軍、公、教年資及政務人員年資滿15年者,亦得依74.12.11修正公布之政務官退職酬金給與條例及88.6.30修正公布之政務人員退職酬勞金給與條例之規定得擇領月退職酬勞金			∨
不分	598	94.6.3	84.7.12修正發布土地登記規則第122條第2、3項、第29條第1項第11款	應自解釋公布之日起,至遲於屆滿1年時,失其效力		∨	
不分	601	94.7.22	立法院審議94年度中央政府總預算案時,刪除司法院大法官支領司法人員專業加給之預算	與憲法第81條規定之意旨,尚有未符			∨
不分	602	94.7.29	81.2.28訂定發布多層次傳銷管理辦法第5條	逾越公平交易法第23條第2項授權之範圍,違背憲法第23條規定之法律保留原則,應不予適用	∨		
不分	603	94.9.28	86.5.21修正公布戶籍法第8條第2項、第3項	與憲法第22條、第23條規定之意旨不符,應自本解釋公布之日起不再適用。至依據戶籍法其他相關規定換發國民身分證之作業,仍得繼續進行	∨		

屆別	解釋號次	公布日期	宣告違憲的法令	解釋結論	立即失效	定(限)期失效	其他
不分	609	95.1.27	行政院勞工委員會77.4.14台勞保2字第6530號函及79.3.10台勞保3字第4451號函	與憲法第23條所定法律保留原則有違,於此範圍內,應不再適用	∨		
不分	610	95.3.3	公務員懲戒法第34條第2款	與憲法第7條及第16條人民訴訟權之平等保障意旨不符;與此解釋意旨不符部分,應不再適用	∨		
不分	613	95.7.21	國家通訊傳播委員會組織法第4條第2項、第3項、第4項、第6項	應自本解釋公布之日起,至遲於97.12.31失其效力		∨	
不分	616	95.9.15	78.12.30修正公布所得稅法第108條第1項、86.12.30增訂公布同法第108條之1第1項	應自本解釋公布之日起,至遲於屆滿1年時,失其效力		∨	
不分	619	95.11.10	土地稅法施行細則第15條	應於本解釋公布之日起至遲於屆滿1年時失其效力		∨	
不分	620	95.12.6	最高行政法院91.3.26庭長法官聯席會議決議	增加法律所未規定之租稅義務,與憲法第19條規定之租稅法律主義尚有未符,應不再援用	∨		
不分	622	95.12.29	最高行政法院92.9.18庭長法官聯席會議決議	自解釋公布之日起,應不予援用	∨		
不分	624	96.4.27	辦理冤獄賠償事件應行注意事項第2點	凡自48年9月1日冤獄賠償法施行後,軍事機關依軍事審判法令受理之案件,合於冤獄賠償法第1條之規定者,均得於本解釋公布之日起2年內,依該法規定請求國家賠償	∨		

屆別	解釋號次	公布日期	宣告違憲的法令	解釋結論	立即失效	定(限)期失效	其他
不分	625	96.6.8	財政部68.8.9台財稅第35521號函 財政部69.5.10台財稅第33756號函	應自本解釋公布之日起不再援用 依本解釋意旨，於適用稅捐稽徵法第28條予以退稅時，至多追溯至最近5年已繳之地價稅為限	✓		
不分	631	96.7.20	88年7月14日制定公布之通訊保障及監察法第5條第2項	應自本解釋公布之日起，至遲於96.7.11修正公布之通訊保障及監察法施行之日失其效力		✓	
不分	632	96.8.15	立法院遲未行使監察委員人事同意權	總統如消極不為提名，或立法院消極不行使同意權，致監察院無從行使職權、發揮功能，國家憲政制度之完整因而遭受破壞，自為憲法所不許			✓
不分	633	96.9.28	95.5.1修正公布之319槍擊事件真相調查特別委員會條例8條之2第3項、第4項、第11條第3項	應自本解釋公布之日起失其效力	✓		
不分	636	97.2.1	檢肅流氓條例第2條第3款、第5款、第12條第1項	應至遲於本解釋公布之日起1年內失其效力		✓	
不分	638	97.3.7	86.5.13修正發布之公開發行公司董事監察人股權成數及查核實施規則第8條	應於本解釋公布之日起6個月內失其效力		✓	
不分	640	97.4.3	86.5.23訂定之財政部臺灣省北區國稅局書面審核綜合所得稅執行業務者及補習班幼稚園托兒所簡化查核要點第7點	應自本解釋公布之日起至遲1年內失效		✓	
不分	641	97.4.18	菸酒稅法第21條	至遲於本解釋公布之日起屆滿1年時停止適用		✓	

屆別	解釋號次	公布日期	宣告違憲的法令	解釋結論	立即失效	定(限)期失效	其他
不分	642	97.5.9	財政部84.7.26台財稅第841637712號函	應不予援用	V		
不分	644	97.6.20	人民團體法第2條	主管機關於許可設立人民團體以前，得就人民「主張共產主義，或主張分裂國土」之政治上言論之內容而為審查，並作為不予許可設立人民團體之理由，顯已逾越必要之程度，與憲法保障人民結社自由與言論自由之意旨不符，於此範圍內，應自本解釋公布之日起失其效力	V		
不分	645	97.7.11	公民投票法第35條第1項	應自本解釋公布之日起，至遲於屆滿1年時，失其效力		V	
不分	649	97.10.31	90.11.21修正公布之身心障礙者保護法第37條第1項前段	應自本解釋公布之日起至遲於屆滿3年時失其效力		V	
不分	650	97.10.31	81.1.13修正發布之營利事業所得稅查核準則第36條之1第2項	應自本解釋公布之日起失其效力	V		
不分	653	97.12.26	羈押法第6條 羈押法施行細則第14條第1項	相關機關至遲應於本解釋公布之日起2年內，依本解釋意旨，檢討修正羈押法及相關法規，就受羈押被告及時有效救濟之訴訟制度，訂定適當之規範		V	
不分	654	98.1.23	羈押法第23條第3項、第28條	應自98.5.1起失其效力		V	

屆別	解釋號次	公布日期	宣告違憲的法令	解釋結論	立即失效	定(限)期失效	其他
不分	655	98.2.20	記帳士法第2條第2項	應自本解釋公布之日起失其效力	V		
不分	657	98.4.3	所得稅法施行細則第82條第3項規定	應自本解釋公布之日起至遲於1年內失其效力		V	
不分	658	98.4.10	公務人員退休法施行細則第13條第2項	應自本解釋公布之日起至遲於屆滿2年時失其效力		V	
不分	661	98.6.12	財政部86年4月19日台財稅字第861892311號函	應不予適用	V		
不分	662	98.6.19	94.2.2修正公布之現行刑法第41條第2項	應自本解釋公布之日起失其效力	V		
不分	663	98.7.10	稅捐稽徵法第19條第3項	應自本解釋公布日起,至遲於屆滿2年時,失其效力		V	
不分	664	98.7.10	少年事件處理法第26條第2款及第42條第1項第4款	應自本解釋公布之日起,至遲於屆滿1個月時,失其效力		V	
不分	666	98.11.6	社會秩序維護法第80條第1項第1款	應自本解釋公布之日起至遲於2年屆滿時,失其效力		V	
不分	669	98.12.25	槍砲彈藥刀械管制條例第8條第1項規定	應自本解釋公布之日起至遲於1年屆滿時,失其效力		V	
不分	670	99.1.29	冤獄賠償法第2條第3項	應自本解釋公布之日起至遲於屆滿2年時失其效力		V	
不分	673	99.3.26	78.12.30修正公布及90年1月3日修正公布之所得稅法第114條第1款後段	應自本解釋公布之日起停止適用	V		
不分	674	99.4.2	財政部82.12.16台財稅字第820570901號函內政部93.4.12台內地字第0930069450號令訂定發布之「平均地權條例第22條有關依法限制建築、依法不能建築之界定作業原則」第4點規定	應自本解釋公布之日起不再援用	V		

屆別	解釋號次	公布日期	宣告違憲的法令	解釋結論	立即失效	定(限)期失效	其他
不分	677	99.5.14	監獄行刑法第83條第1項	應自99.6.1起失其效力	∨		
不分	680	99.7.30	懲治走私條例第2條第1項、第3項	應自本解釋公布之日起，至遲於屆滿2年時，失其效力		∨	
不分	684	100.1.17	變更釋字第382號解釋	在範圍內，本院釋字第382號解釋應予變更。			∨
不分	685	100.3.4	財政部中華民國91年6月21日台財稅字第910453902號函；行政法院87年7月份第一次庭長評事聯席會議決議 79年1月24日修正公布之稅捐稽徵法第44條	與憲法第19條之租稅法律主義尚無牴觸 應不予適用	∨		

七、幾個簡單的違憲統計結論

根據本書違憲宣告的分類，計算出歷年解釋宣告違憲者共有190號解釋。而算至民國100年3月底時為止，大法官會議共宣告686號解釋，其違憲的比例約為27.6%，不及三成的比例被宣告違憲。

另外，比較歷年來法官聲請解釋的案件：釋字第471、475、476、517、551、545、554、558、559、572、588、590、595、630、636、637、641、646、664、666、669號，共21件。其中宣告違憲者（包括部分違憲）有：釋字第471、551、558、588（部分）、636（部分）、641、664（部分）、666、669號等9件，違憲比例約為42.85%。

比對後，法官聲請釋憲而被宣告違憲的比例，真的比較高！

附帶一提，前司法院長翁岳生大法官於88年2月1日至96年9月30日任職司法院院長（即大法官會議主席）時，共做出157件大法官解釋（釋字

第477號至第633號），其中違憲宣告者共60件，違憲比例約為38.2%，比歷年宣告違憲的比例高出10個百分點以上。

　　而前司法院長賴英照大法官於96年10月1日至99年7月18日任職司法院長時，共做出46件大法官解釋（釋字第634號至第679號），其中違憲宣告者有25件，違憲比例約為54.3%，高達歷年違憲平均數的一倍！

統計表[註]

司法院大法官審理解釋案件歷年收結情形（中華民國37年10月到99年12月）

單位：件

項目別	聲請件數			終結件數						未結件數
	總計	舊受	新收	合計	公布解釋	應不受理	撤回	併案	其他	
37年10-12月	317	—	317	—	—	—	—	—	—	317
機關聲請	316	—	316	—	—	—	—	—	—	316
憲一	17	—	17	—	—	—	—	—	—	17
統一	299	—	299	—	—	—	—	—	—	299
人民聲請	1	—	1	—	—	—	—	—	—	1
憲二	1	—	1	—	—	—	—	—	—	1
統二	—	—	—	—	—	—	—	—	—	—
38年	329	317	12	4	2	—	—	2	—	325
機關聲請	328	316	12	4	2	—	—	2	—	324
憲一	17	17	—	4	2	—	—	2	—	13
統一	311	299	12	—	—	—	—	—	—	311
人民聲請	1	1	—	—	—	—	—	—	—	1
憲二	1	1	—	—	—	—	—	—	—	1
統二	—	—	—	—	—	—	—	—	—	—
39年	328	325	3	—	—	—	—	—	—	328
機關聲請	327	324	3	—	—	—	—	—	—	327

註：資料來源：司法院統計處發行，司法統計年報；司法院發行，司法業務年報案件分析；司法院網站之司法統計。

項目別	聲請件數			終結件數						未結件數
	總計	舊受	新收	合計	公布解釋	應不受理	撤回	併案	其他	
憲一	15	13	2	—	—	—	—	—	—	15
統一	312	311	1	—	—	—	—	—	—	312
人民聲請	1	1	—	—	—	—	—	—	—	1
憲二	1	1	—	—	—	—	—	—	—	1
統二	—	—	—	—	—	—	—	—	—	—
40年	328	328	—	—	—	—	—	—	—	328
機關聲請	327	327	—	—	—	—	—	—	—	327
憲一	15	15	—	—	—	—	—	—	—	15
統一	312	312	—	—	—	—	—	—	—	312
人民聲請	1	1	—	—	—	—	—	—	—	1
憲二	1	1	—	—	—	—	—	—	—	1
統二	—	—	—	—	—	—	—	—	—	—
41年	356	328	28	145	10	73	—	14	48	211
機關聲請	335	327	8	127	10	56	—	14	47	208
憲一	16	15	1	7	3	…	…	…	…	9
統一	319	312	7	120	7	…	…	…	…	199
人民聲請	21	1	20	18	—	17	—	—	1	3
憲二	2	1	1	2	—	…	…	…	…	—
統二	19	—	19	16	—	…	…	…	…	3
42年	270	211	59	211	17	120	—	12	62	59
機關聲請	228	208	20	174	17	91	—	6	60	54
憲一	13	9	4	11	11	…	…	…	…	2
統一	215	199	16	163	6	…	…	…	…	52
人民聲請	42	3	39	37	—	29	—	6	2	5
憲二	1	—	1	1	—	…	…	…	…	—
統二	41	3	38	36	—	…	…	…	…	5
43年	113	59	54	103	14	59	1	1	28	10
機關聲請	74	54	20	64	14	21	1	—	28	10

項目別	聲請件數			終結件數						未結件數
	總計	舊受	新收	合計	公布解釋	應不受理	撤回	併案	其他	
憲一	6	2	4	5	5	…	…	…	…	1
統一	68	52	16	59	9	…	…	…	…	9
人民聲請	39	5	34	39	—	38	—	1	—	—
憲二	5	—	5	5	—	…	…	…	…	—
統二	34	5	29	34						
44年	57	10	47	44	13	31	—	—	—	13
機關聲請	25	10	15	14	13	1	—	—	—	11
憲一	2	1	1	—	—	…	…	…	…	2
統一	23	9	14	14	13	…	…	…	…	9
人民聲請	32	—	32	30	—	30	—	—	—	2
憲二	4	—	4	4	—	…	…	…	…	—
統二	28	—	28	26						2
45年	74	13	61	57	14	42	—	1	—	17
機關聲請	29	11	18	15	14	1	—	—	—	14
憲一	4	2	2	—	—	…	…	…	…	4
統一	25	9	16	15	14	…	…	…	…	10
人民聲請	45	2	43	42	—	41	—	1	—	3
憲二	—	—	—	—	—	…	…	…	…	—
統二	45	2	43	42						3
46年	69	17	52	59	9	45	—	—	5	10
機關聲請	28	14	14	18	9	4	—	—	5	10
憲一	9	4	5	3	3	…	…	…	…	6
統一	19	10	9	15	6	…	…	…	…	4
人民聲請	41	3	38	41	—	41	—	—	—	—
憲二	2	—	2	2	—	…	…	…	…	—
統二	39	3	36	39	—	…	…	…	…	—
47年	52	10	42	33	2	29	—	—	2	19
機關聲請	18	10	8	8	2	4	—	—	2	10

項目別	聲請件數			終結件數						未結件數
	總計	舊受	新收	合計	公布解釋	應不受理	撤回	併案	其他	
憲一	6	6	—	1	1	…	…	…	…	5
統一	12	4	8	7	1	…	…	…	…	5
人民聲請	34	—	34	25	—	25	—	—	—	9
憲二	2	—	2	2	—	2	…	…	…	—
統二	32	—	32	23	—	23	…	…	…	9
48年	57	19	38	29	3	24	1	1	—	28
機關聲請	15	10	5	6	3	1	1	1	—	9
憲一	5	5	—	1	—	…	…	…	…	4
統一	10	5	5	5	3	…	…	…	…	5
人民聲請	42	9	33	23	—	23	—	—	—	19
憲二	3	—	3	—	…	…	…	…	…	3
統二	39	9	30	23	…	…	…	…	…	16
49年	64	28	36	31	4	24	—	3	—	33
機關聲請	15	9	6	8	4	1	—	3	—	7
憲一	4	4	—	3	2	…	…	…	…	1
統一	11	5	6	5	2	…	…	…	…	6
人民聲請	49	19	30	23	—	23	…	…	…	26
憲二	7	3	4	5	—	…	…	…	…	2
統二	42	16	26	18	—	…	…	…	…	24
50年	83	33	50	33	5	25	—	2	1	50
機關聲請	13	7	6	7	5	1	—	1	—	6
憲一	2	1	1	1	1	…	…	…	…	1
統一	11	6	5	6	4	…	…	…	…	5
人民聲請	70	26	44	26	—	24	—	1	1	44
憲二	4	2	2	2	—	…	…	…	…	2
統二	66	24	42	24	—	…	…	…	…	42
51年	99	50	49	33	6	26	1	—	—	66
機關聲請	17	6	11	8	6	1	1	…	…	9

項目別	聲請件數			終結件數						未結件數
	總計	舊受	新收	合計	公布解釋	應不受理	撤回	併案	其他	
憲一	1	1	—	—	—	…	…	…	…	1
統一	16	5	11	8	6	…	…	…	…	8
人民聲請	82	44	38	25	—	25	…	…	…	57
憲二	7	2	5	1	—	…	…	…	…	6
統二	75	42	33	24	—	…	…	…	…	51
52年	101	66	35	37	4	32	—	1	—	64
機關聲請	13	9	4	6	4	1	—	1		7
憲一	1	1	—	—	—	…	…	…	…	1
統一	12	8	4	6	4	…	…	…	…	6
人民聲請	88	57	31	31	—	31	—	—		57
憲二	11	6	5	2	—	…	…	…	…	9
統二	77	51	26	29	—	…	…	…	…	48
53年	101	64	37	39	2	35	1	1	—	62
機關聲請	15	7	8	5	2	2	1	—	—	10
憲一	1	1	—	1	1	…	…	…	…	—
統一	14	6	8	4	1	…	…	…	…	10
人民聲請	86	57	29	34	—	33	—	1	—	52
憲二	12	9	3	5	—	…	…	…	…	7
統二	74	48	26	29	—	…	…	…	…	45
54年	101	62	39	32	5	25	—	2	—	69
機關聲請	26	10	16	11	5	5	—	1	—	15
憲一	3	—	3	—	—	…	…	…	…	3
統一	23	10	13	11	5	…	…	…	…	12
人民聲請	75	52	23	21	—	20	—	1	—	54
憲二	12	7	5	4	—	…	…	…	…	8
統二	63	45	18	17	—	…	…	…	…	46
55年	107	69	38	38	8	27	—	2	1	69
機關聲請	23	15	8	15	7	5	—	2	1	8

項目別	聲請件數			終結件數						未結件數
	總計	舊受	新收	合計	公布解釋	應不受理	撤回	併案	其他	
憲一	4	3	1	2	—	…	…	…	…	2
統一	19	12	7	13	7	…	…	…	…	6
人民聲請	84	54	30	23	1	22	—	—	—	61
憲二	16	8	8	8	1	…	…	…	…	8
統二	68	46	22	15	—	…	…	…	…	53
56年	103	69	34	36	4	31	—	1	—	67
機關聲請	16	8	8	6	4	1	—	1	—	10
憲一	4	2	2	2	2	…	…	…	…	2
統一	12	6	6	4	2	…	…	…	…	8
人民聲請	87	61	26	30	—	30	—	—	—	57
憲二	12	8	4	3	—	…	…	…	…	9
統二	75	53	22	27	—	…	…	…	…	48
57年	100	67	33	39	3	34	—	—	2	61
機關聲請	14	10	4	6	3	2	—	—	1	8
憲一	2	2	—	—	—	…	…	…	…	2
統一	12	8	4	6	3	…	…	…	…	6
人民聲請	86	57	29	33	—	32	…	…	1	53
憲二	15	9	6	5	—	…	…	…	…	10
統二	71	48	23	28	—	…	…	…	…	43
58年	97	61	36	38	2	36	—	—	—	59
機關聲請	14	8	6	4	2	2	—	—	—	10
憲一	2	2	—	—	—	…	…	…	…	2
統一	12	6	6	4	2	…	…	…	…	8
人民聲請	83	53	30	34	—	34	—	—	—	49
憲二	20	10	10	12	—	…	…	…	…	8
統二	63	43	20	22	—	…	…	…	…	41
59年	98	59	39	41	2	36	1	2	—	57
機關聲請	13	10	3	5	2	—	1	2	—	8

項目別	聲請件數			終結件數						未結件數
	總計	舊受	新收	合計	公布解釋	應不受理	撤回	併案	其他	
憲一	2	2	—	—	—	…	…	…	…	2
統一	11	8	3	5	2	…	…	…	…	6
人民聲請	85	49	36	36	—	36	…	…	…	49
憲二	19	8	11	8	—	…	…	…	…	11
統二	66	41	25	28	—	…	…	…	…	38
60年	112	57	55	37	2	34	1	—	—	75
機關聲請	8	8	—	2	2	—	—	—	—	6
憲一	2	2	—	1	1	…	…	…	…	1
統一	6	6	—	1	1	…	…	…	…	5
人民聲請	104	49	55	35	—	34	1	—	—	69
憲二	21	11	10	10	—	…	…	…	…	11
統二	83	38	45	25	—	…	…	…	…	58
61年	129	75	54	109	3	103	1	2	—	20
機關聲請	12	6	6	5	3	—	1	1	—	7
憲一	2	1	1	—		…	…	…	…	2
統一	10	5	5	5	3	…	…	…	…	5
人民聲請	117	69	48	104	—	103	—	1	—	13
憲二	21	11	10	18	—	…	…	…	…	3
統二	96	58	38	86	—	…	…	…	…	10
62年	81	20	61	60	3	55	—	2	—	21
機關聲請	8	7	1	3	3	—	—	—	—	5
憲一	2	2	—	1	1	…	…	…	…	1
統一	6	5	1	2	2	…	…	…	…	4
人民聲請	73	13	60	57	—	55	—	2	—	16
憲二	9	3	6	7	—	…	…	…	…	2
統二	64	10	54	50	—	…	…	…	…	14
63年	64	21	43	47	4	40	—	1	2	17
機關聲請	10	5	5	5	4	—	—	1	—	5

項目別	聲請件數			終結件數						未結件數
	總計	舊受	新收	合計	公布解釋	應不受理	撤回	併案	其他	
憲一	1	1	—	—	—	…	…	…	…	1
統一	9	4	5	5	4	…	…	…	…	4
人民聲請	54	16	38	42	—	40	—	—	2	12
憲二	5	2	3	3	—	…	…	…	…	2
統二	49	14	35	39	—	…	…	…	…	10
64年	78	17	61	50	3	46	1	—	—	28
機關聲請	10	5	5	4	3	—	1	—	—	6
憲一	1	1	—	—	—	…	…	…	…	1
統一	9	4	5	4	3	…	…	…	…	5
人民聲請	68	12	56	46	—	46	—	—	—	22
憲二	9	2	7	4	—	…	…	…	…	5
統二	59	10	49	42	—	…	…	…	…	17
65年	89	29	60	84	3	75	1	2	3	5
機關聲請	9	7	2	5	3	—	1	—	1	4
憲一	3	2	1	—	—	…	…	…	…	3
統一	6	5	1	5	3	…	…	…	…	1
人民聲請	80	22	58	79	—	75	—	2	2	1
憲二	15	5	10	14	—	…	…	…	…	1
統二	65	17	48	65	—	…	…	…	…	—
66年	98	5	93	85	4	81	—	—	—	13
機關聲請	6	4	2	2	2	—	—	—	—	4
憲一	3	3	—	—	—	…	…	…	…	3
統一	3	1	2	2	2	…	…	…	…	1
人民聲請	92	1	91	83	2	81	—	—	—	9
憲二	27	1	26	21	2	…	…	…	…	6
統二	65	—	65	62	—	…	…	…	…	3
67年	92	13	79	77	4	73	—	—	—	15
機關聲請	5	4	1	1	1	—	—	—	—	4

項目別	聲請件數			終結件數						未結件數
	總計	舊受	新收	合計	公布解釋	應不受理	撤回	併案	其他	
憲一	3	3	—	—	—	—	—	—	—	3
統一	2	1	1	1	1	—	—	—	—	1
人民聲請	87	9	78	76	3	73	—	—	—	11
憲二	31	6	25	26	3	23	—	—	—	5
統二	56	3	53	50	—	50	—	—	—	6
68年	132	15	117	120	5	115	—	—	—	12
機關聲請	8	4	4	3	3	—	—	—	—	5
憲一	3	3	—	—	—	—	—	—	—	3
統一	5	1	4	3	3	—	—	—	—	2
人民聲請	124	11	113	117	2	115	—	—	—	7
憲二	48	5	43	46	2	44	—	—	—	2
統二	76	6	70	71	—	71	—	—	—	5
69年	111	12	99	103	6	96	—	—	—	9
機關聲請	8	5	3	6	6	—	—	—	—	2
憲一	4	3	1	3	3	—	—	—	—	1
統一	4	2	2	3	3	—	—	—	—	1
人民聲請	103	7	96	97	—	96	—	—	—	7
憲二	39	2	37	36	—	36	—	—	—	3
統二	64	5	59	61	—	60	—	—	—	4
70年	118	8	110	100	6	92	—	—	2	18
機關聲請	5	2	3	3	3	—	—	—	—	2
憲一	1	1	—	1	1	—	—	—	—	—
統一	4	1	3	2	2	—	—	—	—	2
人民聲請	113	6	107	97	3	92	—	—	2	16
憲二	36	3	33	24	3	21	—	—	—	12
統二	77	3	74	73	—	71	—	—	2	4
71年	122	18	104	108	6	100	—	—	2	14
機關聲請	7	2	5	4	4	—	—	—	—	3

項目別	聲請件數			終結件數						未結件數
	總計	舊受	新收	合計	公布解釋	應不受理	撤回	併案	其他	
憲一	1	—	1	1	1	—	—	—	—	—
統一	6	2	4	3	3	—	—	—	—	3
人民聲請	115	16	99	104	2	100	—	—	2	11
憲二	70	12	58	61	2	59	—	—	—	9
統二	45	4	41	43	—	41	—	—	2	2
72年	122	14	108	98	6	90	2	—	—	24
機關聲請	6	3	3	4	3	—	1	—	—	2
憲一	1	—	1	1	1	—	1	—	—	—
統一	5	3	2	3	3	—	—	—	—	2
人民聲請	116	11	105	94	3	90	1	—	—	22
憲二	69	9	60	50	3	47	—	—	—	19
統二	47	2	45	44	—	43	1	—	—	3
73年	262	24	238	223	8	214	—	—	1	39
機關聲請	4	2	2	2	2	—	—	—	—	2
憲一	—	—	—	—	—	—	—	—	—	—
統一	4	2	2	2	2	—	—	—	—	2
人民聲請	258	22	236	221	6	214	—	—	1	37
憲二	169	19	150	138	6	132	—	—	—	31
統二	89	3	86	83	—	82	—	—	1	6
74年	322	39	283	257	8	243	1	—	5	65
機關聲請	4	2	2	1	1	—	—	—	—	3
憲一	—	—	—	—	—	—	—	—	—	—
統一	4	2	2	1	1	—	—	—	—	3
人民聲請	318	37	281	256	7	243	1	—	5	62
憲二	188	31	157	146	7	134	1	—	4	42
統二	130	6	124	110	—	109	—	—	1	20
75年	354	65	289	285	11	262	1	11	—	69
機關聲請	5	3	2	4	4	—	—	—	—	1

項目別	聲請件數			終結件數						未結件數
	總計	舊受	新收	合計	公布解釋	應不受理	撤回	併案	其他	
憲一	—	—	—	—	—	—	—	—	—	—
統一	5	3	2	4	4	—	—	—	—	1
人民聲請	349	62	287	281	7	262	1	11	—	68
憲二	174	42	132	126	7	107	1	11	—	48
統二	175	20	155	155	—	155	—	—	—	20
76年	352	69	283	284	9	271	—	3	1	68
機關聲請	2	1	1	1	1	—	—	—	—	1
憲一	—	—	—	—	—	—	—	—	—	—
統一	2	1	1	1	1	—	—	—	—	1
人民聲請	350	68	282	283	8	271	—	3	1	67
憲二	226	48	178	167	8	158	—	1	—	59
統二	124	20	104	116	—	113	—	2	1	8
77年	360	68	292	284	13	243	2	23	2	76
機關聲請	12	1	11	5	4	1	—	—	—	7
憲一	6	—	6	1	1	—	—	—	—	5
統一	6	1	5	4	3	1	—	—	—	2
人民聲請	348	67	281	279	9	242	2	23	2	69
憲二	232	59	173	169	9	134	1	23	2	63
統二	116	8	108	110	—	108	1	—	—	6
78年	296	76	220	225	16	195	—	14	—	71
機關聲請	18	7	11	9	5	4	—	—	—	9
憲一	8	5	3	2	2	—	—	—	—	6
統一	10	2	8	7	3	4	—	—	—	3
人民聲請	278	69	209	216	11	191	—	14	—	62
憲二	190	63	127	135	11	110	—	14	—	55
統二	88	6	82	81	—	81	—	—	—	7
79年	352	71	281	287	22	258	1	5	/	65
機關聲請	18	9	9	11	8	3	—	—	—	7

項目別	聲請件數			終結件數						未結件數
	總計	舊受	新收	合計	公布解釋	應不受理	撤回	併案	其他	
憲一	12	6	6	7	7	—	—	—	—	5
統一	6	3	3	4	1	3	—	—	—	2
人民聲請	334	62	272	276	14	255	1	5	/	58
憲二	255	55	200	198	14	178	1	4	/	57
統二	79	7	72	78	—	77	—	1	—	1
80年	350	65	285	297	18	265	1	12	1	53
機關聲請	12	7	5	7	5	2	—	—	—	5
憲一	9	5	4	5	4	1	—	—	—	4
統一	3	2	1	2	1	1	—	—	—	1
人民聲請	338	58	280	290	13	263	1	12	1	48
憲二	273	57	216	226	13	199	1	12	1	47
統二	65	1	64	64	—	64	—	—	—	1
81年	348	53	295	284	22	249	—	13	—	64
機關聲請	15	5	10	12	6	4	—	2	—	3
憲一	12	4	8	9	4	3	—	2	—	3
統一	3	1	2	3	2	1	—	—	—	—
人民聲請	333	48	285	272	16	245	—	11	—	61
憲二	276	47	229	220	16	193	—	11	—	56
統二	57	1	56	52	—	52	—	—	—	5
82年	427	64	363	326	21	293	—	8	4	101
機關聲請	21	3	18	12	7	4	—	1	—	9
憲一	17	3	14	9	5	3	—	1	—	8
統一	4	—	4	3	2	1	—	—	—	1
人民聲請	406	61	345	314	14	289	—	7	4	92
憲二	337	56	281	253	14	229	—	7	3	84
統二	69	5	64	61	—	60	—	—	1	8
83年	500	102	398	379	37	331	—	9	2	121
機關聲請	22	10	12	11	6	3	—	2	—	11

項目別	聲請件數			終結件數						未結件數
	總計	舊受	新收	合計	公布解釋	應不受理	撤回	併案	其他	
憲一	18	9	9	8	5	1	—	2	—	10
統一	4	1	3	3	1	2	—	—	—	1
人民聲請	478	92	386	368	31	328	—	7	2	110
憲二	391	84	307	285	31	245	—	7	2	106
統二	87	8	79	83	—	83	—	—	—	4
84年	444	121	323	263	23	230	—	9	1	181
機關聲請	34	11	23	17	9	4	—	3	1	17
憲一	28	10	18	12	8	1	—	3	—	16
統一	6	1	5	5	1	3	—	—	1	1
人民聲請	410	110	300	246	14	226	—	6	—	164
憲二	376	106	270	219	14	199	—	6	—	157
統二	34	4	30	27	—	27	—	—	—	7
85年	430	181	249	292	27	248	—	16	1	138
機關聲請	41	17	24	16	3	9	—	3	1	25
憲一	34	16	18	14	3	7	—	3	1	20
統一	7	1	6	2	—	2	—	—	—	5
人民聲請	389	164	225	276	24	239	—	13	—	113
憲二	357	157	200	250	24	213	—	13	—	107
統二	32	7	25	26	—	26	—	—	—	6

司法院大法官解釋案件收結年度統計表

中華民國86年1－12月　　　　　　　　　　　　　　單位：件

統二	統一	憲二	憲一	總計										類別	
人民聲請	機關聲請	人民聲請	機關聲請	人民聲請					機關聲請					合計	收受件數
26	11	289	25	315					36						
人民聲請	機關聲請	人民聲請	機關聲請	人民聲請					機關聲請					舊收	
6	5	107	20	113					25						
人民聲請	機關聲請	人民聲請	機關聲請	人民聲請					機關聲請					新收	
20	6	182	5	202					11						
人民聲請	機關聲請	人民聲請	機關聲請	其他	併案	存查	不予受理	解釋公布	其他	併案	存查	不予受理	解釋公布	已結件數	
17	5	163	16		5	155	20					7	4		
				180					11						
人民聲請	機關聲請	人民聲請	機關聲請	人民聲請					機關聲請					未結件數	
9	6	126	19	135					25						

中華民國87年1—12月　　　　　　　　　　　　單位：件

統二 人民聲請	統一 機關聲請	憲二 人民聲請	憲一 機關聲請	總計 人民聲請	總計 機關聲請	類別
42	9	340	38	382	47	合計（收受件數）
9	6	126	19	135	25	舊收
33	3	214	19	247	22	新收
27	5	189	16	人民聲請：其他、併案9、撤回2、不予受理186、解釋公布19＝216	機關聲請：其他、併案5、存查、不予受理7、解釋公布9＝21	已結件數
15	4	151	21	166	25	未結件數
			1		1	其他件數

中華民國88年1－12月　　　　　　　單位：件

統二	統一	憲二	憲一	總計										類別	
人民聲請	機關聲請	人民聲請	機關聲請	人民聲請					機關聲請					合計	收受件數
26	6	388	47	414					53						
人民聲請	機關聲請	人民聲請	機關聲請	人民聲請					機關聲請					舊收	
15	4	151	22	166					26						
人民聲請	機關聲請	人民聲請	機關聲請	人民聲請					機關聲請					新收	
11	2	237	25	248					27						
人民聲請	機關聲請	人民聲請	機關聲請	其他	併案	撤回	不予受理	解釋公布	其他	併案	撤回	不予受理	解釋公布	已結件數	
20	4	264	24		61		204	19		1		19	8		
				284					28						
人民聲請	機關聲請	人民聲請	機關聲請	人民聲請					機關聲請					未結件數	
6	2	124	22	130					24						
			1						1					其他件數	

司法院大法官審理解釋案件近十年收結情形

PART I　　　　　　　　　　　　　　　　　　　　　　　　　　　　　單位：件

年（月）別 Year (Month)		受理件數 Cases lodged						終結件數 Cases closed	
		合計 Total		舊受 Previously lodged		新收 Newly lodged			
		機關聲請 Agency filing	人民聲請 Private citizen petition	機關聲請 Agency filing	人民聲請 Private citizen petition	機關聲請 Agency filing	人民聲請 Private citizen petition	機關聲請 Agency filing	人民聲請 Private citizen petition
民國89年	2000	45	283	25	130	20	153	25	169
民國90年	2001	28	299	20	114	8	185	12	202
民國91年	2002	31	309	16	97	15	212	16	201
民國92年	2003	42	417	15	108	27	309	10	296
民國93年	2004	52	413	32	121	20	292	8	257
民國94年	2005	69	455	44	156	25	299	41	319
民國95年	2006	46	454	28	136	18	318	24	327
民國96年	2007	36	513	22	127	14	386	17	356
民國97年	2008	28	596	19	157	9	439	14	411
民國98年	2009	24	656	14	185	10	471	10	424
12月	Dec.	17	331	16	278	1	53	3	99
民國99年	2010								
1月	Jan.	15	261	14	232	1	29	1	28
2月	Feb.	15	263	14	233	1	30	1	19
3月	Mar.	15	295	14	244	1	51	1	65
4月	Apr.	15	282	14	230	1	52	1	39
5月	May	14	302	14	243	-	59	-	51
6月	Jun	16	308	14	251	2	57	2	74
7月	Jul	14	279	14	234	-	45	2	62
8月	Aug	12	270	12	217	-	53	-	-
159月	Sep	14	302	12		270	2	32	-
10月	Oct	14	326	14	287	-	39	-	85
11月	Nov	16	287	14	241	2	46	1	38
12月	Dec	17	285	15	249	2	36	2	74
1-12月	1-12	26	761	14	232	12	529	11	550
解釋憲法 Constitutional interpretation		24	715	13	222	11	493	11	508
統一解釋法律及命令 Unified interpretation of laws and ordinance		2	46	1	10	1	36	-	42
本月與上月比較（％） Vs. with last month(%)		6.25	-0.70	7.14	3.32	0.00	-21.74	100.00	94.74
本年累計與上年同期比較（％） Accumulate Jan. to date in this year vs. last year(%)		8.33	16.01	0.00	25.41	20.00	12.31	10.00	29.72

PART II

Unit case

年（月）別 Year (Month)		未結件數 Pending cases				終結案件辦理情形 State of implementation on closed cases						
		機關聲請 Agency filing		人民聲請 Private citizen petition		計 Total	解釋公布 Interpretation announced	應不受理 Dismissed	併案 Merged	存查 Admitted to court archives	撤回 Withdrawn	其他 Other
		已提審查報告 Report filed, pending review	未提審報告 Report not yet filed	已提審查報告 Report filed, pending review	未提審查報告 Report not yet filed							
民國89年	2000	10	10	46	68	194	21	163	9	-	1	-
民國90年	2001	9	7	48	49	214	17	184	12	-	1	-
民國91年	2002	8	7	28	80	217	18	197	1	-	1	-
民國92年	2003	22	10	46	75	306	16	286	2	-	-	2
民國93年	2004	36	8	30	126	265	17	242	6	-	-	-
民國94年	2005	6	22	14	122	360	20	311	28	-	1	-
民國95年	2006	5	17	5	122	351	15	334	1	-	1	-
民國96年	2007	7	12	32	125	373	13	348	5	-	7	-
民國97年	2008	3	11	11	174	425	18	404	2	-	1	-
民國98年	2009	2	12	32	200	434	16	412	6	-	-	-
12月	Dec.	2	12	32	200	1022	2	100	-	-	-	-
民國99年	2010											
1月	Jan.	3	11	38	195	29	2	24	3	-	-	-
2月	Feb.	3	11	47	197	20	1	17	2	-	-	-
3月	Mar.	2	12	40	190	66	1	61	3	-	-	-
4月	Apr.	3	11	54	189	40	3	37	-	-	-	-
5月	May	5	9	84	167	51	1	50	-	-	-	-
6月	Jun	4	10	57	177	76	-	76	-	-	-	-
7月	Jul	2	10	43	174	64	3	61	-	-	-	-
8月	Aug	2	10	67	203	-	-	-	-	-	-	-
159月	Sep	4	10	122	165	15	1	13	1	-	-	-
10月	Oct	5	9	80	161	85	-	85	-	-	-	-5
11月	Nov	5	10	77	172	39	1	38	-	-	-	-
12月	Dec	5	10	64	147	76	1	75	-	-	-	-
1-12月	1-12	5	10	64	147	561	14	538	9	-	-	-
解釋憲法 Constitutional interpretation		5	8	64	143	519	14	496	9	-	-	-
統一解釋法律及命令 Unified interpretation of laws and ordinance		-	2	-	4	42	-	42	-	-	-	-
本月與上月比較（%） Vs. with last month(%)		0.00	0.00	-16.88	-14.53	94.87	0.00	97.37	-	-	-	-
本年累計與上年同期比較（%） Accumulate Jan. to date in this year vs. last year(%)		150.00	-16.67	100.00	-26.50	29.26	-12.50	30.58	50.00	-	-	-

第五章　大法官解釋程序規範的歷史發展──以「司法院大法官審理案件法」為中心

　　從釋憲聲請人的角度來看，應該先切入聲請釋憲實務的「程序」重點，因此本章先介紹每一個聲請人都應該要知道的：「司法院大法官審理案件法」。

　　第一節即介紹這部法律最重要的條文內容規定：簡介「司法院大法官審理案件法」規定了什麼，重點在哪裡，這是從法規的橫切面分析。至於如何具體操作，以及聲請人如何依據這部法律聲請大法官解釋，則在第六章中以實例詳解。

　　若從歷史角度（縱切面）探究，可知道這部俗稱「大審法」的來龍去脈，是如何深刻地左右大法官解釋，包括解釋件數與解釋成效，這部份將在第二節分析。有了「鑑往」，就會想「知來」。接著介紹「大審法」的展望，即還躺在立法院議程裡的「憲法訴訟法」草案，因為還未通過（尚屬未知數），只是稍微介紹未來可能的釋憲程序走向，以作為本章的結尾。

　　首先，為了讀者朋友方便對照，本節附錄一有現行「司法院大法官審理案件法」全文。讀者當可隨時參照這部與釋憲聲請程序息息相關的法律。

　　「司法院大法官審理案件法」第1條即明文規定這部法律是依據司法院組織法第6條而制定，司法院組織法第6條規定：「大法官審理案件之程序，另以法律定之。」因此，「司法院大法官審理案件法」是一部標標準準的有關大法官審理案件之程序規定。

　　附錄二則為「司法院大法官審理案件法施行細則」全文。「司法院大

法官審理案件法施行細則」是依據司法院大法官審理案件法第34條之規定而訂定（司法院大法官審理案件法施行細則第1條參照），司法院大法官審理案件法第34條規定：「本法施行細則，由司法院定之。」因此司法院便頒布「司法院大法官審理案件法施行細則」，性質上這是「命令」，與「司法院大法官審理案件法」性質為「法律」不同。

法律和命令的差異點很多，其中有一個判準，是從形式上來看「是誰制定的」，可資區別。法律是由立法院通過，總統公布者（憲法第170條）；命令則是由行政機關單方面所訂定[1]。而立法院是由人民所選出的立法委員共同組成，立法委員具有民意基礎，因此，具有民意基礎的立委所表決通過的「法律」，理論上不會制定侵犯人民權益的法律[2]。

但立法或修法程序繁瑣（例如三讀），而且國家事務更為龐雜，法律數量即使多如牛毛，仍窮於應付複雜的現代社會生活，因此行政機關為快速、完整且具展望性地處理已發生或未發生的行政事務，必須單方面制定行政命令因應之。想像上，因為命令是由行政機關單方面所制定，因此就有可能立於本位主義而制定出不符合人民權益的「命令」。所以，行政機關不能平白無故的制定命令，必須有所限制，其中一項很重要的限制機制，也是大法官解釋常常宣告命令違憲的理由，就是行政機關制定的法規命令[3]，須符合法律「授權明確性」要求。

---

[1] 誠然，立法院也可以本於機關的地位自行制定命令，如立法院議事規則、立法院議場規則等等。

[2] 實際運作上當然會發生：國會制定的法律直接或間接侵害了人民憲法上所保障的權利。這也是世界上有採取違憲審查制度國家最重要的實證基礎。

[3] 行政機關所制定的「命令」，類型很多，包括法規命令、行政規則、授權命令與特別型的命令。行政程序法第150條及第159條有就法規命令與行政規則做立法定義，其區分可以簡單地以有沒有影響人民權利義務所區別，前者有影響人民權利義務因此需要符合授權明確性要求，後者則無，因此可由行政機關自行訂定，不對外發生效力。授權命令則是我國實務上一種特殊的命令型態，即沒有法律授權，行政機關卻自行訂定影響人民權利義務事項的命令

　　這已經快要寫到「釋憲實體面」了，雖然授權明確性這個爭點常常是聲請書的主張重點。但我們還是回歸「釋憲程序面」。

第一節　司法院大法官審理案件法重點介紹

　　首先，理解某部法律的第一個行為，須先瀏覽各個章節名稱，篩選出不重要的部分，略去暫且不看。

　　司法院大法官審理案件法（簡稱大審法）總共規定4章。第1章「總則」、第2章「解釋案件之審理」、第3章「政黨違憲解散案件之審理」及第4章「附則」。

　　首先可以略過的是第3章「政黨違憲解散案件之審理」，因為這部分有史以來從來沒有適用過，占了15個條文（幾乎是本法的一半），再掃過第1章總則（3個條文）與第4章附則（2個條文），大審法重要的條文僅剩十餘條。

　　先掃描第1章與第4章的內容。

　　第1章第1條是本法的依據，前已述及。**第2條則表明了司法院大法官是以「會議」的方式進行案件的審理，而且是「合議」審理：「解釋憲法」與「統一解釋法律或命令」**（這也是本書已強調過數次的重點）；另外本條後段，論及大法官得組成憲法法庭，合議審理政黨違憲之解散案件，此部分配合第3章「政黨違憲解散案件之審理」，可一起略過。

　　第4章「附則」只有兩條，第34條授權司法院得自行制定施行細則的

　　（此種命令常常遭大法官解釋宣告違憲）。另外則有特殊型態的命令，如緊急命令與特別權力關係裏的規章（如學校校規、營造物規則等）。

依據，司法院因而制定「司法院大法官審理案件法施行細則」，本章附錄二全文收錄。

這個命令是司法院為審理釋憲案程序上所訂定的細節性規定，例如大法官年度事務之分配、代理之次序及開會時之席次安排（第2條）、聲請解釋案件，係按收文先後編定號次，輪分大法官（第7條）、大法官審理案件之分配、審理、討論及其他經過情形，均應嚴守秘密[4]（第30條第1項）之規定等等。基本上，若有與釋憲程序直接且重要相關的規定，本書將會附帶論及。

最後一條，第4章第35條施行日之規定，則無特殊之處。

以上，而且迅速地，大審法全文共35個條文裡的20個條文都已大致瀏覽分析。因為餘下的第2章「解釋案件之審理」共15個條文才是重點。

一、通觀大審法第2章

解析本法第2章前，還是先掃描一下這15個條文大致上在表達什麼，以決定要在哪幾個條文下工夫，哪幾個條文可以略而不細談（請閱讀本法第2章條文！）。

您發現了嗎？好像越後面的條文越不重要。

基本上若一部有條理的法律，通常都是將重點擺在前面，就好像我們說話、寫文章的表達一樣，當今社會步調多求快，須先將重點擺出來，若有興趣，其他的再細慢品炙。

當聲請案收案後，應由大法官組成三人小組審查，這是第10條的規定。若案件受理後提會，應先決定原則（受理還是不受理），承辦大法官

---

[4] 因此，本書所述之資料都以已公開者為限，並均附來源出處，並且大法官會議討論及其他經過情形，亦遵循嚴守秘密之原則。這也是職業倫理的基本要求。

起草解釋文，再提會表決之，這是第11條規定。怎麼表決？第12條規定由舉手或點名為之。怎麼計算表決數？第14條有規定[5]。再來就是大法官每星期開幾次會，以誰為主席，誰為備位主席，誰應列席等等（第15、16及18條）與聲請釋憲程序比較沒有關係，這只是內部規範如何處理釋憲案件之細部事項。

附圖示：大法官審理解釋案件流程圖[6]

現在本法只剩下第4條、第5條、第6條、第7條、第8條、第9條、第13條與第17條之規定。每一條都是重點。

先簡要說明第13、17條，再進入第8條。

第13條是聲請人得請求大法官會議就聲請解釋案，行言詞辯論之規

5　大法官會議的表決數也有精采的故事，也和大審法的歷史有關，於本章第2節時再敘述。
6　參考司法院印，中華民國司法院大法官憲法守護者，2006.05增印，頁40。

定。所以聲請人可以在聲請書中敘明：「因本案有如何如何之重要，因此依據大審法第13條請求召開言詞辯論」，至於准不准，當然繫於大法官會議（歷年來至今100年3月也只有開過11次言詞辯論）。第17條則是大法官解釋決議的結果，是以解釋文及解釋理由書方式表達（這部分在本書第二章第五節已有闡述），以及大法官解釋得諭知有關機關執行之種類與方法。

二、大審法第2章第8條──撰寫聲請書格式

第8條是關於釋憲聲請書如何撰寫的格式，非常重要！請先閱讀法條！

「Ｉ聲請解釋憲法，應以聲請書敘明下列事項向司法院為之：

一、聲請解釋憲法之目的。

二、疑義或爭議之性質與經過，及涉及之憲法條文。

三、聲請解釋憲法之理由及聲請人對本案所持之立場與見解。

四、關係文件之名稱及件數。

Ⅱ聲請統一解釋，應以聲請書敘明下列事項向司法院為之：

一、聲請統一解釋之目的。

二、法律或命令見解發生歧異之經過及涉及之法律或命令條文。

三、聲請解釋之理由及聲請人對本案所持之立場與見解。

四、關係文件之名稱及件數。」

這個條文敘明聲請大法官解釋最基本的格式要求。當然，若沒有依據這樣的格式依序列點撰寫聲請書，並非表示一定會被議決不受理，因為凡事都有例外，尤其是在社會、人文科學領域。**但毋庸刻意去追求那幾個例**

外，**不需要也無法預測，誰終究會不會成為那個例外，沒有人知道[7]**。比諸「訴訟」，聲請人已經從第一審打到終審，連法院訴訟都有嚴格的格式要求，更何況聲請大法官解釋！

基本上，如果聲請人沒有依照第8條的格式撰寫聲請書，也許聲請書寫的非常地有道理，幾乎可以被議決受理，司法院書記處有可能會發函聲請人：「請依據本條格式補正」。

但多數未依此格式聲請者，將會被議決不受理，並不會函請聲請人補正。因為，若原本即應不受理的案件，再請求聲請人補正格式，仍照舊不受理，此補正並無實益！也徒給聲請人不當的期待！但實務上，即使被發函要求補正格式，會因為個別承辦大法官風格不同，最終仍有可能被議決不受理，因某些人認為，格式是程序最基本的一關，第一關要先通過，才來看後續。

所以，無需要看到司法院發函要求補正，就以為將會被受理了！還有很長的一段路要走！

也許有人迫不及待地想要知道「例外」會被受理的情況是什麼，這「例外」的存在，不僅是當聲請人聲請書格式不符，甚至可能連聲請程序

7　也許有人因為有這例外存在，就以為聲請格式也無需嚴格遵守！這種「只要有一點說不通，就全部不對，即使已經有九十九點的證明」思維模式，卻長久存在訴訟實務上，無論是人民或法院都有可能落入這種思維方式，我認為這是訴訟實務思維的大盲點。比如說刑事案件，常有上級法院抓到一點不合理就重新發回；或者辯護律師，只要抓到一丁點對造證言的矛盾之處，就認為對造證言全部皆不可信，這樣的「遊戲規則」，會不會脫離真實世界遠了些。現實的人生，一個敦實的良民，除非對某人或某事心中幾乎已經確信可疑，才會抓到一個疑點即推定真的有問題，一般而言，我們對人或對事都是以寬容的態度居多。但訴訟實務思維反其道而行，卻預設「只要有一個爭點說不清楚」的人民率非良民、「只要有一個爭點沒說清楚的」判決，就是有問題的判決！長期下來，斷傷的不只是敦實的良民及正直的法院，反而是人民普遍對司法存在的負面觀感。因為訴訟實務上必須塑造出不可能存在的100%，其實想一想，這和現實的、必存有缺陷的、不完美的**真實人生**完全不相符合，還蠻可怕的。

要件都不符合。實務上存在著一個非常例外的情況，先點到為止，暫存個印象：即聲請案所主張的違憲法令非常具有憲法上的「原則重要性」！這將會在本書第六章談人民聲請釋憲程序要件時詳細討論[8]。

第8條第1項是聲請「解釋憲法」的聲請書格式要求，第2項則是聲請「統一解釋」的聲請書格式要求；兩者在格式上大同小異，不一樣的是實質的程序聲請內容[9]。因為人民聲請統一解釋的案件而且通過程序審查而成案解釋者，實在太少（這是法制面的問題），本書加重敘述人民聲請解釋憲法篇幅。

根據本法第1款的規定，聲請書首先要敘明「聲請解釋憲法之目的」。

聲請人必須在聲請書中首先陳明，「哪一（數）個法令」要聲請釋憲；即釋憲客體或釋憲對象是哪一（數）個法令。聲請人須表示是「哪」一個或數個法律或命令，發生有牴觸憲法之疑義；聲請目的即在請求大法官會議宣告「那」一個（或數個）法令違憲。這是首先要在聲請書中展露的部分。

接下來第2款，聲請書須依序寫出為什麼會來聲請大法官解釋，即「疑義或爭議之性質與經過，及涉及之憲法條文」。本款就是要聲請書表達原因案件爭議之發生以及訴訟的經過，尤其重點在表達：聲請人已經獲得了一個「終審」的確定終局裁判。

本款所規定的意思，說穿了，主要是要看聲請人有沒有「窮盡審級救

---

[8] 但誰來判斷有無原則重要性？當然是大法官會議，因此這是一條可遇不可求的道路。還是同一句話，毋庸去刻意追求「例外」，當例外被追到了，真的多半只是運氣。

[9] 這需要往下看第5條（聲請解釋憲法）與第7條（聲請統一解釋）的聲請程序，當更能理解。本節此處是讓讀者通曉，有部程序性的法律，規範大法官如何審理案件，以及人民如何聲請釋憲，而這部法律大致上規定了什麼。

濟」，已經得到「確定終局裁判」。聲請人必須就其原因案件已經上訴到最終審級，得到了一個確定終局的判決或裁定，「才能」來聲請大法官解釋。

其實還有一個關鍵點在第8條第1項第2款中沒有寫出來，但是在第5條（及第7條）中有明確規定，本來這也是要在下一個段落才敘述，現在先將重點點出：「聲請人所主張違憲的法令，必須是確定終局裁判所適用之法令」，這也是個非常重要的聲請程序要件，也要在聲請書中表明。

至於所謂「涉及的憲法條文」，則要聲請書陳明到底確定終局裁判所適用之法令牴觸了憲法什麼條文或者什麼規定、意旨或精神，或者聲請人什麼樣的憲法權利因而遭受侵害。

第1、2款都還只是在形式上的程序格式敘明，至於第3款「聲請解釋憲法之理由及聲請人對本案所持之立場及見解」則進入了實體。聲請人須敘述為什麼確定終局裁判所適用的法令，「如何地」侵害了聲請人受憲法保護的「何種」權利，或者牴觸了什麼樣的憲法原則，聲請人須論述其理由及見解。

當然，不可能要求聲請書須論證的非常清楚、詳盡、嚴密，對憲法實例操作如數家珍、信手拈來、涉筆成趣，畢竟「有沒有具體敘明」的實體判斷是在大法官審查會上，而非要求聲請人的論證必須和大法官解釋一樣如出一轍，但至少聲請書也要能「具體」表明法令違憲的理由與立場，若沒有具體敘明，很抱歉，還是不受理（何謂「具體」，這又是一道難題！）。

最後是附件的提出。

請注意，大法官解釋不是第四審，請勿提出原因案件「訴訟上」的證據資料或證明文件來釋憲，若真有需要，大法官會議可以請求原審法院調訴訟原卷過院參辦。這裡所謂附件的提出，除了要提出歷審的裁判（影本

亦可）外，應該要鎖定「法令違憲」之憲法上的理由資料，而非訴訟之證據證明文件，無須再製造不必要的紙張支出。

三、大審法的核心條文

本法最重要的，要屬剩下來的幾個條文（稱此為核心條文）：第4、5、6、7、9條，吾人可歸為一組條文，應該放在一起討論，這一組條文中，還可以再做分類[10]。

（一）大審法第4條解析──大法官解釋並非為了「救濟個案」

先看個虛擬案例：

【舉例】

宋江開車紅燈左轉被交通警察舉發開罰單，不服舉發，認為根本沒有這回事，因此先申訴，再於接到裁決書二十日內，向管轄的地方法院（例如：台北地方法院）聲明異議。台北地方法院受理後，依據警員的舉證，裁定駁回。宋江還是不服該裁定，繼續抗告，又遭駁回之裁定。根據道路交通管理處罰條例第87條第3項但書，對於該抗告之裁定，不得聲明不服，因此宋江已「窮盡訴訟途徑」。

宋江認為這個社會太惡劣了，怎可隨意入人於「罰」，尤其年關將近，地方政府正在籌措財源，卻拿小老百姓開刀，單憑警察的一句話，就要被罰，**明明是那名警察故意找麻煩！**因此持台北地院某某號遭抗告駁回的裁定（確定終局裁定），聲請大法官解釋，主持公道，

---

10 第4條第1項、第3項與第5條第1項第1款、第7條第1項第1款，併第6條及第9條地方自治團體層轉問題，這是關於中央或地方機關適用憲法發生疑義之事項，可以歸為一類；第4條第2項與第5條第1項第2款、第7條第1項第2款、第2項則是關於人民聲請釋憲之規定，可歸為一類。

主張那位警員認定違規的證據「有問題」！

實務上，像這類爭執原因案件「認定事實」錯誤而來聲請解釋的很多，還有一類是「適用法律」的爭執，比如說：宋江主張其違犯的是道路交通管理處罰條例第 53 條第 2 項的紅燈右轉，卻遭交警以同法條第 1 項「行經有燈光號誌管制之交岔路口」闖紅燈處罰，因兩者的罰鍰不同[11]，法院竟也依交警的指述而同樣依第 1 項處罰，宋江主張，法院「適用法律錯誤」！

請切記，無論是「認定事實」或「適用法律」的爭議，都不是大法官解釋憲法之事項範圍。當聲請人的聲請意旨落入了「認事用法」範疇，幾乎都是以不受理案終結。

請看大審法第4條的條文內容：

I 大法官解釋憲法之事項如下：
一、關於適用憲法發生疑義之事項。
二、關於法律或命令，有無牴觸憲法之事項。
三、關於省自治法、縣自治法、省法規及縣規章有無牴觸憲法之事項。
II 前項解釋之事項，以憲法條文有規定者為限。

第4條第1項是一個非常重要的程序性規定。很多聲請人不了解大法官解釋到底在解釋什麼，甚至把大法官解釋當成第四審看待，以為案件打到終審確定了之後，誤以為還有一個審級可以救濟。

---

11 紅燈右轉處新台幣600至1,800罰鍰，闖紅燈則處1,800至5,400罰鍰。

　　第4條第1項明白表達大法官是在「解釋憲法」而非救濟個案，救濟個案只是大法官解釋後（而且還需要宣告違憲），可能得到的一個救濟「機會」（法院會不會因此改判，還是另外一件事）。

　　依據本條規定，**大法官就三種事項**[12]**「解釋憲法」**，至於誰可以聲請解釋憲法，以及聲請何種解釋憲法之型態，須配合本法第5條之規定一起看。這三種事項是：**一、適用憲法發生疑義之事項，二、法律或命令有無牴觸憲法之事項，三、省自治法、縣自治法、省法規及縣規章有無牴觸憲法之事項。**

　　因此，**如果只是主張行政機關或法院「認定事實」、「適用法律」有錯誤**，顯然都不在得聲請解釋憲法之事項內，幾乎必然遭到不受理的命運。

　　第4條第2項則有故事。但這故事與大審法的歷史淵源有關，留待第二節再敘述。

（二）大審法第5條──聲請解釋憲法最重要的程序規定
條文規定：

「Ⅰ有下列情形之一者，得聲請解釋憲法：
一、中央或地方機關，於其行使職權，適用憲法發生疑義，或因行使
　　職權與其他機關之職權，發生適用憲法之爭議，或適用法律與命
　　令發生有牴觸憲法之疑義者。
二、人民、法人或政黨於其憲法上所保障之權利，遭受不法侵害，經

---

12 這三種事項只是例示，並非已經窮盡地列舉。例如本法第5條第1項第1款就憲法爭議事項，
　中央或地方機關也得聲請解釋，就不在第4條所述的範圍內。另外第三種關於省自治法與省
　法規有無牴觸憲法事項，因為釋字第467號解釋「精省」的結果，目前這部分被適用的可能
　性微乎其微。

依法定程序提起訴訟，對於確定終局裁判所適用之法律或命令發生有牴觸憲法之疑義者。

三、依立法委員現有總額三分之一以上之聲請，就其行使職權，適用憲法發生疑義，或適用法律發生有牴觸憲法之疑義者。

Ⅱ最高法院或行政法院就其受理之案件，對所適用之法律或命令，確信有牴觸憲法之疑義時，得以裁定停止訴訟程序，聲請大法官解釋。

Ⅲ聲請解釋憲法不合前二項規定者，應不受理。」

釋憲聲請程序最重要的程序規範，就是第5條與第7條。雖然第7條統一解釋成案甚少，仍有不少人聲請統一解釋，無論如何，這兩個條文是實務上判斷釋憲程序合不合法最重要的依據。可以論述的點太多，從任何一個角度切入論述將如同滔滔江水大瀉，無可遏止！因此，本節只從形式上的條文規定大略介紹，細部內容須配合本書第六、七章，一併參照閱讀。

第5條第1項第1款規定有三個部分，前段規定中央或地方機關聲請**憲法疑義解釋**；中段是中央或地方機關的**憲法爭議解釋**，兩者字面上差異在於，前者是單純疑義解釋，後者須有與其他機關間產生爭議之聲請解釋。末段則是規定中央或地方機關，行使職權，適用法令發生有牴觸憲法之疑義解釋。

第5條第1項第2款則是：人民聲請解釋憲法之程序性規定，字字珠璣，到處都有關鍵性的「眉角」。

第5條第1項第3款規定立法委員聲請釋憲的程序規範。

第5條第2項則是規定法官聲請釋憲的程序規範，這部分則已被釋字第572號、第590號及第592號取代。

最後，本條第3項明白表示：「聲請解釋憲法不合前二項規定者，應

不受理。」因此，本條的重要性可見一斑。

（三）大審法第7條——聲請統一解釋最重要的程序規定

條文規定：

「I有下列情形之一者，得聲請統一解釋：

一、中央或地方機關，就其職權上適用法律或命令所持見解，與本機關或他機關適用同一法律或命令時所已表示之見解有異者。但該機關依法應受本機關或他機關見解之拘束，或得變更其見解者，不在此限。

二、人民、法人或政黨於其權利遭受不法侵害，認確定終局裁判適用法律或命令所表示之見解，與其他審判機關之確定終局裁判，適用同一法律或命令時所已表示之見解有異者。但得依法定程序聲明不服，或後裁判已變更前裁判之見解者，不在此限。

II前項第二款之聲請，應於裁判確定後三個月內為之。

III聲請統一解釋不合前二項規定者，應不受理。」

實務上，人民聲請統一解釋成案的並不多，但聲請案卻不少。先不論依第1款規定可以鑽得出來成案解釋可能性非常低的問題，非常多的聲請人都忽略了第2項的期間限制規定。**在此特別強調：人民聲請統一解釋必須在「裁判確定後三個月內」來聲請，否則逾越法定期間，必遭決議不受理。**

另外，不知有無細心的讀者發現，前開第5條第1項第1款的末段規定，與第7條第1項的條文內容規定，要件上好像有一點點不太一樣，您發現了嗎？

本書暫略去討論中央與地方機關聲請大法官解釋的程序問題（機關本

身都有專業的法制人員，但人民聲請則不一定會有專業的顧問），但可以 從這一個縫隙鑽出來討論一些關於中央機關聲請大法官解釋的程序問題。

請再讀一次大審法第5條第1項第1款的條文。請問：您認為，中央或 地方機關適用法律或命令發生有牴觸憲法之疑義而聲請解釋憲法，需不需 要以「行使職權」為前提要件？

為何會有此疑慮？因為條文規定：「**中央或地方機關，於其行使職 權，適用憲法發生疑義，或因行使職權與其他機關之職權，發生適用憲法 之爭議，或適用法律與命令發生有牴觸憲法之疑義者。**」解釋上有兩個可 能性。

第一個，是中央或地方機關**於其行使職權**，適用法律與命令發生有牴 觸憲法之疑義；另一個，則是中央或地方機關，適用法律與命令發生有牴 觸憲法之疑義。您認為是哪一個？

若比對第7條第1項第1款，其規定必須「**中央或地方機關，就其職權 上適用法律或命令所持見解，與本機關或他機關適用同一法律或命令時所 已表示之見解有異**」，連機關聲請統一解釋都要有「行使職權」為要件， 為何機關聲請解釋憲法無須以「行使職權」為要件？只是因為法無「明 文」？

這是一個很有趣的問題。純從法條字義來看，真的會有兩種可能的文 義解釋。而且還真的曾經有大法官解釋是採後者的看法！請看釋字第151 號解釋，這也是大法官解釋中首號明示「租稅法律主義」的解釋，這號解 釋在我國稅法發展史的地位，占有一席之地。

略述釋字第151號解釋的來龍去脈，這是件關於貨物稅徵收的案件， 貨物稅徵收方式有三種：委託代徵、駐廠（場）徵稅及查帳徵稅。本件功 〇社股份有限公司生產機車，就是一間奉財政部核准實施貨物稅查帳徵稅 的廠商，而貨物稅應用的照證有三種：完稅照、查驗證與免稅照。某日，

功〇社派員向該地稽徵處預領空白「完稅照」數千張，不慎於途中遺失其中的數百張。稅捐稽徵機關就依據當時的貨物稅稽徵規則第128條關於遺失「查驗證」之規定，要求功〇社補徵稅款。

問題爭點在於：當時貨物稅相關法規都沒有規定「完稅照」遺失時，如何辦理，稅捐主管機關可否「比照」當時的貨物稅稽徵規則第128條關於遺失「查驗證」之規定要求補徵稅款？釋字第151號解釋，第一次推出「租稅法律主義」盾牌，法無明文，不得徵稅，稅務機關因此「不得」比附援引[13]。

釋字第151號解釋是合憲還是違憲？如果過目不忘的讀者，可能（神奇地！）記得本書第四章第三節關於「歷年違憲解釋列表」中，並沒有列入釋字第151號。這和機關聲請釋憲有關。不僅如此，本號解釋是監察院聲請統一解釋，這非常特殊！根據其聲請書[14]，這是人民（功〇社股份有限公司代表人）陳請案，監察院附上調查報告後函請司法院統一解釋，試問：根據大審法第7條第1項，監察院就本案行使了什麼職權，可以據以聲請大法官解釋？

有興趣的讀者朋友，可以讀一讀本號解釋姚瑞光大法官的不同意見書，其認為「本案由監察院聲請統一解釋，不合法定要件」。理由簡述，監察院根據憲法規定其職權有同意、彈劾、糾舉、審計及提出糾正案五種，監察院須係行使上列五項職權，適用法律或命令與他機關適用同一法

---

[13] 就實體上而言，本號解釋是大法官首度端出「租稅法律主義」這道大菜，當時是民國66年底，從此三十餘年大法官解釋關於稅法案件，幾乎都圍繞在「形式」審查，審查有無違反租稅法律主義，至於其他基本權的審查，似乎只要遇到「稅」法，就沉「睡」不醒了。然而，貨物稅之「完稅照」有兼具「查驗證」的功能，或有深入研究之處，「租稅法律主義」是否率皆不能「比附援引」，也有討論餘地，不過，這是對人民有利的事項，本書仍贊成釋字第151號解釋的結論。

[14] 司法院印行，司法院大法官解釋（二），98年10月出版，頁37以下。

律或命令時，所已表示之見解有異者，始得聲請統一解釋[15]。

　　事實上，釋字第151號解釋就是一號很特殊的解釋，監察院之釋憲聲請程序並無符合大審法第7條第1項之規定，那第5條第1項第1款末段的解釋呢？是否可以解釋成無須「行使職權」之要件？

　　如果有發現釋字第151號聲請程序問題的論者，大多會將其歸為特殊類型，而非常態[16]。另外也可以由大法官解釋唯二在大陸時期所做出的解釋，其中一號：釋字第2號，討論這個中央或地方機關聲請憲法解釋時須否適用行使職權的問題。

　　釋字第2號解釋文：「……憲法第一百七十三條規定憲法之解釋由司法院為之，故中央或地方機關於其職權上適用憲法發生疑義時，即得聲請司法院解釋，法律及命令與憲法有無牴觸，發生疑義時亦同。**至適用法律或命令發生其他疑義時，則有適用職權之中央或地方機關皆應自行研究**，以確定其意義而為適用，殊無許其聲請司法院解釋之理由……」可以看的出來文句論述的脈絡意義，係肯定中央或地方機關須於其行使職權，適用法律與命令發生有牴觸憲法之疑義，方得聲請解釋。

　　再者，這個問題也可以拉到歷史層次去找尋妥適的解答，並不是不可以解釋成不需「行使職權」之要件，只是若了解大法官解釋程序規範的歷史發展（本章下一節參照），或許會有更妥當的想法，而非僅從文義解

---

[15] 姚大法官接著論證：「本案功○社向監察院陳訴，不過『指稱該項補徵貨物稅之處分及行政法院之判決，均屬違法』而已，並非請求監察院行使彈劾、糾舉、糾正之職權（同意、審計權與本案無關）。……本案監察院對於功○社陳訴之違法補徵貨物稅一案之有關機關或公務員，並未提出糾彈，而係將『調查報告』『函請行政院研究辦理』，其非行使彈劾、糾舉、糾正之職權，殊為明顯。既非行使職權，則其對於上開補徵貨物稅之命令所持見解，縱與行政院或行政法院所已表示之見解有異，依上文所述，亦無聲請統一解釋之可言。」

[16] 王和雄，違憲審查制度與司法院大法官審理案件法，法學叢刊，第46卷第2期，民國90年4月，頁26。其言：「似不宜再予援用。」

釋，依字言字、就句論句，論斤秤兩！

（四）大審法第6、9條——地方自治團體聲請釋憲的程序規定

大審法第6條及第9條[17]是關於地方自治團體聲請釋憲的程序規定。簡而言之，除了因為釋字第467號「精省」解釋外，地方自治團體聲請釋憲一個最主要的問題，就是本法第9條的「層轉」。本法第9條規定：「**聲請解釋機關有上級機關者，其聲請應經由上級機關層轉，上級機關對於不合規定者，不得為之轉請，其應依職權予以解決者，亦同。**」若再配合地方制度法之相關規定，以及釋字第527號、第550號等解釋，地方自治團體聲請釋憲的途徑，已呈現治絲益棼狀態，尚非清楚，目前也沒人釐得清楚。

第二節　司法院大法官審理案件法的歷史脈絡

大法官釋憲程序之法律依據，可分為「司法院大法官會議規則[18]」（民國37年9月至47年7月）、「司法院大法官會議法」（民國47年7月至

---

[17] 過去亦曾有認為，法（官）院聲請釋憲，亦有本條「層轉」之適用，惟這項見解經學者前輩的努力已成昨日黃花，理由是：「司法機關與行政機關不同，在行政機關，上級機關有指揮下級機關的權，在司法機關，雖有審級之制，然各級法院行使司法權完全獨立，下級法院不受上級法院的指揮……司法權如斯獨立，則下級法院適用法令之時，苟發現該項法令違憲，何可依層轉之法，聲請大法官會議解釋。」參照：薩孟武，中國憲法新論，三民書局，民國82年8月十版，頁425。

[18] 大法官會議組織法上的依據，最初係於民國36年3月31日（早於憲法實行前）公布的司法院組織法第3條規定。大法官會議成立則在行憲之後，民國37年8月第一屆大法官會議成立，亦於同年9月通過公布「司法院大法官會議規則」，大法官自此開始行使職權。參考司法院史實紀要第二冊，1982年12月初版，頁1171以下。郭衛、林紀東等編，中華民國憲法史料，1947年，頁194以下。翁岳生，大法官功能演變之探討，收於法治國家之行政法與司法，1994年8月一版二刷，頁416-417。林紀東，大法官會議憲法解釋析論，五南出版公司，1983年12月初版，頁3-23。

82年2月）及「司法院大法官審理案件法」（民國82年2月迄今）三個時期。

　　總的來說，這三個階段發展的特色有三[19]：一、制度功能變遷，由「解答疑義」走向「解決爭議」；二、運作取向變化，則由「維護憲政體制」朝向「保護人民權利」的方向發展；三、釋憲模式，則是由「會議議決」到「兼採審判之評議方式」。

　　第一個「司法院大法官會議規則」階段剛好重疊第一屆大法官的任期（民國37年10月至47年08月），第二個「司法院大法官會議法」階段則涵蓋第二、三、四、五屆大法官大部分任期；第五屆大法官最後的任期一年七個月時走向第三階段「司法院大法官審理案件法」。因此釋憲程序（大審法）的三個發展時期，配合大法官屆次所公布釋字，剛好大致上可證其程序規範對大法官解釋之關鍵性影響。

一、草創、但有重要解釋的「司法院大法官會議規則時期」

　　如果說我國大部分重要法制原初的模型，都是從大陸帶過來，而在臺灣落實、發展與生根（憲法、民法、刑法、訴訟法皆如是），可能唯有大法官功能的發揮與憲法解釋的實踐，完完全全是在臺灣本土成長茁壯的在地經驗！

　　眾所皆知，中華民國憲法是民國36年1月1日在大陸公布，同年12月25日施行。當時政府依據憲法規定，即在民國37年8月任命大法官，而於同年9月15日開始行使職權。但只有解釋兩號，政府即遷台，釋憲工作中斷。一直到民國41年，在台灣重新任命七位大法官，加上二位原任命的大

---

[19] 本節以下的論述，多參考翁岳生教授之「我國憲法訴訟制度之展望」乙文，刊於：中研院法學期刊，創刊號，2007年9月，頁4以下。

法官，才達法定開會人數，得以開始行使職權。

　　所以說，大法官功能的發揮以及日後的演變，幾乎完全是在台灣發展的寶貴憲政經驗。

　　「司法院大法官會議規則」是第一屆大法官自行開會議決發布，而且此規則也只適用第一屆大法官，其後被民國47年7月由立法院制定之「司法院大法官會議法」所取代。

　　在第一屆大法官所作出的79件解釋中，有兩號解釋值得特別注意。例如：釋字第31號解釋，為使在大陸制定的憲法可以配合當時政經情勢的變更，而在台灣適用，以及使憲政能夠繼續運作，因而解釋中央民意代表既使任期屆滿仍得續行職權。雖然作出解釋後備受批評、仁智互見，但說此號解釋，是延續中華民國憲法與憲政所作出的重要解釋，並不為過。

　　另外則是關於「法官對命令究竟有無實質審查權」這個重要議題。換句話說，法官可否對違法違憲的命令逕行排斥而不用？釋字第38號已做出明白而肯定的解釋（須知當時是民國43年）。

　　這部分的實體問題，值得再為著墨。

　　因為這個議題過去屢有爭議，連大法官解釋的見解也曾反覆過。最早的司法院院解釋第4012號本已有清楚的闡釋[20]，釋字第38號繼以闡明，但釋字第137號則讓人誤解，然後釋字第216號又加以修正。

　　釋字第38號意旨為：吾國憲法第80條所謂法官……依據「法律」獨立審判，不受任何干涉之「法律」係包括實質意義的法律，但須與憲法或法律不相牴觸之有效規章，方得作為審判之主要依據。意思很明確，法官對違法違憲的命令，可以拒絕為審判的基礎。

---

20 院解字第4012號解釋文：（一）與憲法或法律牴觸之命令法院得逕認為無效不予適用。不過這是院字，屬司法院內部的行政命令，與大法官解釋至少相當於法律，二者在法位階上完全不同。

　　但民國62年12月14日釋字第137號解釋卻謂：「法官於審判案件時，
對於各機關就其職掌所作有關法規釋示之行政命令，固未可逕行排斥而不
用，但仍得依據法律表示其合法適當之見解。」似乎認為法官對命令（無
論是否合法合憲），不得排斥不用，而退縮到僅得依據法律表示其合法適
當見解的範圍。

　　所幸，民國76年6月公布之釋字第216號解釋則修正釋字第137號解釋
之意旨，明示「……司法行政機關所發司法行政上之命令，如涉及審判上
之法律見解，僅供法官參考，法官於審判案件時，亦不受其拘束。……」

　　若從法社會學角度視此項議題之變化，饒富研究價值。

　　釋字第137號解釋（62.12.14）之社會背景係國家行政權正值高張之時
代，而釋字第216號解釋則為我國解嚴時期前後，依此而言，民國43年8月
所作出之釋字第38號解釋，其重要性不言可喻。

　　目前，各主管機關依其職掌的法規所做的解釋函令，法官於審判案件
時當然可以參考，但並不受其拘束，這個見解已成為共識。但是若經法官
審判時引用做為裁判的基礎時，則可以為違憲審查的客體。釋字第399號
解釋理由書再闡釋一次這個概念：「按行政機關依其職掌就有關法規為釋
示之行政命令，法官於審判案件時，固可予以引用，但得依據法律，表示
適當之不同見解，並不受其拘束，本院釋字第137號解釋即係本此意旨；
主管機關依其職掌就有關法規所為釋示，固可供法官於審判案件時參考，
但不受其拘束。惟如經法院引用為裁判之基礎者，參照本院釋字第216號
解釋，得為違憲審查之對象。」

二、逆境中，立憲精神昂揚的「司法院大法官會議法時期」

　　司法院大法官會議規則在法體系上的定位當屬司法院內規（命令），
但此攸關人民重要權利事項，依據法律保留之理念，應當由立法院制定一

部規範大法官會議職權的行使及其程序事項之法律。

事實上，民國47年7月21日公布之「司法院大法官會議法」卻是因為46年5月公布的釋字第76號解釋結果，導致立法院主動制定本法，就為了**立法限制大法官的解釋權限**。這個故事[21]是：

民國43年底，「立法院」的外交委員會與世界各國的國會聯合會取得聯繫，並由立法委員組成一個國會聯合會之中國國會小組，向該聯合會申請入會。但「監察院」及「國民大會」代表舉手抗議，認為誰才是我國國會之代表機關，憲政制度上並不清楚（誰才是國會？還不知道呢），因而發生三院共同爭執其唯一的對外代表權。

原本所謂「國會」，是學理上的名詞，我國憲法並無此用語存在，況且立法院、監察院及國民大會何者才是一般所謂的「國會」，牽涉政治問題，原本大法官應否受理，即有疑慮。但當時大法官毅然作出國民大會、立法院及監察院，共同相當於民主國家國會的解釋（即釋字第76號）。三院都是「國會」！

不止於此，本號解釋公布後，國民大會更進一步要求其待遇應比照立法院。又間接使得國庫財政損失。因此，審理預算之立法院大感不滿，史無前例地主動立法限制大法官會議之職權。

如何以法律限制大法官會議的職權？例如：制定司法院大法官會議法第3條第2項，解釋憲法「以憲法條文有規定者為限」。這擺明當憲法條文沒有規定的部分，大法官不能解釋（例如：立法院、監察院、國民大會三

---

21 林紀東，大法官會議憲法解釋析論，五南出版公司，1983年出版，頁11。涂懷瑩，大法官釋憲制度的「演變」、「貢獻」及「改進問題」，司法院大法官釋憲四十週年紀念論文集，頁51。翁岳生，憲法之維護者，收錄：行政法與現代法治國家，1976年1月，頁476。翁岳生，大法官功能演變之探討，收於：法治國家之行政法與司法，1994年8月一版二刷，頁420以下。

者誰才是民主國家的國會問題，憲法就沒有規定，大法官不能解釋）。

又如：提高門檻限制大法官議決出席人數（總額四分之三）及可決人數（出席四分之三）。這招數，從程序表決限縮大法官行使違憲審查的職權，著實相當地準及狠，表示只要有四分之一的人投反對票，大法官解釋案件受理與否及解釋結果的出爐，程序上即無法進行。企圖癱瘓大法官會議，使之只能做無關痛癢的「國事漫談」[22]。

上述兩點都有可議之處，皆有違背當代民主憲政主義國家違憲審查職權行使的理念與精神。前者，限制解釋憲法須以憲法條文有明文規定者為限，這完全是無實益之規範內容，因為職司「憲法維護者」（Hüter der Verfassung）之大法官解釋憲法，本來就以當代憲政主義之理念精神以及憲法體系作為解釋之依據，而非僅以憲法明文規定者為限，否則重要如法治國原則之「依法行政」原則，即無從成為解釋憲法之依據。

翻遍中華民國憲法條文，絕對看不到一條「依法行政」的明文，但如果沒有「依法行政」這麼基本的立憲憲法原則作為釋憲基礎，我們將會有多少號解釋立論基礎立刻如一盤散沙，是解釋不出來的。

實際上，後來大法官行使職權也沒有被這個規定影響，例如釋字第175號、第325號等等。因為這完全是個與大法官職權行使相背離的無意義規定。

另外，關於大法官議決出席人數與可決人數比例，衡諸世界各國違憲審查制並沒有類似我國當時如此嚴格的規定，這已逾越合理之程度，近乎妨礙大法官職權之行使，有違憲法之精神[23]。

---

[22] 然而本法亦有創設出一些影響深遠的正向規範，例如：解釋文與解釋理由書之分別為文、不同意見書之發表，以及（尤其是）人民聲請解釋制度之建立等等，仍部分值得肯定。

[23] 但既使是現行的大法官解釋憲法，須大法官現有總額三分之二出席，及出席人數三分之二同意，宣告命令牴觸憲法則只須出席人數過半數同意即可（大審法第14條），仍有大法官認為

　　雖然古智慧有云：「在古人之後，議古人之失，則易；處古人之位，為古人之事，則難。」但以今視昔，司法院大法官會議法時期大法官解釋的質與量，猶如橫逆困頓中琢磨出的珍珠般，越發耀眼。

　　第二屆（民國47年10月至56年9月）與第三屆大法官（56年10月至65年9月）職權由於本法的先天性侷限，釋憲功能大幅地受到影響。兩屆大法官18年間僅作出67號解釋，其中憲法解釋僅有10個，大部分皆屬於法律命令的統一解釋[24]。

　　但其中仍有重要的解釋，例如：釋字第85號解釋使國民大會得以合法集會、選舉總統副總統（國民大會代表總額應依法選出，而以「能」召集之國民大會代表人數，為計算標準之總額解釋）；釋字第86號解釋，則是關於審檢分隸，於解釋理由書中表示「其有關法令，並應分別予以修正，以期符合憲法第七十七條之本旨。」但一直要到民國69年7月實施審檢分隸後，釋字第86號解釋之意旨方得以實現。

　　再者，首號人民聲請而予以解釋的案件（釋字第117號：關於第一屆國民大會代表遇缺遞補補充條例之解釋），也是在這個階段中實現。

　　第4屆大法官自民國65年10月就任，當時台灣社會經濟快速發展，中產階級興起，人民權利意識高漲，要求政治參與的觀念也越發強大，該屆大法官順勢反應民意加強發揮違憲審查之功能，即使在重重的當時大審法限制之下。

　　從數據上顯示，第4屆大法官所作成的53號解釋（釋字第147至199號）中，憲法解釋占30件，人民聲請解釋占28件，52%以上為人民聲請之

　　表決門檻過高，參見：蘇俊雄，釋憲九年的一些感想，收錄於：憲法意見，元照出版社，2005年出版，頁390。

[24] 值得注意的是，當時最高法院與行政法院對大法官從事法令統一解釋尚無太大意見，可能因為大法官解釋究有何效力，在當時並沒有法律明文規定以及大法官解釋之闡釋。

釋憲解釋。

第4屆大法官任期內，有甚多的解釋如同珍珠般耀眼，披荊斬棘地確立我國走進民主憲政國家之林而奮鬥，重要者如[25]：

(1)突破特別權力關係理論：如釋字第187號；

(2)將判例作為審查之對象：釋字第153號、第154號、第177號、第182號、第185號及第187號；

(3)稅法上，確立租稅法律主義之審查基準：釋字第151號、第167號；

(4)**確定憲法解釋之效力，除解釋中另有規定者外，自公布時起發生效力**：釋字第177號、第183號、第185號、第188號及第193號等等。

第五屆大法官（民國74年10月至83年9月，共作出167件解釋案）在司法院大法官會議法時期（民國74年10月至82年2月），更戮力發揮憲法保障人權之精神。例如：

(1)人民訴訟權保障：如釋字第224號、第269號、第295號等。

(2)保護人身自由：釋字第251號。

(3)弱化特別權力關係：釋字第201號、第243號、第266號、第298號、第312號等。

(4)租稅法律主義與租稅公平原則：釋字第210號、第218號等。

(5)宣告法令違憲並定期失效：釋字第210號、第218號、第224號、第251號、第268號、第273號、第280號、第288號、第289號、第291號、第294號、第300號等。

---

[25] 翁岳生，大法官功能演變之探討，收於：法治國家之行政法與司法，1994年8月一版二刷，頁420-428。

(6)機關間憲政爭議之解決：釋字第259號、第260號、第282號、第299號等。

(7)憲政體制之維護：釋字第216號、第235號、第250號、第258號、第259號、第260號、第262號、第264號、第307號等。

　　總體而言，第五屆大法官無視程序規範的緊箍咒，反而更彰顯憲法維護者的功能。

三、沉澱、形塑憲法正義圖像的「司法院大法官審理案件法時期」

　　台灣社會因民國76年解嚴，80年終止動員戡亂時期等一連串的開放民主自由，憲政運作已逐步正常化，大法官功能事實上也能進一步地發揮。這是大審法制定的社會背景。

　　臨門一腳則是國民大會於民國81年的第二次修憲。增訂憲法增修條文第13條第2項：「司法院大法官，除依憲法第七十八條之規定外，並組成憲法法庭審理政黨違憲之解散事項。」明文賦予大法官審理政黨違憲解散事項之職權，立法院因而配合憲法修正案修正「司法院大法官會議法」為「司法院大法官審理案件法」[26]。這就是現行的大審法。

　　現行大審法除了增加大法官之職權外，亦於第5條增訂數項聲請解釋憲法之途徑（包括**立法委員三分之一以上之聲請得以聲請解釋**以及**最高法院或行政法院就其受理之案件亦得聲請大法官解釋**），並使審理程序更加司法化[27]（法庭化）、降低解釋憲法之法定人數[28]、大法官可諭知執行之

---

[26] 許宗力，大法官釋憲權行使的程序與範圍──從大法官審理案件法與修正草案之檢視談起，收錄：憲法與法治國行政，1999年3月，頁90。

[27] 例如本法第三章所規定之「政黨違憲審查解散案件之審理」，即規定有言詞辯論、搜索、扣押、評議、裁判、宣示、送達等訴訟程序。

[28] 本法第14條首項規定，解釋憲法改以大法官「現有」總額三分之二出席，出席人數三分之二同意，而宣告命令牴觸憲法，則以出席人數過半數同意即可。另於第2項規定，統一解釋法

種類與方法並得發表協同意見書等之規定。尤其降低解釋憲法的法定人數，如同緊箍咒解套般，大法官職能更得以能有效發揮。以第6屆大法官為例，第6屆大法官自民國83年11月開始行使職權至92年9月任期屆滿共作出200件解釋案，就是實證。

這個階段成效舉其大者，例如平等權部分：釋字第477號是首號以解釋補救立法怠惰所產生的不平等；釋字第485號則是關於實質平等原則概念的闡釋；釋字第410號、第452號、第457號、第490號等為關於性別平等的維護；釋字第405號、第481號為關於參與平等問題。

人身自由部分：釋字第392號係闡釋有權限制人身自由之機關，並將檢察官羈押權的行使宣告違憲；釋字第384號闡釋何謂正當法律程序；釋字第436號則改變軍事審判法使之發揮保障人權的正面影響。

另外，關於保障學術自由的解釋：釋字第380號、第382號、第450號；宗教信仰自由的維護：釋字第460號、第490號；集會結社自由：釋字第372號、第479號；財產權保障：釋字第400號、第425號、第437號、第440號、第516號以及租稅法律主義審查基準的延續：釋字第367號、第369號、第397號、第413號、第415號、第420號、第426號、第438號、第458號、第496號、第508號、第515號，都是著例。

再者，關於闡釋社會基本權之生存權──釋字第476號肅清煙毒條例死刑違憲疑義；工作權──釋字第373號、第404號、第411號、第456號、第514號以及訴訟權保障──釋字第416號、第418號、第442號。

另外，有關公務員懲戒疑義：釋字第395號、第396號；應考試服公職權利：釋字第453號、第546號等等，還有一號非常重大的解釋：釋字第

律及命令，以大法官現有總額過半數出席，出席人數過半數同意即可通過。減低了大法官議決通過之人數比例，放寬大法官解釋憲法之限制。

499號宣告國民大會第5次修憲違背正當程序無效等，不勝枚舉。

　　也就是在這個時期，逐漸形塑大法官解釋成為我國社會上一個正義的圖像，相當不容易。

　　但更困難的是，大法官會議必須抵擋來自政治的企圖干預，非獨我國，世界各國有獨立違憲審查機關者皆然，這部分已足以另外撰寫乙書詳論之！

　　最後，就大法官解釋內部實際運作上，大法官功能雖然可以竭盡所能地發揮，但同時也發覺了審理案件法的一些缺失。例如：當人民聲請解釋案件，若大法官宣告「定（限）期失效」時，人民並無救濟之管道；以及訴外裁判的爭議等等，還是需要以法律加以規定為宜，因此大法官審理案件法之修正成為十餘年來司法院的一項重要課題。

第三節　大法官解釋程序規範的未來：「憲法訴訟法」

　　94年底，司法院完成內部討論，提院會通過「憲法訴訟法」草案，隔年初函送立法院審議，但至今尚未通過。

　　立法院有諸多法案待審，何時會通過這部法律？通過何等條文？以及會不會另外再加上其他新修正條文？都在未定之天！因此本文僅節錄重要部分，大略介紹三個大重點，供讀者朋友大致知道本部大審法未來的「可能」走向。

　　首先是，釋憲機關的法庭化。這是國際間釋憲機關法制發展的新趨勢（如美國、德國、奧地利、日本、韓國等），又案件審理「法庭化」比較符合正當法律程序之要求，更能增進人民對司法的信賴，免除民眾對於「會議」型態之司法性不足的疑慮，亦能凸顯「審判獨立」的司法特性，

保障人民基本權利。因此草案廢止現行大法官會議組織型態，明定以大法官組成憲法法庭審理各類型案件。

　　第二，大法官解釋法庭化後，審理程序自然跟著訴訟化，修正草案就此規定了言詞辯論公開原則、筆錄閱覽、審理彈劾案件及政黨違憲解散案件應經言詞辯論等事項，使得審理案件程序透明公開。

　　第三，則是關於大法官解釋的效力問題屢受爭議，修正草案則關於判決效力發生之時點，違憲法律、命令之失效日，判決之對世效力、對訴訟案件之拘束力，聲請人依據判決提請救濟權利以及緊急處分法制化等均有明文規定，冀使釋憲法制明確完備。

　　這就是非常簡略地介紹「憲法訴訟法」草案的重要內容，未來「如果」通過，再請讀者朋友們順著這三條路徑，去認識、理解、評論這部新的大審法法典！

附錄一　司法院大法官審理案件法（82. 2.3.修正）

第一章　總則

第1條
本法依司法院組織法第六條制定之。

第2條
司法院大法官，以會議方式，合議審理司法院解釋憲法與統一解釋法律及命令之案件；並組成憲法法庭，合議審理政黨違憲之解散案件。

第3條
大法官審理案件之迴避，準用行政訴訟法之規定。

第二章　解釋案件之審理

第4條

I 大法官解釋憲法之事項如下：

　一、關於適用憲法發生疑義之事項。

　二、關於法律或命令，有無牴觸憲法之事項。

　三、關於省自治法、縣自治法、省法規及縣規章有無牴觸憲法之事項。

II 前項解釋之事項，以憲法條文有規定者為限。

第5條

I 有下列情形之一者，得聲請解釋憲法：

　一、中央或地方機關，於其行使職權，適用憲法發生疑義，或因行使職
　　　權與其他機關之職權，發生適用憲法之爭議，或適用法律與命令發
　　　生有牴觸憲法之疑義者。

　二、人民、法人或政黨於其憲法上所保障之權利，遭受不法侵害，經依
　　　法定程序提起訴訟，對於確定終局裁判所適用之法律或命令發生有
　　　牴觸憲法之疑義者。

　三、依立法委員現有總額三分之一以上之聲請，就其行使職權，適用憲
　　　法發生疑義，或適用法律發生有牴觸憲法之疑義者。

II 最高法院或行政法院就其受理之案件，對所適用之法律或命令，確信有
　　牴觸憲法之疑義時，得以裁定停止訴訟程序，聲請大法官解釋。

III 聲請解釋憲法不合前二項規定者，應不受理。

第6條

本法第四條第一項第三款之解釋案件，除憲法第一百十四條規定者外，準
用本法第五條之規定。

第7條

I 有下列情形之一者，得聲請統一解釋：

一、中央或地方機關，就其職權上適用法律或命令所持見解，與本機關
或他機關適用同一法律或命令時所已表示之見解有異者。但該機關
依法應受本機關或他機關見解之拘束，或得變更其見解者，不在此
限。

二、人民、法人或政黨於其權利遭受不法侵害，認確定終局裁判適用法
律或命令所表示之見解，與其他審判機關之確定終局裁判，適用同
一法律或命令時所已表示之見解有異者。但得依法定程序聲明不
服，或後裁判已變更前裁判之見解者，不在此限。

II 前項第二款之聲請，應於裁判確定後三個月內為之。

III 聲請統一解釋不合前二項規定者，應不受理。

第8條

I 聲請解釋憲法，應以聲請書敘明下列事項向司法院為之：

一、聲請解釋憲法之目的。

二、疑義或爭議之性質與經過，及涉及之憲法條文。

三、聲請解釋憲法之理由及聲請人對本案所持之立場與見解。

四、關係文件之名稱及件數。

II 聲請統一解釋，應以聲請書敘明左列事項向司法院為之：

一、聲請統一解釋之目的。

二、法律或命令見解發生歧異之經過及涉及之法律或命令條文。

三、聲請解釋之理由及聲請人對本案所持之立場與見解。

四、關係文件之名稱及件數。

第9條

聲請解釋機關有上級機關者，其聲請應經由上級機關層轉，上級機關對於
不合規定者，不得為之轉請，其應依職權予以解決者，亦同。

第10條

Ⅰ司法院接受聲請解釋案件，應先推定大法官三人審查，除不合本法規定不予解釋者，應敘明理由報會決定外，其應予解釋之案件，應提會討論。

Ⅱ前項解釋案件於推定大法官審查時，得限定提會時間。

第11條

前條提會討論之解釋案件，應先由會決定原則，推大法官起草解釋文，會前印送全體大法官，再提會討論後表決之。

第12條

大法官會議時，其表決以舉手或點名為之。

第13條

Ⅰ大法官解釋案件，應參考制憲、修憲及立法資料，並得依請求或逕行通知聲請人、關係人及有關機關說明，或為調查。必要時，得行言詞辯論。

Ⅱ前項言詞辦論，準用憲法法庭言詞辯論之規定。

第14條

Ⅰ大法官解釋憲法，應有大法官現有總額三分之二之出席，及出席人三分之二同意，方得通過。但宣告命令牴觸憲法時，以出席人過半數同意行之。

Ⅱ大法官統一解釋法律及命令，應有大法官現有總額過半數之出席，及出席人數過半數之同意，方得通過。

第15條

大法官每星期開會三次，必要時得開臨時會議。

第16條

Ⅰ大法官會議以司法院院長為主席，院長不能主持時，以副院長為主席。

院司、副院長均不能主持時，以出席會議之資深大法官為主席，資同以年長者充之。

II 大法官全體審查會議，由值月大法官召集，並由大法官輪流擔任主席。

第17條

I 大法官決議之解釋文，應附具解釋理由書，連同各大法官對該解釋之協同意見書或不同意見書，一併由司法院公布之，並通知本案聲請人及其關係人。

II 大法官所為之解釋，得諭知有關機關執行，並得確定執行之種類及方法。

第18條

司法院秘書長，應列席大法官會議。

第三章　政黨違憲解散案件之審理

第19條

I 政黨之目的或其行為，危害中華民國之存在或自由民主之憲政秩序者，主管機關得聲請司法院憲法法庭解散之。

II 前項聲請，應以聲請書敘明左列事項向司法院為之：

　　一、聲請機關及其代表人之姓名。

　　二、被聲請政黨之名稱及所在地，其代表人之姓名、性別、年齡、住所或居所，及其與政黨之關係。

　　三、請求解散政黨之意旨。

　　四、政黨應予以解散之原因事實及證據。

　　五、年、月、日。

第20條

憲法法庭審理案件，以參與審理之資深大法官充審判長；資同以年長者充之。

第21條

憲法法庭應本於言詞辯論而為裁判。但駁回聲請而認無行言詞辯論之必要者，不在此限。

第22條

Ⅰ前條言詞辯論，如委任訴訟代理人者，其受任人以律師或法學教授為限；其人數不得超過三人。

Ⅱ前項代理人應先經憲法法庭之許可。

第23條

Ⅰ憲法法庭為發見真實之必要，得囑託檢察官或調度司法警察為搜索、扣押。

Ⅱ前項搜索、扣押及調度司法警察準用刑事訴訟法及調度司法警察條例有關之規定。

第24條

Ⅰ憲法法庭行言詞辯論，須有大法官現有總額四分之三以上出席，始得為之。未參與辯論之大法官不得參與評議判決。

Ⅱ經言詞辯論之判決，應於言詞辯論終結後一個月內指定期日宣示之。

第25條

Ⅰ憲法法庭對於政黨違憲解散案件判決之評議，應經參與言詞辯論大法官三分之二之同意決定之。

Ⅱ評議未獲前項人數同意，應為不予解散之判決。

Ⅲ憲法法庭對於政黨違憲解散案件裁定之評議，或依第二十一條但書為裁判時，應有大法官現有總額四分之三之出席，及出席人過半數之同意行之。

第26條

憲法法庭認聲請有理由者，應以判決宣示被聲請解散之政黨違憲應予解

散；認聲請無理由者，應以判決駁回其聲請。

第27條

I 判決應作判決書，記載下列各款事項：

　　一、聲請機關。

　　二、受判決政黨之名稱及所在地。

　　三、受判決政黨代表人之姓名、住所或居所，及其與政黨之關係。

　　四、有訴訟代理人者，其姓名、住所或居所。

　　五、主文。

　　六、事實。

　　七、理由。

　　八、司法院憲法法庭。

　　九、宣示之年、月、日。

II 憲法法庭得於判決指定執行機關及執行方法。

III 判決書由參與審判之大法官全體簽名。

第28條

I 憲法法庭之判決，除宣示或送達外，應公告之，其有協同意見書或不同意見書者，應一併公告之。

II 前項判決應送達聲請機關、受判決之政黨及判決書指定之執行機關，並通知有關機關。

第29條

對於憲法法庭之裁判，不得聲明不服。

第30條

I 被宣告解散之政黨，應即停止一切活動，並不得成立目的相同之代替組織，其依政黨比例方式產生之民意代表自判決生效時起喪失其資格。

II 憲法法庭之判決，各關係機關應即為實現判決內容之必要處置。

Ⅲ政黨解散後，其財產之清算，準用民法法人有關之規定。

第31條

憲法法庭審理政黨違憲解散案件，如認該政黨之行為已足以危害國家安全或社會秩序，而有必要時，於判決前得依聲請機關之請求，以裁定命被聲請政黨停止全部或一部之活動。

第32條

憲法法庭審理政黨違憲解散案件之程序，除本法有規定者外，準用行政訴訟法之規定；其審理規則，由司法院定之。

第33條

Ⅰ憲法法庭之司法年度及事務分配、法庭之開閉及秩序、法庭之用語、裁判之評議，除本法另有規定外，準用法院組織法之規定。

Ⅱ大法官服制及憲法法庭之席位佈置，由司法院另定之。

第四章　附則

第34條

本法施行細則，由司法院定之。

第35條

本法自公布日施行。

附錄二　司法院大法官審理案件法施行細則（93.11.19.修正）

第1條

本細則依司法院大法官審理案件法第三十四條之規定訂定之。

第2條

每屆大法官於就任時及每年終結前舉行之會議，應預定年度事務之分配、代理次序及開會時之席次。

第3條

I 依本法第十條推定大法官三人組成之審查小組，由具有司法院組織法第四條第一項所列不同款資格之大法官組織之。

II 前項審查小組每三年得調整一次。

第4條

大法官按第二條所定之會議決定之次序輪流擔任審查會主席，並輪流值月處理相關事務。

第5條

立法委員依本法第五條第一項第三款規定聲請解釋，其人數之計算，以每會期實際報到人數為準。

第6條

本法第八條第一項及第二項聲請書之格式由司法院定之。

第7條

聲請解釋案件，按收文先後編定號次，輪分大法官。並於每次大法官會議時，將新收案件之案由，列入報告事項。

第8條

I 大法官分受聲請解釋案後，應即蒐集參考資料，研擬審查報告初稿，與同小組大法官共同審查，並於通過後，作成審查報告，提請大法官全體審查會議審查或逕提大法官會議議決之。

II 前項審查報告，由組成小組之大法官簽名。如有不同之法律意見，應附記之。

第9條

I 聲請解釋案件經審查小組認應不受理者，應於審查報告中敘明理由，逐提大法官會議議決之，但有下列情形之一者，仍由大法官全體審查會審查之：

一、審查小組認為可能發生爭議者。

二、審查小組大法官有不同意見者。

II 前項逐提大法官會議之案件，大法官會議時，有大法官認應先經大法官全體審查會審查者，交大法官全體審查會審查之。

第10條

聲請解釋案件經審查小組認應受理者，應於提出審查報告之同時，提出解釋文及解釋理由書草案。

第11條

I 提報大法官全體審查會議審查之審查報告，除另有決議外，按提出之先後依序議決是否受理。

II 前項審查查報告連同關係文件，應於大法官全體審查會議開會審查前三日分送大法官及秘書長。

III 大法官對於第一項審查報告得提出意見書，並於大法官全體審查會議開會前分送大法官及秘書長。

IV 大法官全體審查會議審查案件時，得邀請對該案件所涉之事項有研究而停止辦理案件之大法官提供參考意見。

V 前項受邀請之大法官得列席或以書面提供意見。

第12條

I 經議決受理之案件，除另有決議外，按議決受理之先後次序進行審查。

II 前項審查，依次議決解釋原則、解釋文及解釋理由書草案。

第13條

解釋原則議決後，審查小組提報之解釋文或解釋理由書草案須修正或另行起草者，除依本法第十一條推大法官另行起草者外，原審查小組應於下次會議前提出之。

第14條

Ⅰ 依本法第十三條第一項為調查時，得邀請專家學者到院說明。

Ⅱ 為前項邀請時，得檢附聲請書影本或相關資料。通知關係人或有關機關說明時，亦同。

第15條

本法第十四條規定之大法官現有總額，以實際在職之人數為計算標準。

第16條

關於解釋原則及解釋文草案之議決，依本法第十四條之規定行之。關於案件是否受理及解釋理由書草案文字之議決，以出席大法官過半數之同意行之。

第17條

Ⅰ 關於解釋原則及解釋文草案之可決人數，依下列各款之規定：

一、憲法解釋及法律是否牴觸憲法之解釋，依本法第十四條第一項前段之規定。

二、宣告命令牴觸憲法，而未為憲法條文疑義之解釋或未論及訂定該命令所依據之法律是否違憲者，依本法第十四條第一項但書之規定。

三、統一解釋法律或命令，依本法第十四條第二項之規定。

四、同一聲請案件包含數解釋原則者，視其內容，分別適用前三款之規定。

Ⅱ 案件之全部或一部，應依前項何款規定定其可決人數發生爭議時，由出席大法官三分之二同意定之。未經三分之二同意者，適用前項第一款之

　規定。

第18條

Ⅰ大法官贊成解釋文草案之原則，而對其理由有補充或不同之法律意見者，得提出協同意見書。

Ⅱ大法官對於解釋文草案之原則，曾表示不同之法律意見者，得提出一部或全部之不同意見書。

Ⅲ前二項意見書，應於解釋文草案及解釋理由書草案經大法官全體審查會議審查通過後五日內提出。

第19條

Ⅰ案件經大法官全體審查會議審查完竣後，提大法官會議討論議決之。

Ⅱ前項案件資料應於大法官會議前分送主席、大法官及秘書長。

第20條

Ⅰ大法官會議通過之解釋文及解釋理由書公布時，應記載解釋文通過時之主席及出席大法官之姓名。

Ⅱ大法官協同意見書或不同意見書，除逾期提出或提出後聲明不發表者外，應與前項解釋文及解釋理由書一併公布，並記明提出者之姓名。

Ⅲ公布之協同意見書或不同意見書，應僅就大法官會議通過之解釋內容，表示其法律意見。

第21條

大法官因事不能出席會議時，應先通知值月大法官。

第22條

司法院秘書長應列席大法官會議及大法官全體審查會議。

第23條

本細則第七條至第二十條之規定，於憲法第一百十四條規定之案件準用之。

第24條

本法第十九條第一項規定之主管機關，指人民團體法第三條所規定之人民團體中央主管機關；同條第二項規定被聲請政黨之代表人，指人民團體法第四十六條所規定政黨之負責人。

第25條

I 本法第二十二條第一項規定之法學教授，以在法學院講授法律課程，並經教育部審查合格者為限。

II 憲法法庭為同條第二項之許可時，應就代理人之專業知識、經驗及聲譽等加以審查。經審查認其不合適者，得以裁定命更換代理人。

III 前項審查由資深大法官召集會議行之。資同由年長者召集之。

第26條

依本法第二十四條第二項規定指定期日宣示判決，自指定之日起，不得逾一個月。

第27條

關於政黨違憲解散案件之審判程序，依憲法法庭審理規則之規定。

第28條

大法官服制及憲法法庭席位布置另訂之。

第29條

關於憲法法庭錄音及旁聽事項，準用司法院關於普通法院法庭錄音及旁聽之規定。

第30條

大法官審理案件之分配、審理、討論及其他經過情形，均應嚴守秘密。

關於前項案件檔案管理之規定，另訂之。

第31條

本細則自發布日施行。

第六章 人民如何聲請大法官解釋──實例解說聲請釋憲程序

第一節　釋憲聲請與實例分析

一、聲請釋憲程序概要

（一）實體法與程序法

關於法律，可以分類的標準很多，有一種分類是將法律分為實體法與程序法。比如說憲法、民法、刑法，這是標準的實體法，直接規定權利義務關係內容的法律；而民事訴訟法、刑事訴訟法則是標準的程序法，規定如何透過法院以訴訟程序主張實體法的權利義務關係內容，這類關於訴訟上的程序性規定，就是程序法。

釋憲聲請程序所要談的就是聲請釋憲的程序性規定。目前聲請釋憲程序主要的法律依據是：**司法院大法官審理案件法（大審法）以及司法院大法官審理案件法施行細則（大審法施行細則）**。因此若要找關於釋憲聲請程序的細節規定，就往這兩部法令去找。

（二）即使完全符合受理程序要件，也可能不被受理

再者，即使聲請書都符合這兩部法令所規定的所有內容而聲請大法官解釋，也不一定會被受理。這原因說來比較複雜。

其中一個理由是：理論上，聲請案只要符合受理程序，就應該要受理，至於宣告合憲或宣告違憲，這是受理後的問題。但是司法資源有限，不可能所有符合受理要件者，都值得司法付出相當的時間和努力，去做一

個顯然是合憲（解釋結果合憲，幾乎不可能救濟到個案）又對我國憲政發展沒有任何貢獻的釋憲案，我們稱此為「受理價值[1]」。

這部分想像上應該是不難理解，主要為了避免類似「訴訟洪流」的情況在大法官會議解釋裡發生。但從權力分立的角度來看，大審法的確沒有「明文」規定可以排除這類沒有受理價值的聲請案，大法官們卻自己排除這些符合受理程序的聲請案，學理上，並不是毫無爭議。只是實務運作已數十年皆如是，國外先進國家也都有類似的做法。

（三）高比例的不受理案，源於未依照大審法規定聲請

比較大的問題是：不正式的粗估，實務上絕大多數的不受理案，至少有七、八成以上都是「顯然」不符合受理的程序要件。而這些顯然不受理案，大約占有五成以上的比例是根本不知道「司法院大法官審理案件法」以及「司法院大法官審理案件法施行細則」，這兩部關於釋憲聲請程序的法令規定，其中，又以聲請人自己聲請而未透過律師代理聲請者為「多數」。

是的，有些連律師代理的聲請案，實務審查時也曾「擔憂」是否有根據大審法與其施行細則的規定撰寫聲請案。

（四）高比例的不受理案，或者不了解大審法所規定的意思

另外，即使是根據上述這兩部法令規定來聲請，也有很大的比例也許不了解法律規定的聲請要件所表達的意思，其中最大宗的就是聲請人極力主張：「法院判錯了」。比如說，某某法院根據錯誤的證據、曲解事實或

---

[1] 如果站在聲請人的角度，聲請人可能會認為，大法官會議怎麼會認為我的案件沒有「憲法價值」？某某人的案件就有「憲法價值」？不公平！這就是一個聲請人常犯的「迷思」。大法官解釋原則上本來就不是設計來救濟個案，而是在解釋「法律或命令」有無違反憲法，個案救濟只是附帶的賦予聲請人一個機會，況且這個機會，是建立在聲請案所主張違憲的法令，最後被大法官會議真的宣告違憲的基礎上。只要聲請案解釋結論是合憲，原則上，聲請案幾乎是沒有救濟的機會！

者適用錯誤的法律，判我敗訴，我不服，聲請釋憲，請大法官主持公道。這類的聲請案太多了。這種聲請案顯然是爭執法院「認事用法」，絕不符合釋憲受理要件。後述還會有一個杜撰案例解說這種情形。

　　另一類顯然不受理的大宗，是聲請人非以「確定終局裁判」聲請大法官解釋。這部分更複雜一些，以下將更仔細的解說。這兩類：「認事用法」型與「非確定終局裁判」型，保守估計占顯然不受理案至少有一半以上的比例。

　　請切記，絕不可能有人告訴你：「吾等可以寫出一份一定會被大法官受理的釋憲聲請書（除非它是司法黃牛！）。」但本書可以分享讀者朋友，什麼樣的釋憲聲請書內容與寫法，百分之九十九不會被受理。

　　那唯一的例外是什麼？就是你聲請書主張違憲的法令本身太有「釋憲價值」了！根據實務經驗，這種「太有釋憲價值」類型，非常少見，可遇而不可求！

　　初步先整理這些最基本但也是最重要的概念（有些在本書前幾章時已陸續點出，然而因為最重要，所以需要一再地解說）。在進入「如何聲請釋憲」議題之前，先介紹一件獲得釋憲解釋的聲請書案例，本書嘗試分析其程序與內容優勢，何以這份聲請書能通過程序審查而被受理：這是99年2月12日公布的釋字第672號釋憲聲請書[2]。

二、解說一件釋憲聲請書寫法——釋字第672號釋憲聲請書

　　民國99年2月12日公布的釋字第672號，其釋憲聲請書有三份，因為聲請解釋標的相同而併案。但可以併案的前提，原則上當然是該釋憲聲請書

---

[2] 大法官解釋網站上可搜尋到本號解釋，每號「抄本」的「附件」即有公布聲請書。參照：
　http://www.judicial.gov.tw/constitutionalcourt/p03_01.asp?expno=672

都通過程序審查，以其中一份聲請書為例，該聲請書簡潔、論述清楚、該注意到的程序要件都有明確的表述（雖然實體部分非全無誤），是以此聲請書為例，分析為什麼這一份聲請書，能通得過大法官會議的程序審查而受理。

抄○○○釋憲聲請書[3]

主　旨：為最高行政法院97年度裁字第12號確定裁定，所適用之管理外匯條例第24條第3項規定，違反憲法第7條、第15條及第23條疑義事，呈請解釋。

說　明：依司法院大法官審理案件法第5條第1項第2款及同法第8條之規定聲請釋憲，謹將有關事項敘明如下：

壹、聲請解釋憲法之目的

一、憲法第15條明定人民之財產權應予保障，又於同法第23條規定，憲法所列舉之自由權利，除為防止妨礙他人自由、避免緊急危難、維持社會秩序或增進公共利益所必要者外，不得以法律限制之。所以人民之財產權應予保障，除有憲法第23條所定之情形外，不得由行政機關或立法機關任意限制或侵害之，縱有憲法第23條所規定之理由，亦僅能由立法機關依比例原則以法律來限制人民之財產權，決不容許立法機關任意制定法律來侵害人民之財產權。

二、比例原則是依循憲法第23條所謂「必要性」之精義演繹而生。通說認為比例原則具有憲法位階之法律原則，有拘束立法、行政、

---

[3] 參照司法院網址：http://www.judicial.gov.tw/constitutionalcourt/p03_01.asp?expno=672，瀏覽日期2010.03.01.

司法之效力。法律、行政行為及法律裁判均不得違反比例原則，亦即違反比例原則即屬違憲。比例原則亦係禁止過當原則，即干涉與介入之手段必須適於達成所欲達成之目的，同時其手段應為必要，且手段不得與所追求之目的不成比例。

三、本案最高行政法院97年度裁字第12號確定終局裁定所適用之管理外匯條例第24條第3項規定，有牴觸憲法第7條、第15條及第23條規定之情事，謹請　鈞院予以宣告無效。

貳、爭議之經過及所涉之憲法條文

一、按憲法第7條規定：「中華民國人民，無分男女、宗教、種族、階級、黨派，在法律上一律平等。」第15條規定：「人民之生存權、工作權及財產權，應予保障。」及第23條規定：「以上各條列舉之自由權利，除為防止妨礙他人自由、避免緊急危難，維持社會秩序或增進公共利益所必要者外，不得以法律限制之。」明示中華民國人民於法律上之地位平等、財產權之保障及限制人民於憲法上保障之自由權利應符合比例原則等憲法原則，是如法律規定違反平等原則、財產權保障原則及比例原則，均屬違憲。

二、聲請人於民國（下同）94年12月3日15時50分許，自香港搭乘中○航空CI-680班機返台，選擇經由綠線免申報檯通關，並在通過等待線後，經財政部臺北關稅局執檢關員認為可疑，予以攔查手提行李，經由X光儀器檢查後，自儀器螢幕上顯示之影像發現有異，經打開手提行李詳細檢查，查獲未依規定申報之人民幣20,000元及港幣1,600,000元。財政部臺北關稅局乃依管理外匯條例第24條第3項規定，以95年1月2日094年第09402239號處分書（下稱原處分），沒入超額港幣1,520,000元。聲請人不服，提起訴願，遭財政部以第09501384號訴願決定書駁回訴願（附件

一），遂提起行政訴訟，經臺北高等行政法院以95年度訴字第3107號判決駁回（附件二），聲請人不服又對該判決提起上訴，仍遭最高行政法院以97年度裁字第12號裁定駁回確定（附件三）。聲請人憲法上保障之財產權，遭受不法之侵害，涉及憲法第7條、第15條及第23條之規定。

參、聲請解釋憲法之理由及聲請人對本案所持之立場與見解

一、行政行為倘與憲法第23條所要求之目的正當性、手段必要性、限制妥當性符合，即無乖於比例原則，此 鈞院釋字第476號著有解釋。換言之，行政機關行使公權力對人民基本權利之限制，不僅該目的必須具有正當合理性，該限制必須能達到行政機關預定之目的，該限制方法必須是所有手段中對人民權益侵害最小之方法，以及對人民所造成之限制或侵害必須小於實現該目的所欲達到之目的。倘行政機關行使公權力之行為未具備前揭要件，其行政行為即因違反比例原則而違憲。然觀之系爭管理外匯條例第24條第3項之立法目的，以「沒入」為手段非必要且適當，已違反憲法第23條比例原則，茲分述如下：

（一）以維持我國金融秩序為管制目的

管理外匯條例第1條明示該條例之立法目的為平衡國際收支，穩定金融而進行外匯管理。該條例經歷次修法，已從國家強力管制走向自由貿易，國家對外匯之境內外流動非採禁止或許可制，而是秉持資訊透明公開原則，使政府得以掌握外匯流動之情況。觀該條例第6條之1第1項規定，對於超出新臺幣50萬元以上之等值外匯交易，有申報義務，若違反則有第2項據實說明義務；第7條則規定，外匯應結售或存入指定銀行，皆在使國家得以掌握外匯流動情

況，僅在第19條之1之少數情況下，方有禁止外匯流動之情事。是以，該條例第11條課予攜帶超過一定額度外匯入出境人民申報義務，應為使其自行揭露資訊，使國家得以掌握外匯流動狀況，以決定貨幣政策，維持我國金融秩序。

（二）以「沒入」為手段，無助於目的之直接達成

為達前揭目的，以沒入未申報或超出申報額度之部分為手段，似無助於目的的達成，因國家以為掌握外匯情況為目的，但沒入必須在國家知悉人民持有超額外匯後，方得為之。是以，系爭條項之目的與手段間似欠缺合理關聯性，違反憲法第23條比例原則。

（三）有其他達成目的之更小侵害手段

況且，於人民未為或未據實申報之情況，國家自可透過給予人民補申報機會，或課予其受國家詢問時據實說明義務，同樣可達成前開目的，此觀同條例第6條之1可知。相較於將未據實申報之超出一定數額外匯全數沒入對人民財產所造成之重大損害，顯有許多較小侵害作法，沒入自不符合必要且適當之標準，違反憲法第23條比例原則。

（四）退步言之，「沒入」手段雖有助於目的之間接達成，但仍有其他更小侵害手段，對人民財產權所造成之損害與所獲得之利益亦顯不相當

1.依最高行政法院90年度判字第1862號判決要旨謂：「管理外匯條例第十一條……其立法用意在於強調事前主動誠實申報，鼓勵守法精神。……」（附件四）如前所述，沒入無助於直接達成國家掌控外匯流動情形之目

的，推其真正用意，似在於透過處罰未依法事前誠實申報之人民，促使人民履行事前申報之誠實義務，以間接達成前開目的。然而若欲間接促使人民履行申報義務，亦得透過罰鍰等侵害較小手段為之，此參照管理外匯條例第20條可知。

2.再者，觀刑法、行政法中所規定之沒入，多有使違禁物不繼續流通，或阻斷不法持有、不當得利狀態之用意。然而系爭條項既僅在使人民揭露資訊以利國家外匯管理，只要事前合法申報，便可以全數攜帶入出境。亦即，超過一定額度而未據實申報之外匯本身並非違禁物，攜帶者本身亦非不法持有，仍將其沒入，似與管理外匯條例、我國法律上沒入之立法意旨相違，亦對人民財產權產生違憲之重大侵害。然而，此重大財產權之侵害，卻僅能間接性、有限地達成使政府得以掌握外匯流動的管制目的，可見對人民財產權造成之侵害與所獲得之利益顯失均衡，亦不符合比例原則。

二、管理外匯條例第24條第3項，侵害憲法第7條所保障人民之平等權而違憲

（一）根據憲法第7條規定，應保障人民之平等權，平等並非指絕對、機械之形式上平等，而係保障人民在法律上地位之實質平等，立法機關基於憲法之價值體系及立法目的，自得斟酌規範事物性質之差異而為合理之區別對待，方為憲法第7條之真意。

（二）系爭條項所為之差別待遇，未能斟酌規範事物性質之差異而為合理之區別對待，與憲法上之平等原則相違。

1. 相較於管理外匯條例第6條之1、第20條之規定，系爭條項所為之差別待遇顯非合理。

2. 管理外匯條例第6條之1第1項規定，新臺幣50萬元以上之等值外匯收支或交易，應依規定申報，與系爭條項乃基於同一立法目的，皆為使國家得以掌握外匯流動之情況。違反此規定乃透過第6條之1第2項據實說明義務，及同條例第20條罰鍰，使人民揭露資訊於國家。然系爭條項對於未事前申報者或申報不實者，卻直接將超過一定數額部分沒入，不見兩者間差別待遇之正當理由，自非屬合理差別待遇，違反憲法上之平等原則。

肆、相關文件之名稱及件數

附件一：財政部第09501384號訴願決定書。

附件二：臺北高等行政法院95年度訴字第3107號判決影本乙件。

附件三：最高行政法院97年度裁字第12號裁定影本乙件。

附件四：最高行政法院90年度判字第1862號判決要旨。

委任狀正本乙件。

謹　　狀

司　法　院　公鑒

　　　　　　　　　　聲請人：○　○　○

【解說】

（一）格式

首先，依據大審法第8條第1項聲請書格式[4]應依序表明四點：「一、

---

[4] 請參考本書第五章第一節二的部分。

聲請解釋憲法之目的。二、疑義或爭議之性質與經過，及涉及之憲法條文。三、聲請解釋憲法之理由及聲請人對本案所持之立場與見解。四、關係文件之名稱及件數。」依此聲請書的說明欄所羅列的四點，一字不差，從形式上觀察可確知有參照大審法第8條第1項的規定。

至於聲請書「主旨」、「說明」的寫法，這是參考「公文書」用語表達，對公務機關而言，這是比較習慣性的撰寫方式，釋憲實務也不排斥這樣的表述方式。

（二）相關文件及件數

再者，請看最後「肆、相關文件之名稱及件數」部分。

前曾表示，相關文件並非指原因案件的訴訟證據資料，而是與聲請釋憲有關係的文件。比如說，此聲請書只有檢附二份資料，一是「歷審裁判」，包括訴願決定書（這部分最好要一併檢附）、高等行政法院判決（也是影本即可）、最高行政法院裁定（同樣也是影本即可）；第二則是對其聲請釋憲有利的資料，此聲請書檢附「最高行政法院90年度判字第1862號判決要旨」，因為這個判決有提及「系爭法律的立法目的」，這和解釋憲法很有關係，因此列入相關文件。這兩份資料都是重要的釋憲相關文件。

至於件數，實務上有檢附三份、五份、甚至更多份者，其實不太需要，大法官會議內部作業自會影印該有的份數。清楚的，一份就好，其他的請盡可能節約用紙！

（三）聲請書篇幅

另外關於聲請書的字數篇幅問題，不見得寫的多就一定好，像此篇聲請書將聲請重點都有點出。相較於其他列受理之林的釋憲聲請書，本篇篇幅尚屬一般（這是本書選取的最主要原因）。

（四）指出確定終局裁判

確定終局裁判是哪一個？這個問題最近在釋憲實務是個麻煩的問題。理論上，只要聲請人窮盡審級救濟，持最後一個裁判，而且該裁判有適用到聲請人所要指摘違憲的法令，即可。

但如果最高行政法院裁定係以聲請人未具體指摘原審判決如何違背法令，而以不合法為由從程序上駁回上訴，因聲請人已依法定程序盡其審級救濟，有認為應以前審（例如高雄高等行政法院）為實體判決，前審判決才是據以聲請之原因事件的確定終局判決。這問題比較複雜，暫時先點到為止。本章馬上就會詳盡解說。

簡單地說，哪一個裁判才是確定終局裁判，這本應是大法官會議該去認定的問題，當事人若指摘錯誤，並不能因而成為判斷受理與否的要件之一（但前提要有確定終局裁判，而且要有指摘。）

比如說，本聲請書所指摘的「最高行政法院97年度裁字第12號裁定」適用某某法令違憲云云，該裁定即非大法官會議所認定的確定終局裁判（其因上訴不合法而駁回），本案的確定終局裁判應該是前審判決（臺北高等行政法院95年度訴字第3107號判決），但本件聲請書亦屬符合受理要件而被一同受理併案之[5]。

重點還是在：聲請人必須**窮盡審級救濟途徑**[6]。

（五）確定終局裁判有適用到其所指摘違憲的法令

確定終局裁判有沒有「適用」系爭法令，這也是一個複雜的問題。

---

[5] 請再看本件聲請書主旨，已明示指摘最高行政法院97年度裁定第12號裁定。若採嚴格認定聲請人必須指摘「正確」之確定終局裁判者，有認為必須從聲請書之蛛絲馬跡中看得到有指摘確定終局裁判，本件聲請書的「蛛絲馬跡」可能就是聲請書肆相關文件有列出臺北高行的判決。

[6] 本章下一節馬上就會解說，何謂「窮盡審級救濟」。

就本聲請書而言，指摘「管理外匯條例第24條第3項」規定違憲，我們就往回看確定終局裁判——臺北高等行政法院95年度訴字第3107號判決有無適用系爭法令。該判決判斷聲請人（該判決之原告）敗訴的論證理據，即圍繞在「管理外匯條例第24條第3項」規定的條文內容上，本案的「適用」，相當明確，沒有疑義。

（六）聲請人憲法上所保障的權利，如何地遭受不法侵害

本案原因事實是，聲請人搭機過我國海關時，有應申報而未申報之外幣若干，被依外匯管理條例第11條、第24條第3項規定「沒入」。聲請人憲法上所保障之「財產權」，因其所有的外幣遭受沒入處分而被侵害，至為顯明。本聲請書於「貳、爭議之經過及所涉之憲法條文」亦很清楚且簡明的寫出訴訟經過與結果。

（七）系爭法令發生有何具體牴觸憲法之疑義

1. 第一個優點：聲請書論述重點安排適宜

討論系爭法令發生有何具體牴觸憲法之疑義，就是聲請書實體上表達出論證系爭法令違憲「最主要」的論理所在，必須「具體指摘」，而這部分才是聲請釋憲真正要努力論述的地方。此聲請書分為兩部分論證，一是比例原則，二是平等權。請讀者朋友再大致瀏覽一下聲請書這部分的論證。聲請書篇幅大致上有五面，其中三面即就此實體問題為論述，以求指摘具體，篇幅安排相當精確，這是第一個優點。

2. 第二個優點：審查標準表述清晰

第二個優點，比例原則論述脈絡頗為清楚簡潔，先舉出系爭條文的管制目的，接著論「以沒入為手段」無助於目的之達成，以及尚有其他可以達成該條文管制目的之手段，且對人民權益損害更為輕微者。最後表達，沒入手段與該管制目的之達成利益顯失均

衡，二者違反狹義比例原則。表達內容清晰、明確亦不拖泥帶水，不必要的枝微末節毫無點墨。

3. **第三個優點：沒把握的部分點到為止**

第三個優點，平等權在本案的論證本屬薄弱，聲請書即點到為止，並無過多的著墨，簡潔有力，爭點打到就好、見好就收。因為最後大法官會議對受理案實體審查的標準與密度，基本上不受聲請書的影響，有時候聲請書提出自認相關但不是重點的爭點著墨太多，反而易造成反效果，被認為「徒以己見、泛泛指摘」可能性或許大增，得不償失。

第二節　實例解說人民如何聲請大法官解釋

一、實例解說大審法第5條第1項第2款

條文規定「Ⅰ.有下列情形之一者，得聲請解釋憲法：二、人民、法人或政黨於其憲法上所保障之權利，遭受不法侵害，經依法定程序提起訴訟，對於確定終局裁判所適用之法律或命令發生有牴觸憲法之疑義者。」

（一）聲請人須為「人民」

【實例1】

關勝與秦明為數十年老鄰居，因細故爭執不下，終演變至怒目相向，更口出惡言。某日，秦明乘關勝國罵出口時，蒐集證據報警，告關勝觸犯刑法第309條第1項公然侮辱罪。其後，案經檢察官偵查後提起公訴，某地方法院判決被告關勝公然侮辱人，處拘役五日，如易科罰

金，以新台幣壹千元折算壹日。

但承辦檢察官不服法院判決，認為法院未斟酌本案尚未和解，量刑過輕，因而上訴二審，二審法院仍認為原審認事用法均無違誤，量刑亦稱妥適，駁回上訴，案件確定。秦明氣炸了，名譽是生命，法院怎麼才判處關勝拘役五日而已，而且還可易科罰金，細繹原因，源於刑法第309條第1項法定刑規定的太輕了，與國民法感情不符，聲請釋憲，請問：秦明可否聲請釋憲，主張刑法第309條第1項違反比例原則，違憲？

〔解說〕

人民聲請釋憲第一關，聲請人必須是「人民」。須注意的是，此之「人民」非直觀地認為所有的「自然人」都可以拿任何一件裁判聲請釋憲，該「人民」必須是「案件當事人」。換句話說，必須是確定終局裁判的「當事人」，才能進而聲請釋憲。

虛擬實例裡的秦明並非案件當事人，只是「告訴人」，僅是可以啟動刑事訴追程序的告訴人而已。原告是代表國家訴追的檢察官，並非秦明，被告則是關勝。因為秦明不符合大審法第5條第1項第2款關於聲請人要件的規定，因此不得持本案據以聲請釋憲。

〔不受理前案參考〕

1. 民國84年07月21日大法官第1030次會議議決不受理案件第14案[7]：
「……查刑事審判關於犯罪之訴追，依我國刑事訴訟法制度，本有公訴與自訴之分。其由檢察官提起公訴者，僅檢察官及被告始為刑事訴訟法上之當事人，被害人或其他有告訴權之人，既非當

---

7 司法院網站公布，網址：http://www.judicial.gov.tw/constitutionalcourt/p04.asp，以下不受理前案皆同。

事人，從而即非司法院大法官審理案件法第五條第一項第二款所謂經依法定程序提起訴訟之人，縱對確定終局裁判所適用之法律或命令，發生有牴觸憲法之疑義者，仍非得為解釋憲法之聲請……」。

2. 民國99年06月04日大法官第1359次會議議決不受理案件第7案：「……惟查本件聲請人係前揭案件之告訴人而非當事人，聲請意旨亦未具體指摘聲請人憲法上所保障之權利受有如何之不法侵害。是本件聲請，核與司法院大法官審理案件法第五條第一項第二款規定不合，依同條第三項規定，應不受理。」

【實例2】

花榮受雇於某大公司，聘僱時與公司簽訂僱傭勞動契約，其中某條款約定受僱人不得於任職期間內，與同公司的其他受僱人談戀愛，違者，即刻解雇。花榮任職一年後，認識同辦公室的同事隋唐，立即展開追求，雙雙陷入熱戀，也同時因此條款而雙雙遭到解雇，兩人立即花容失色，求教於好友李應律師，李應律師在學期間專研公法，確信某大公司之僱傭契約違反「憲法的基本權第三人效力」，侵犯人民憲法所保障的行為自由（包括戀愛），絕對違憲，胸有成竹，持花榮的釋憲委任書，以訴訟代理人名義聲請釋憲。可否？

〔解說〕

承接實例1的邏輯脈絡，法條所稱「人民」，必須是案件當事人，訴訟代理人當然不是案件當事人，只是案件當事人的訴訟代理人，自非得據以聲請解釋憲法。除此之外，虛擬實例2根本無「窮盡訴訟途徑」，獲得確定終局判決，本即不得聲請釋憲。訴訟代理人非案件

當事人，同樣地，法定代理人也非案件當事人，亦不得聲請釋憲。請看不受理的前案參考。

〔不受理前案參考〕

1. 民國93年01月02日大法官第1236次會議議決不受理案件第1案：「……查聲請人僅係前開確定終局裁判之訴訟代理人，並非當事人，其未因上開判決受有權利之侵害，核與司法院大法官審理案件法第五條第一項第二款規定不合，依同條第三項規定，應不受理。」

2. 民國93年02月27日大法官第1239次會議議決不受理案件第6案：「……查聲請人乃前開裁定之訴訟代理人，並非當事人，其憲法上權利並未因上開裁定受有侵害，核與司法院大法官審理案件法第五條第一項第二款規定不合，依同條第三項規定，應不受理。」

3. 民國98年05月22日大法官第1339次會議議決不受理案件第27案：「……查系爭裁定之聲明異議人係〇〇樂食品廠股份有限公司，聲請人為法定代理人，並非當事人，且司法院大法官審理案件法第五條第一項第二款所謂確定終局裁判，係指聲請人已依法定程序用盡審級救濟之最終裁判而言，系爭裁定業經當事人提出異議而未告確定，並非確定終局裁定，自不得據以聲請解釋憲法。」

本條款另有規定法人或政黨亦可提起釋憲，但本款的法人爭議問題會與地方自治團體聲請釋憲發生競合，以及至今似乎從未發生過的政黨聲請違憲案件，暫且略而不談。

（二）必須人民於其憲法上所保障之權利，遭受不法侵害

分為兩部分解說，一是何謂「憲法上所保障之權利」；另一個部分則

是「遭受不法侵害」。

前者，人民受「憲法上所保障之權利」亦可分為三個子部分討論。

1. **第一部分：憲法明文規定的權利**

如憲法第7條平等權（平等原則）、第8條人身自由、第10條居住及遷徙自由、第11條言論、講學、著作及出版自由、第12條秘密通訊自由、第13條信仰宗教自由、第14條集會及結社自由、第15條生存權、工作權及財產權保障、第16條請願、訴願及訴訟權保障、第17條選舉、罷免、創制及複決權、第18條應考試、服公職權利、第19條依法納稅義務、第20條服兵役義務、第21條受國民教育之權利及義務、第23條基本權之限制，亦即比例原則等。

因為這部分著有明文規定，除了個別基本權的射程範圍問題，基本上沒有太大的爭議。例如釋字第490號解釋，對信仰宗教自由涵攝範圍及其內容做出闡釋：「憲法第十三條規定：『人民有信仰宗教之自由。』係指人民有信仰與不信仰任何宗教之自由，以及參與或不參與宗教活動之自由……」者是；又如：遭受政府機關非法「拘禁」，無論是以何種名義，都是人身自由被侵害，釋字第392號等有所闡釋；再者，被稅捐機關多課了稅，自然是「財產權」受侵害，毋庸贅言。

2. **第二部分：憲法第22條概括條款**

第二個部分則是憲法第22條所稱「人民其他自由及權利」概括條款的規定。這個部分，學理上認為是為了「補遺」前述憲法明文規定基本權保障之不足，因為有些憲法未明文列舉的基本權，仍屬於憲法所保障之範圍，但前提必須是「憲法」層次的基本權，而非僅是法律層次的法律上利益。其間二者的差異歸屬，常常是靠大法官解釋為之確認。

【實例 3】

魯智深於某市某百貨公司樓上開設遊藝場，經該市警察發現竟容留未滿十八歲青少年進入營業場所打電動玩具，認定違反教育部的職權命令「遊藝場業輔導管理規則」第 13 條第 12 款「電動玩具業及撞球業不得容許未滿十八歲之兒童及少年進入其營業場所」規定，該市政府即依據同規則第 17 條第 3 項前段之規定，撤銷魯智深營業許可，魯智深不服，循序提起訴願、再訴願及行政訴訟，均遭駁回。魯智深擬提起釋憲，請問：魯智深何種憲法上所保障的權利遭受不法侵害？

〔解說〕

本案例中，魯智深可能可以據以主張的基本權，例如憲法第15條的工作權與財產權。但似乎不夠精確，假設魯智深可以主張其「營業自由」遭受不法侵害，既使是一般非以法律為專業的人民，也會認為這項「營業自由」的主張清楚多了，但問題是「營業自由」並不在憲法所「明文」保障的範圍內，可以主張嗎？大法官解釋釋字第514號對此採肯定見解。

但如果魯智深提出聲請時是在釋字第514號解釋之前，仍是要鼓勵魯智深聲請人盡量地聲請，讓大法官會議有機會表態，使我國憲法第22條能盡量地擴充保障的範圍與內涵。

〔憲法解釋參考〕

釋字第514號解釋理由書第一段：「**人民營業之自由為憲法第十五條工作權及財產權應予保障之一項內涵。**基於憲法上工作權之保障，人民得自由選擇從事一定之營業為其職業，而有開業、停業與否及從事營業之時間、地點、對象及方式之自由；基於憲法上財產權之保障，人民並有營業活動之自由，例如對其商品之生產、交易或處

分均得自由為之。許可營業之條件、營業須遵守之義務及違反義務應受之制裁，均涉及人民工作權及財產權之限制，依憲法第二十三條規定，必須以法律定之，且其內容更須符合該條規定之要件。若營業自由之限制在性質上，得由法律授權以命令補充規定者，授權之目的、內容及範圍，應具體明確，始得據以發布命令，迭經本院解釋在案（本院釋字第313號、第390號、第394號、第443號、第510號解釋參照）。」

【實例 4】

索超的十歲兒子索歲，上學時屢被同學笑稱「瑣碎」，不堪其擾，欲依當時的姓名條例第 6 條第 1 項第 6 款規定「命名文字字義粗俗不雅或有特殊原因經主管機關認定者」改名，因此向戶政事務所申請。卻遭戶政事務所引用內政部某號函令「姓名不雅，不能以讀音會意擴大解釋」而否准，進而提起訴願及至行政訴訟，均遭駁回。索歲提起釋憲，請問：索歲何種憲法上所保障的權利遭受侵害？

〔解說〕

本案是姓名權被侵害，甚為明顯。但翻遍憲法條文，並沒有一條規定姓名權，因此姓名權是否為憲法上所保障的權利，還是僅為法律上的權利，例如民法第19條規定：「姓名權受侵害者，得請求法院除去其侵害，並得請求損害賠償。」這是有爭議的問題。

但透過大法官解釋釋字第399號，則肯定姓名權為人格權之一種，而人格權屬憲法第22條所保障的範圍，似乎可以推知大法官解釋間接肯認姓名權的憲法位階。該號解釋同時肯認「如何命名」的行為自由，亦屬於憲法第22條的保障範疇。現在我們可以認為，原本僅屬

法律（民法）明文保障的姓名權，因為釋字第399號解釋結果，其保障強度，上升至憲法保障位階。這就是本件聲請人的重大憲政貢獻。

〔憲法解釋參考〕

釋字第399號解釋文第一句：「姓名權為人格權之一種，人之姓名為其人格之表現，故如何命名為人民之自由，應為憲法第二十二條保障。」

其他大法官解釋所肯認的憲法第22條「作為保障未列舉基本權利之依據8」，尚有釋字第362號「結婚自由」：解釋理由書第一段「民法第九百八十八條第二款關於重婚無效之規定，乃所維持一夫一妻婚姻制度之社會秩序，就一般情形而言，與憲法尚無牴觸。惟適婚之人無配偶者，本有結婚之自由，他人亦有與之相婚之自由。此種自由，依憲法第二十二條規定，應受保障。」

釋字第554號「婚姻制度裡的性行為自由」：解釋文第一段「婚姻制度植基於人格自由，具有維護人倫秩序、男女平等、養育子女等社會性功能，國家為確保婚姻制度之存續與圓滿，自得制定相關規範，約束夫妻雙方互負忠誠義務。性行為自由與個人之人格有不可分離之關係，固得自主決定是否及與何人發生性行為，惟依憲法第二十二條規定，於不妨害社會秩序公共利益之前提下，始受保障。是性行為之自由，自應受婚姻與家庭制度之制約。」

釋字第576號「契約自由」：解釋文第一段「契約自由為個人自主發

---

8 此處整理自李震山，多元、寬容與人權保障－以憲法未列舉權之保障為中心，元照，2005年10月，初版，頁33-35。

展與實現自我之重要機制，並為私法自治之基礎，除依契約之具體內容受憲法各相關基本權利規定保障外，亦屬憲法第二十二條所保障其他自由權利之一種。」

釋字第585號「隱私權」；解釋理由書言：「……其中隱私權雖非憲法明文列舉之權利，惟基於人性尊嚴與個人主體性之維護及人格發展之完整，並為保障個人生活秘密空間免於他人侵擾及個人資料之自主控制，隱私權乃為不可或缺之基本權利，而受憲法第二十二條所保障（本院釋字第509號、第535號解釋參照）。」等等

3. 第三部分：有爭議的基本國策

憲法條文中，還有一部分的條文規定，到底可不可以成為人民公法請求權的基礎，其實並不清楚，也存有一些學理與實務的爭議，例如憲法第13章與憲法增修條文第10條的基本國策[9]。

這個問題的重要性，在於人民聲請釋憲可否引用基本國策作為基本權被侵害的權利依據，學理稱此為「主觀公權利」。根據學者[10]分析，基本國策，若依其規範性質的不同，可以分為四類：一、作為釋憲依據；二、作為人民公法請求權基礎；三、作為課與立法義務之依據；四、作為方針條款。整理如下：

(1)作為釋憲依據

A、與基本權利無直接關係者，如：

例如釋字第190號「平均地權條例第四十八條第二款之規

---

[9] 亦有學者稱此為「國家目標條款」，參照許育典，文化憲法與文化國，第三章文化國作為文化憲法的客觀法建構，元照出版社，2006初版，頁184以下。

[10] 李震山，多元、寬容與人權保障－以憲法未列舉權之保障為中心，元照，2005年10月，初版，頁28以下。

定，旨在促使納稅義務人按期納稅，防止不實之申報，以達
漲價歸公之目的，與憲法第十五條、第十九條及**第
一百四十三條第三項**各規定，均無牴觸。」

釋字第409號「人民之財產權應受國家保障，惟國家因公用
需要得依法限制人民土地所有權或取得人民之土地，此觀憲
法第二十三條及**第一百四十三條第一項**之規定自明。」這號
解釋更清楚的表示，憲法第143條第1項（基本國策）可以作
為釋憲依據，但也僅止於作為釋憲依據。

釋字第428號「**公用事業，以公營為原則，憲法第
一百四十四條前段定有明文**。國家基於對人民生存照顧之義
務、達成給付行政之功能，經營各類公用事業，期以合理之
費率，普遍而穩定提供人民所需之各項服務，得對公用事業
因經營所生之損失補償或損害賠償責任予以相當之限制，惟
因涉及人民之權利，自須符合憲法第二十三條之規定。」本
號解釋亦如上所述，憲法第144條（基本國策）僅止於作為
釋憲依據，與人民基本權利並無關係。

釋字第563號「憲法第十一條之講學自由賦予大學教學、研
究與學習之自由，並於直接關涉教學、研究之學術事項，享
有自治權。**國家對於大學之監督，依憲法第一百六十二條規
定，應以法律為之**，惟仍應符合大學自治之原則。」亦同其
旨。

B、與基本權利有直接關係者，如：

(A)人格尊嚴與人身安全

【實例 5】

夏迎春婚後被丈夫劉唐懷疑有婚外情，劉唐取得夏迎春婚外情對象的太太為證詞後，更加深憤恨之心，分別於某年某月兩度毆傷夏迎春，劉唐亦恐嚇要殺害夏迎春全家，燒其房子，毀損其牛仔褲，還將夏迎春拘禁於房間內不准外出、禁穿衣服、禁止其睡眠等虐待之情，夏迎春因而聲請法院判決離婚，一審勝訴。

但二審高等法院則引用最高法院 23 年上字第 4554 號判例：「夫妻之一方受他方不堪同居之虐待，固得請求離婚，惟因一方之行為不檢而他方一時忿激，致有過當之行為，不得即謂不堪同居之虐待」，意思是說，若一方行為不檢，他方激於一時情緒義憤發生有不當之行為，則不得謂對之有不堪同居之虐待，因此認為本案之事實非達「不堪同居之虐待」程度，駁回夏迎春一審之訴，原判決廢棄。

夏迎春當然不服高院判決，向最高法院提起上訴，但最高法院民事裁定則謂上訴內容僅係就原審取捨證據，認定事實之職權行使，指摘不當，而未具體表明合於不適用法規、適用法規不當之情形。因此認上訴為不合法，從程序上駁回聲請人之上訴，判決確定。

夏迎春進而向大法官會議主張最高法院 23 年上字第 4554 號判例違憲。但憲法上的理由會是什麼？亦即夏迎春有什麼憲法上的基本權受侵害？

〔解說〕

從刑法的角度來看，劉唐兩度毆傷夏迎春（可能觸犯刑法第277條傷害罪），劉唐亦恐嚇要殺害夏迎春全家、燒其房子（可能觸犯刑法第305條恐嚇罪），毀損其牛仔褲（可能觸犯刑法第354條毀損罪），還將夏迎春拘禁於房間內不准外出（可能觸犯刑法第302條剝

奪他人行動自由罪）、禁穿衣服、禁止其睡眠等虐待（可能觸犯刑法第304條強制罪）。

但這只是法律的規定，實務上婚姻案件的舉證非常不易，常常是以罪證不足收場。試想：當夫妻間已經做到每一個行動都要紀錄、每一句話都要錄音蒐證，實有違常理，因此在婚姻法上的舉證責任，或有特別規定之必要[11]。然而，夏迎春到底憲法上可據以主張的基本權是什麼？

夏迎春目標只有一個，就是裁判離婚，這是婚姻自由，可能可以歸為憲法第22條，但離婚的理由，應該是因為劉唐種種不理性的行為已經嚴重侵犯夏迎春的「人性尊嚴」。雖然夏迎春有可歸責事由在先（違反婚姻中對性的忠誠），但一碼歸一碼，一方因婚姻「性忠誠」的違反，他方也可以選擇好聚好散協議離婚，感情的事情用暴力解決，只得反效果，更觸犯刑法。本案夏迎春因為是女性，更得憲法增修條文的明文保障，請看下述的憲法解釋參考。

〔憲法解釋參考〕

釋字第372號解釋理由書：「**人格尊嚴之維護與人身安全之確保，乃世界人權宣言所揭示，並為我國憲法保障人民自由權利之基本理念。憲法增修條文第九條第五項規定：『國家應維護婦女之人格尊嚴，保障婦女之人身安全，消除性別歧視，促進兩性地位之實質平等』即在宣示上述理念。**此一憲法意旨，於婚姻關係及家庭生活，亦有其適用，業經本院釋字第365號解釋釋示在案。婚姻係以夫妻之共同生活為目的，配偶應互相協力保持其共同生活之圓滿、安全及

---

11 林子傑，人之圖像與憲法解釋，翰蘆出版社，2007年出版，頁155，註17。婚姻法，我不懂，可能已經有特別規定，須再請教婚姻法專家。

幸福，因而夫妻應互相尊重以增進情感之和諧，防止家庭暴力之發生，不僅為維繫婚姻所必要，亦為社會大眾所期待。」

(B)兩性平等

例如釋字第365號解釋理由書：「『中華民國人民，無分男女、宗教、種族、階級、黨派，在法律上一律平等』『國家應維護婦女之人格尊嚴，保障婦女之人身安全，消除性別歧視，促進兩性地位之實質平等』，憲法第七條及**憲法增修條文第九條第五項**，分別定有明文。由一男一女成立之婚姻關係，以及因婚姻而產生父母子女共同生活之家庭，亦有上述憲法規定之適用。因性別而為之差別規定僅於特殊例外之情形，方為憲法之所許，而此種特殊例外之情形，必須基於男女生理上之差異或因此差異所生之社會生活功能角色上之不同，始足相當。」

(C)與社會安全有關的生存權

例如釋字第422號解釋文首揭：「生存權應予保障；國家為改良農民之生活，增進其生產技能，應制定保護農民之法律，實施保護農民之政策，分別為憲法第十五條及**第一百五十三條**所明定，明確揭示國家負有保障農民生存及提昇其生活水準之義務。」

釋字第571號則是關於九二一大地震所頒布之緊急命令：「憲法增修條文第二條第三項規定，總統為避免國家或人民遭遇緊急危難或應付財政經濟上重大變故，得經行政院會議之決議發布緊急命令，為必要之處置。又**對於人民受非常災害者，國家應予以適當之扶助與救濟，憲法第一百五十五條亦定有明文。**」

(D)環境權

例如釋字第426號解釋理由書首揭：「**憲法增修條文第九條第二項規**

定：『**經濟及科學技術發展，應與環境及生態保護兼籌並顧**』，係
課國家以維護生活環境及自然生態之義務，防制空氣污染為上述義
務中重要項目之一。空氣污染防制法之制定符合上開憲法意旨。」

(E)健康權

例如釋字第550號解釋理由書對基本國策的性質有明確的闡釋，並揭
示除中央機關外，地方政府也負有協力義務。

解釋理由書：「國家為謀社會福利，應實施社會保險制度；國家為
增進民族健康，應普遍推行衛生保健事業及公醫制度；國家應推行
全民健康保險及國家應重視社會救助、福利服務、國民就業、社會
保險及醫療保健等社會福利工作，對於社會救助和國民就業等救濟
性支出應優先編列，乃憲法第一百五十五條、第一百五十七條暨憲
法增修條文第十條第五項、第八項所明定之基本國策。

憲法條文中使用國家一語者，在所多有，其涵義究專指中央抑兼指
地方在內，應視條文規律事項性質而定，非可一概而論。**憲法基本
國策條款乃指導國家政策及整體國家發展之方針，不以中央應受其
規範為限，憲法第一百五十五條所稱國家為謀社會福利，應實施社
會保險制度，係以實施社會保險制度作為謀社會福利之主要手段。**

而社會福利之事項，乃國家實現人民享有人性尊嚴之生活所應盡之
照顧義務，除中央外，與居民生活關係更為密切之地方自治團體自
亦應共同負擔（參照地方制度法第18條第3款第1目之規定），**難謂
地方自治團體對社會安全之基本國策實現無協力義務，因之國家推
行全民健康保險之義務，係兼指中央與地方而言。**」

釋字第577號解釋理由書第三段亦言：「**國家為增進國民健康，應普
遍推行衛生保健事業，重視醫療保健等社會福利工作，憲法第
一百五十七條及憲法增修條文第十條第八項規定足資參照。**」

(F)勞動權

【實例 6】

　　史進是名勤奮努力、吃苦當作吃補的勞工，按時都有繳納保險費。但近年因為經濟不景氣，史進所屬公司因資金調度不順，導致積欠勞保局保險費數月。豈料，史進某日於工作時心臟衰竭死亡，繼承人竟不能申請勞保死亡給付。一查之下，因為史進所屬公司未繳勞保費早已遭勞保局退保。

　　勞保局退保的理由，是因為當時的勞工保險條例施行細則第 18 條第 2 項：「投保單位積欠保險費及滯納金，經通知限期清償，逾期仍未清償，有事實足認顯無清償可能者，保險人得逕予退保……」規定。除了這類限制人民權利義務事項竟以施行細則之「命令」規定，違反法律保留原則外，積欠勞保費者是公司又不是史進，何以波及無辜？史進繼承人向法院提告，率遭駁回，窮盡訴訟途徑後，聲請大法官解釋。請問：該法令違憲的憲法上依據何在？

〔解說〕

　　本案系爭規定違反法律保留原則，除逾越法律的授權範圍外，尚有憲法基本國策所揭示的社會安全規定。如憲法第153條第1項：「國家為改良勞工及農民之生活，增進其生產技能，應制定保護勞工及農民之法律，實施保護勞工及農民之政策。」、第155條前段：「國家為謀社會福利，應實施社會保險制度。」、增修條文第10條第8項：「國家應重視社會救助、福利服務、國民就業、社會保險及醫療保健等社會福利工作，對於社會救助和國民就業等救濟性支出應優先編列。」這類基本國策規定可做為釋憲依據。但人民能否「直

接」據以請求國家為一定的給付（學理稱此為給付請求權），則尚有爭議。

〔憲法解釋參考〕

釋字第568號：「**勞工保險係國家為實現憲法第一百五十三條保護勞工生活及憲法第一百五十五條、憲法增修條文第十條第八項實施社會保險制度之基本國策而建立之社會安全措施，為社會保險之一種**。勞工保險條例即係依上開憲法意旨而制定之法律。勞工依該條例參加勞工保險及因此所生之公法上權利，應受憲法保障。關於保險效力之開始、停止、終止及保險給付之履行等事由，係屬勞工因保險關係所生之權利義務事項，攸關勞工權益至鉅，其權利之限制，應以法律定之，且其立法目的與手段，亦須符合憲法第二十三條之規定。若法律授權行政機關發布命令為補充規定者，該命令須符合立法意旨且未逾越母法授權之範圍，始為憲法所許。」

(H)農民農地與財產權

例如釋字第580號除引用憲法第143條農地使用政策、第153條改良農民生活的基本國策，以及第15條財產權保障外，釋字第580號也揭示「契約自由」是憲法第22條保障之範圍。

其解釋文首揭：「基於個人之人格發展自由，個人得自由決定其生活資源之使用、收益及處分，因而得自由與他人為生活資源之交換，是憲法於第十五條保障人民之財產權，於第二十二條保障人民之契約自由。惟因個人生活技能強弱有別，可能導致整體社會生活資源分配過度不均，為求資源之合理分配，國家自得於不違反憲法第二十三條比例原則之範圍內，以法律限制人民締約之自由，進而限制人民之財產權。

憲法第一百四十三條第四項扶植自耕農之農地使用政策，以及憲法第一百五十三條第一項改良農民生活之基本國策，均係為合理分配農業資源而制定。中華民國40年6月7日制定公布之耕地三七五減租條例（以下稱減租條例），旨在秉承上開憲法意旨……」

(2)作為人民公法請求權基礎

基本國策中可以作為人民主觀上公法請求權基礎的條文，多有爭議。除有部分的基本國策規定被當成「客觀法規範」，即由憲法課與國家機關作為義務之外，人民多不能直接援引基本國策規定作為主觀公法請求權的規範基礎。

例如：憲法第142條規定「國民經濟應以民生主義為基本原則，實施平均地權，節制資本，以謀國計民生之均足。」人民可不可以因為房價失控高漲，率主張政府行為違反憲法第142條規定，沒有實施平均地權、節制資本？答案可能是否定的。因為本條只是憲法課與政府「應」以民生主義為基本原則，實施平均地權，節制資本，以謀國計民生均足之作為義務（即客觀法規範。但也有認為本條連客觀法規範都稱不上，只是國家的方針條款），並非人民可以直接引為主觀上公法請求權的規範基礎。

基本國策中，少數具有人民主觀公權利地位之憲法規範，比較沒有爭議的是憲法第159條：「國民受教育之機會，一律平等。」此類如憲法第7條之規定，屬於平等權之規範外，憲法第160條接著規定：「六歲至十二歲之學齡兒童，一律受基本教育，免納學費。其貧苦者，由政府供給書籍（第一項）。已逾學齡未受基本教育之國民，一律受補習教育，免納學費，其書籍亦由政府供給（第二項）。」依其文義，人民似可直接向國家請求「就學權」。

尤其是民國68年制定「國民教育法」第5條第1項「國民小學及國民中學學生免納學費；貧苦者，由政府供給書籍，並免繳其他法令規定之費用。」人民已可直接請求國家給付基本的受教育費用[12]，更無爭議。其他者，多無法「作為人民公法請求權基礎」，或至少尚存爭議。

(3)作為課與立法義務之依據

例如憲法增修條文第10條第4項：「國家對於公營金融機構之管理，應本企業化經營之原則；其管理、人事、預算、決算及審計，得以法律為特別之規定。」、第6項：「國家應維護婦女之人格尊嚴，保障婦女之人身安全，消除性別歧視，促進兩性地位之實質平等。」、第7項：「國家對於身心障礙者之保險與就醫、無障礙環境之建構、教育訓練與就業輔導及生活維護與救助，應予保障，並扶助其自立與發展。」及第10項：「教育、科學、文化之經費，尤其國民教育之經費應優先編列，不受憲法第一百六十四條規定之限制。」明定立法者應如何為之立法等是。

(4)作為方針條款

其他基本國策的條款，則多屬於方針條款。毋寧只是國家任務的宣示，真正要具體落實，則要視事實上能落實到何種程度。舉出四個條文，讀者朋友當能一目瞭然。

憲法第137條第1項規定：「中華民國之國防，以保衛國家安全，維護世界和平為目的。」、第141條：「中華民國之外交，應本獨立自主之精神，平等互惠之原則，敦睦邦交，尊重條約及聯合國憲章，

---

[12] 許育典，文化憲法與文化國，第三章文化國作為文化憲法的客觀法建構，元照出版社，2006初版，頁185。

以保護僑民權益，促進國際合作，提倡國際正義，確保世界和平。」、第152條：「人民具有工作能力者，國家應予以適當之工作機會。」及第158條：「教育文化，應發展國民之民族精神、自治精神、國民道德、健全體格、科學及生活智能。」等文字規定的非常美麗，但事實上這些只是大目標與大方向。

最後，第二大部分，則解說何謂「遭受不法侵害」的意義。

大審法所謂「遭受不法侵害」的認定，主要是在判斷：**聲請書有無「具體指摘」到底憲法上的什麼權利「如何地」遭受不法侵害**。例如，當人民遭稅捐機關多課了稅，多數能夠「具體指摘」憲法上的「財產權」遭受不法侵害，但若進而主張因為稅捐機關多課稅，違反量能原則，亦可能使其「生存權」遭受不法侵害，則要「具體指摘」為何因為稅捐機關多徵的稅收，進而違反量能原則，以及生存權如何遭受不法侵害[13]，這就有些難度了。

又如，主張國家因為管制人民資料不當，使得個人資訊外流，造成其「隱私權」被他人不法侵害。首先，如果認為個人資訊保護屬於隱私權的範圍，須「具體指摘」其論證引據：個人資訊保護有何特徵，以及何以個人資訊保護屬於隱私權的保障範疇；再者，因為隱私權非憲法明文保障的權利，因此，這裡的隱私權如何能自憲法中推導出屬於人民可據以主張的基本權，也須「具體指摘」，同樣也

---

13 請參考一篇全面性地論述稅法與憲法之間的關係，也是近年來從憲法觀點討論我國稅法最為重要的文獻，葛克昌教授，論納稅人權利保障法的憲法基礎，收錄於：論權利保護之理論與實踐，曾華松大法官古稀祝壽論文集，元照出版社，2006年出版，頁3-26。另可參考黃源浩，從絞殺禁止到半數原則－比例原則在稅法領域之適用，財稅研究第36卷第1期，2004年1月，頁151以下。黃士洲，稅課禁區與納稅人權利保障，月旦財經法雜誌第23期，2010年12月，頁77-96。

存有一些難度。

然而，這類介於程序與實體間的問題，實不應強求聲請人必須將憲法上理由「指證歷歷」、推論「完美無暇」。畢竟這屬於大法官會議實體討論的工作範圍。

（三）必須經依法定程序提起訴訟，得到確定終局裁判（即所謂用盡審級救濟途徑）

1. 須提起訴訟

【實例 7】

盧俊義為某大學研究所法律學院碩士班一年級學生。某學期，源自對保險法的熱愛，日後欲以商法研究為其專業領域，因此跨院加選企業管理學院所開設的 EMBA 學程「責任保險與企業發展」科目，但學校認盧俊義非該學院 EMBA 學生，竟否准其加選。

盧俊義憑其大學修習憲法的知識，認為該大學明顯侵害其「受教權」，以及憲法所保障的「學習自由」，竟阻斷其滿腔的學習熱誠，與「貢獻大學於宇宙之精神」相背離，洋洋灑灑上萬言書，指摘學校此等作為違憲。經校內申訴程序，卻引用大學自治為理由不受理盧俊義的申訴，盧俊義立刻持該校申訴評議委員會作成的評議決定書，聲請大法官會議解釋。試問：大法官會議解釋將會如何處理？

〔解說〕

大審法第5條第1項第2款中，所稱「須依法定程序提起訴訟，對於確定終局裁判……」，這裡所謂的「須依法定程序提起訴訟」而得到一個「確定終局裁判」，其文義理解和實務與學理所認知的「用盡審級救濟途徑」，截然不同。此部分需要詳細的解說。

法律上所謂「須依法定程序提起訴訟」比較單純，沒有爭議，就是

必須要依法打官司，進行訴訟的意思。**切不可還沒進入訴訟程序就直接聲請大法官解釋，因為聲請人必須要得到一個「確定終局裁判」，沒有「訴訟」，何來「確定終局裁判」？因此第一個層次是，要先提起訴訟；第二個層次則是，要再得到一個「確定終局裁判」**。這裡先解說必須要提起訴訟部分，實務上根本沒有提起訴訟，就進來聲請大法官解釋的，不算少數。

〔不受理決議參考〕

比較早期的如，民國90年12月28日司法院第1180次不受理案：「本件聲請人因選舉公報候選人黨籍登記、刊登事件，認中央選舉委員會就選舉公報有關黨籍登記、刊登事項，適用公職人員選舉罷免法施行細則第35條之1之規定，及該會以表決方式認選舉公報之政黨欄僅得填具單一政黨或予以空白，不得填具多數政黨之決議，有違憲之疑義，聲請解釋。**查聲請人對中央選舉委員會上述決議，並未依法定程序提起訴訟，逕以該決議或其適用之法令有違憲疑義，聲請解釋，核與司法院大法官審理案件法第五條第一項第二款規定不合，依同條第三項規定，應不受理。**」

近期者，如民國99年5月14日司法院第1357次不受理案：「本件聲請人因請求發還土地一案，認土地法第四十三條規定有牴觸憲法第十五條之疑義，聲請解釋。……核其聲請意旨所陳，僅在主張其情形與他案雷同，無須訴訟，彰化縣政府不應依土地法第四十三條規定拒絕發還土地云云，**是聲請人尚未依法定程序提起訴訟……。**」

又如民國99年12月24日司法院第1367次不受理案：「本件聲請人因侵占案件，認臺灣南投地方法院檢察署檢察官未依刑事訴訟法第一百零一條第一項、第二項及第一百零一條之二第一項規定之要件即予羈押，有牴觸憲法第八條第一項、第二項及第二十三條第一項

之疑義，聲請解釋。**惟查聲請人並未受羈押，僅受具保之處分，就其所受具保之處分，並未依法定程序提起訴訟……。**」等是。

【實例8】

林沖告訴萬泰銀行詐欺。主張向萬泰銀行辦理信用卡借款時，卻遭多算一天利息，以及辦理借款該年為閏年，萬泰銀行應以 366 天計息，卻以 365 天計息，致損失利率 0.000002，認為萬泰銀行以詐術詐取其財物，向地檢署檢察官提告。該地檢署檢察官以○○年度偵字第○○○號不起訴處分書通知林沖，並於不起訴處分書後註明：「告訴人如不服本不起訴處分，得於接受處分書後七日內，經原檢察官向直接上級法院檢察署檢察長，聲請再議。」

林沖當然不服，向高等法院檢察署聲請再議，又遭駁回。因此持該臺灣高等法院檢察署○○年度上聲議字第○○○號駁回處分書聲請大法官解釋。請問：前開臺灣高等法院檢察署之處分書是否為確定終局裁判？

〔解說〕

「司法院大法官審理案件法第五條第一項第二款所謂確定終局裁判，依其立法及制度設計意旨，係指已依法定程序窮盡審級救濟之最終裁判。」這一段話，在大法官議決不受理中一再地出現，所謂的「確定終局裁判」必須「已依」「法定程序」「窮盡審級救濟」之「最終」「裁判」，檢察署的處分書只是檢察官的處分通知，並非法院的裁判書，與「審級」救濟更無關係。

一般人常常分不清楚法院和檢察署，法官和檢察官的差異。法官所製作的是裁判書，檢察官製作的則是處分書，只有法官從事（狹義

的）審判工作，檢察官只是負責起訴等等職務，與（狹義的）審判無關。因此，凡是檢察署所做出的處分書都不是「裁判」，更無所謂確定終局裁判可言。

〔不受理決議參考〕

95年4月21日第1282次會議議決：「……惟查上開臺灣高等法院檢察署處分書並非依法定程序提起訴訟所為之確定終局裁判，其所適用之法令，非得為本院違憲審查之客體。」

98年12月31日大法官第1350次會議議決不受理案件：「……查司法院大法官審理案件法第五條第一項第二款所謂確定終局裁判，依其立法及制度設計意旨，係指已依法定程序窮盡審級救濟之最終裁判。……另上開臺灣臺中地方法院檢察署不起訴處分書及臺灣高等法院臺中分院檢察署處分書均非確定終局裁判，不得據以聲請解釋。」

98年3月26日大法官第1353次會議議決不受理案件：「……惟查前揭檢察署處分書並非司法院大法官審理案件法第五條第一項第二款所稱確定終局裁判，自非屬得聲請解釋憲法之客體。」

2.「確定終局裁判」

再解說何謂：「確定終局裁判」。

「確定終局裁判」在法律（即程序法）上的解釋，與大法官會議解釋的「確定終局裁判」不同。程序法上，所謂裁判「確定」，係相對於「未確定」的狀態，當裁判於不得上訴或以其他方法聲明不服時，即告確定。

程序法之「終局」裁判，則相對於「中間」裁判（或終局前裁判）而言。終局裁判係以終結被告該當案件之訴訟程序，使之脫離受

理法院之審級所為的裁判，以刑事裁判為例，如有罪（包括免刑）、無罪、管轄錯誤、公訴不受理、免訴判決、裁定駁回自訴、裁定駁回上訴、裁定駁回抗告、判決駁回上訴、撤銷發回或發交等[14]。

而「中間」裁判（或稱終局前裁判）則指為達成終局裁判，於審理程序過程中所為之裁判，此項裁判，用裁定之形式，並無以判決行之者，如指定或移轉管轄之裁定、法官迴避之裁定、延長羈押之裁定、對於證人、鑑定人或通譯科罰鍰之裁定、命補正程式欠缺之裁定等是[15]。程序法上，每一個審級都會有「確定終局裁判」，與大法官解釋所謂的「確定終局裁判」不同。

訴訟法上「確定終局裁判」與大法官會議解釋的「確定終局裁判」，兩者的差異，可舉一例。

【實例9】

雷橫是位情報局資深幹員，明知自己的下屬幹員阮小二遭敵國拘禁，為保護其所訓練出的阮小二幹員不被國家放棄，透露部分實情與報紙媒體，企圖以輿論促使政府救援阮小二。事後遭情報局以洩漏國防秘密罪提告，經檢察官提起公訴，雷橫主張言論自由、新聞自由、生存權保障及緊急避難等，一審仍遭敗訴，判處有期徒刑壹年陸月，雷橫心灰意冷，放棄上訴，判決終局確定。日後，經媒體報導，意外地如野火般地點燃各地社會正義之聲，雷橫得到許多人士鼓勵，決定另尋救濟途徑。請問：雷橫可否持該「確定終局判決」聲請大法官解釋？

---

[14] 參照林永謀，刑事之形式裁判確定力，法令月刊第47卷第4期，民國85年4月，頁197-198。
[15] 參照陳樸生，刑事訴訟法實務（再訂版），民國87年9月再版，頁259。

〔解說〕

大法官會議解釋所謂的「確定終局裁判」與程序法上「確定終局裁判」的概念不同，大法官會議解釋的「確定終局裁判」係指「已依法定程序盡其審級救濟之最終裁判」。

而何謂「已依法定程序盡其審級救濟之最終裁判」？此即等同學理上所稱的「窮盡審級救濟」。實務上有一段標準文字，闡釋「窮盡審級救濟」，即「司法院大法官審理案件法第五條第一項第二款所謂確定終局裁判，依其立法及制度設計之意旨，係指已依法定程序窮盡審級救濟之最終裁判。」

何以如此？整理學者的說法：1.避免原救濟管道失能，使案件都轉向大法官會議。2.大法官會議解釋本即屬特別的救濟程序，只有當其他一般救濟程序均已用盡而無法得到救濟時，始得為之。3.對人民而言，請求大法官解釋作為救濟方法，相對於其他救濟或訴訟程序，僅具補充性，而非選擇性[16]。誠屬的論。

〔不受理決議參考〕

民國100年3月4日司法院第1370次不受理案件：「……按司法院大法官審理案件法第五條第一項第二款所謂確定終局裁判，依其立法及制度設計之意旨，係指已依法定程序窮盡審級救濟之最終裁判。查**聲請人就系爭判決依法既得提起上訴，尋求救濟，卻未提起上訴，**逕行聲請本院解釋，顯未依法定程序窮盡救濟途徑……」。

民國99年12月24日司法院第1367次不受理案件：「……按司法院大法官審理案件法第五條第一項第二款所載之確定終局裁判，就其立

---

[16] 參照王和雄，違憲審查制度與司法院大法官審理案件法，法學叢刊第46卷第2期，民國90年4月，頁33。

法及制度設計之意旨，係指聲請人已依法定程序盡其審級救濟之最終裁判而言。聲請人指摘之上開臺灣臺北地方法院民事裁定，係**因逾期未抗告而確定**，非屬窮盡審級救濟程序之確定終局裁定，不得據以聲請解釋……」、「……查聲請人前曾就系爭判決多次聲請解釋，業經本院大法官第一三五三次、第一三五九次、第一三六三次、第一三六五次會議議決不受理，並予函知在案。茲復提出聲請，其所據以聲請之系爭判決，仍非依法定程序窮盡審級救濟之最終判決……」。

民國99年10月8日司法院第1365次不受理案件：「……按司法院大法官審理案件法第五條第一項第二款所謂確定終局裁判，依其立法及制度設計之意旨，係指已依法定程序窮盡審級救濟之最終裁判。查聲請人針對系爭判決提起上訴，經臺灣高等法院九十七年度重勞上字第一三號民事裁定，以**逾期未補正訴訟代理人之委任狀為由駁回確定在案**。故系爭判決並非確定終局裁判，自不得據以聲請解釋……」。

民國99年7月30日司法院第1363次不受理案件：「……按司法院大法官審理案件法第五條第一項第二款所稱確定終局裁判，依其立法及制度設計之意旨，係指聲請人已依法定程序盡其審級救濟之最終裁判而言。本件**依法得提起再抗告而聲請人未提起**，即係未窮盡審級救濟途徑，自不得據以聲請解釋憲法……」。

民國99年6月25日司法院第1360次不受理案件：「……按司法院大法官審理案件法第五條第一項第二款所載之確定終局裁判，就其立法及制度設計之意旨，係指聲請人已依法定程序盡其審級救濟之最終裁判而言，聲請人指摘之高雄高等行政法院九十八年度訴字第二三一號判決，係**因逾期未上訴而確定**，非屬窮盡審級救濟程序之

確定終局判決……」。

3. 哪一個才是「確定終局裁判」

還有一個重要的爭議問題：聲請大法官解釋中，「確定終局裁判」到底是指哪一個？

在解說「確定終局裁判」到底是哪一個之前，有一個基本觀念先分享給讀者朋友們：即使在聲請書中錯誤指陳「確定終局裁判」，應該也不會影響大法官會議解釋判斷是否應予受理的標準[17]。但前提是，必須要「窮盡訴訟途徑」，判斷「確定終局裁判」是哪一個只是技術上問題。

【實例 10】

阮小五是個勤奮工作的生意人，某年結算申報綜合所得稅後，經財政部國稅局核定綜所稅總額與淨額後，告知須補徵稅額七萬餘元。阮小五嚇了一跳，重新請會計人員核算一次，再向國稅局申請復查，主張自己誤將房貸利息及保險費列於儲蓄投資特別扣除額，因而採「標準扣除額」，請准予更正改按「列舉扣除額」核定。

該國稅局引用當時的所得稅法施行細則第 25 條第 2 項規定：「經納稅義務人選定填明適用標準扣除額，……，於其結算申報案件經稽徵機關核定後，不得要求變更適用列舉扣除額。」駁回復查申請（決定一），阮小五仍未甘服，先提起訴願，亦遭決定駁回（決定二），再提起行政訴訟，主張上開規定明顯已屬限制人民權利義務事項，應以法律明文規定，竟以命令為之，違反法律保留原則，一審依簡易訴訟

---

17 但為避免意外，建議聲請書都予載明，或至少附件裡明示檢附各審級之裁判，以留下「蛛絲馬跡」。

程序認為上開施行細則符合母法立法意旨，並未逾越母法授權範圍，判決阮小五敗訴（裁判一）。

阮小五仍堅持該規定違反法律保留原則，再上訴最高行政法院，最高行政法院經核認為阮小五所言無涉及法律見解具有原則上重要情事，依行政訴訟法第235條規定，上訴不合法，裁定駁回（裁判二）。

請問阮小五欲聲請釋憲，確定終局裁判是哪一個？決定一？決定二？裁判一或裁判二？

〔解說〕

確定終局裁判一定是「裁判」，所以復查決定（決定一）與訴願決定（決定二），就已先被淘汰在外。而裁判有可能是判決也有可能是裁定，是實體判決的裁判一或者程序裁定的裁判二，才是大法官解釋所稱的「確定終局裁判」，則非無爭議。

目前實務有認為，這裡的「確定終局裁判」指（裁判一），因為最高行政法院是以不合法為由從程序上駁回上訴。

換句話說，如果最高行政法院裁定係以聲請人未具體指摘原審判決如何違背法令，而以不合法為由從程序上駁回上訴，因聲請人已依法定程序盡其審級救濟，故應以前審（如○○高等行政法院）判決為本件據以聲請之原因事件之確定終局判決。

另一種說法則是，聲請人曾就○○高等（行政）法院○○年度訴字第○○○號判決提起上訴，業經最高（行政）法院裁定以上訴不合法（或未合法表明上訴理由；上訴違背法律上程式）為由而裁定駁回上訴，是聲請人實係以○○高等（行政）法院判決為確定終局判決聲請解釋。

先參考下述的大法官解釋釋字第615號解釋理由書，認識實務上對

「確定終局裁判」的判斷後，再舉出另一件大法官解釋，解說仍有其他不同的實務看法，最後則是羅列幾件與此相關的不受理決議，總而言之，判斷何者為「確定終局裁判」的責任並不在聲請人身上，也不應成為不受理的理由依據。至多是「合先敘明」！

〔大法官解釋參考〕

釋字第615號解釋理由書第一段：「本件聲請人就臺北高等行政法院九十二年度簡字第七三三號判決及最高行政法院九十四年度裁字第〇一三六五號裁定所適用之所得稅法施行細則第二十五條（第二項）規定及財政部八十一年二月十一日台財稅字第八〇一七九九九七三號、八十七年三月十九日台財稅字第八七一九三四六〇六號函釋，聲請解釋憲法。**查上開最高行政法院裁定係以聲請人對上開臺北高等行政法院適用簡易程序之判決提起上訴，不符合訴訟事件所涉及之法律見解具有原則性之要件，不予許可，並未適用上開法規及函釋，而以上訴不合法從程序上予以駁回。因聲請人已依法定程序盡其審級救濟，且非對裁判適用法律所表示之見解，而係對上開法令是否違憲聲請解釋，故應以上開臺北高等行政法院判決為確定終局判決，就其所適用之上開法規及函釋予以解釋**，合先敘明。」

然而，也有不同的見解，如晚近的釋字第680號解釋。

民國99年7月30日釋字第680號解釋，網路上所公布的本案事實[18]為：「聲請人蔡〇長等3人分別為漁船船長、輪機長及輪機員。96年9月間，於外海向不詳人士購入鮪魚、旗魚等魚貨，未據實申報，即私運進入臺灣地區遭查獲及起訴。臺灣高等法院高雄分院以聲請人違

---

[18] http://www.judicial.gov.tw/constitutionalcourt/p03_01.asp?expno=680

反懲治走私條例第2條第1項走私罪，分別判處聲請人1年、9月及6月有期徒刑。**案經上訴至最高法院，該院以上訴未具體指摘二審判決有何違背法令之處，予以程序駁回，全案確定。」**

接著，聲請人同時指摘高院與最高法院的判決所適用的系爭法令，違憲。聲請人「認最高法院98年度台上字第3417號刑事判決及臺灣高等法院高雄分院97年度上訴字第2032號刑事判決，所適用之懲治走私條例第2條第1項、第11條及92年10月23日行政院修正公告之「管制物品項目及其數額」丙類，違反授權明確性原則、平等原則及比例原則，有牴觸憲法第7條、第15條及第23條規定之疑義，聲請解釋。」

若依據釋字第615號解釋理由書對確定終局裁判的判斷，本案似應以高院的判決為確定終局判決，然而，釋字第680號解釋理由書首段，則將高院與最高法院的判決都認為是「確定終局裁判」：「**本件聲請人認最高法院九十八年度台上字第三四一七號刑事判決及臺灣高等法院高雄分院九十七年度上訴字第二〇三二號刑事判決，所適用之懲治走私條例第二條第一項『私運管制物品進口、出口逾公告數額者，處七年以下有期徒刑，得併科新臺幣三百萬元以下罰金』之規定，有違憲疑義，向本院聲請解釋。」**

〔不受理決議參考〕

民國100年3月4日司法院第1370次不受理案件：「……查聲請人曾就上開臺北高等行政法院判決提起上訴，業經最高行政法院〇〇年度裁字第〇〇〇號裁定**以上訴不合法為由而裁定駁回上訴**，是上開臺北高等行政法院判決為確定終局判決，合先敘明。……」

「……查聲請人曾就上開兩件臺北高等行政法院判決先後提起上訴，業經上開兩件最高行政法院裁定**以上訴不合法為由而分別裁定**

駁回上訴，是上開兩件臺北高等行政法院判決為確定終局判決（下併稱確定終局判決），合先敘明。……」

「……聲請人對於高雄高等行政法院○○年度訴字第○○○號判決不服，提起上訴，經最高行政法院○○年度裁字第○○○號裁定以，**聲請人之上訴理由未具體指摘上開高雄高等行政法院判決有何違背法令之情形，其上訴為不合法而予以駁回**，聲請人既已依法定程序盡其審級救濟，自應以上開高雄高等行政法院判決為確定終局判決，合先敘明。……」

民國99年11月19日司法院第1366次不受理案件：「……查聲請人曾就上開臺灣高等法院判決提起上訴，**業經上開最高法院裁定以未合法表明上訴理由為不合法而駁回上訴**，是上開臺灣高等法院判決為確定終局判決，合先敘明。……」

民國99年10月8日司法院第1365次不受理案件：「……查聲請人曾就上開臺灣高等法院判決提起上訴，業經最高法院○○年度台上字第○○○號判決**以上訴違背法律上之程式為由駁回上訴**，是上開臺灣高等法院判決為確定終局判決，合先敘明。……」

（四）必須對於確定終局裁判所適用之法律或命令
1. 有無「適用」

【實例 11】

阮小七是名藥師（俗稱藥劑師，但現今藥師已不只從事調劑藥品一項業務），太座甫生一嬰，須金孔急，時有閒餘，便向地方政府衛生局聲請支援外縣市藥局執行藥師業務，卻遭該地方政府衛生局否准許可，該地方政府衛生局引用藥事法第 11 條規定：「藥師經登記領照執

業者，其執業處所應以一處為限。」因此不准阮小七再執業他處。阮小七認為此法違反憲法職業自由保障，提起訴願，惟該地方政府撤銷衛生局否准許可的處分，因為根據藥事法第2條規定，藥事法的主管機關為縣（市）政府，衛生局沒有處分的權限。

阮小七還是沒有得到職業他處的許可，因此繼續爭訟，主張藥事法第11條不公不義，先向高等行政法院提起訴訟，遭駁回後，再向最高行政法院提起上訴，亦遭駁回，已窮盡審級救濟途徑。阮小七聲請釋憲，卻遭不受理決議，其決議理由為：「確定終局裁判並無適用系爭法令」，為什麼？

〔解說〕

有沒有「適用」所爭執的法令，也是個相對複雜的問題。

先從最簡單的部分開始。聲請釋憲一定要「窮盡訴訟途徑」，已於上述解說，而且必須「窮盡訴訟途徑」後的「確定終局裁判」要有「適用」所爭執違憲的法律或命令。

再讀一次司法院大法官審理案件法第5條第2款規定：「二、人民、法人或政黨於其憲法上所保障之權利，遭受不法侵害，經依法定程序提起訴訟，**對於確定終局裁判所適用之法律或命令發生有牴觸憲法之疑義者。**」定可明白。但實務上仍有「窮盡訴訟途徑」後，主張一個與裁判渺不相涉的法令聲請解釋有無違憲，這顯然是沒有適用。

比如說實例11，阮小七訴願後，地方政府撤銷衛生局的否准許可，因為衛生局沒有權限可以撤銷，阮小七的訴願是成功的，該訴願結果雖然並沒有讓阮小七獲得許可得於他處執業，但撤銷原處分，對阮小七有利。當阮小七持這份訴願決定再打行政訴訟，只有遭「無權

利保護必要」理由駁回（訴願已經贏了，再打訴訟做甚？），行政訴訟裁判書也不會適用到藥事法第11條，當然確定終局裁判不會適用到系爭法令。

再來就是確定終局裁判到底要「適用」到什麼程度？只要曾經於裁判書中「出現」系爭法令即可[19]，還是必須要達到成為「裁判獲致結論的依據」程度。

過去實務上曾採寬鬆的見解，如釋字第216號解釋文首段明示：「……司法行政機關所發司法行政上之命令，如涉及審判上之法律見解，僅供法官參考，法官於審判案件時，亦不受其拘束。**惟如經法官於裁判上引用者，當事人即得依司法院大法官會議法第四條第一項第二款之規定聲請解釋。**」

一般人對所謂「經法官於裁判上『引用』」，所稱「引用」，就是曾於裁判書中出現的意思，大概不至於嚴格解釋成必須達到成為「裁判獲致結論的依據」程度。因此實務曾有一度對「適用」採取寬鬆的見解，只要曾經於裁判書中「出現」所爭執的法令，就算是有「適用」了，至於有無具體指摘，或者該爭議有無憲法價值，則是進一步的考量。無須在這裡設下障礙關卡。

然而晚進實務好像有越趨嚴格態勢，但是否為多數見解，尚待觀察。若曾於裁判書中「引用」系爭法令還不夠，必須要系爭法令達到為確定終局裁判援引為結論的依據，才算。那到底系爭法令是否為裁判結論的主要依據，或者只是「聊備一格」，這就需要實質上

---

[19] 也曾擔任過大法官之林紀東先生於其名著『中華民國憲法逐條釋義』甚至主張包括：確定終局裁判應適用某項法令而不適用，以致該判決陷於違憲之情形，也算是本款的「適用」，但這種看法在目前實務似屬少數。參照：林紀東，中華民國憲法逐條釋義（第三冊），三民書局，82年8月版，頁78。

去判斷了。

〔不受理決議參考〕

　　民國99年12月31日司法院第1368次不受理案件：「……惟查財政部上開函並未為確定終局判決引為獲致結論之依據，自不得以之為聲請解釋之客體。……」

2.「重要關聯性」及「實質適用」

　　相對於晚進實務似有越趨嚴格解釋「適用」的意義，大法官會議曾有出現擴張「適用」範圍的解釋。舉四個解釋為例，釋字第535號、第558號、第582號以及第644號。先以本書第三章曾解說過的釋字第535號以及釋字第644號為例，釋字第535號是以「重要關聯性」，釋字第644號解釋則以「實質援用」作為擴大「適用」範圍的理由。

　　但這些都是「適用」的例外，聲請大法官解釋切不可刻意追求例外，以為自己就是那些少數的「例外」，這除了需要非常詳盡的論理外，大法官會議接不接受聲請案是否屬「適用」的例外，尚屬未定之天。毋寧可謂，這些「例外」多是大法官會議自己審查出來的結果，並非都是聲請人聲請時的主張。

(1)釋字第535號解釋

　　釋字第535號解釋背景，是因為人民遭警察臨檢，辱罵該警察，觸犯刑法第140條第1項於公務員依法執行職務時當場侮辱罪，確定終局裁判「引為獲致結論之依據」是刑法第140條第1項，至於警察勤務條例第11條第3款也僅屬確定終局裁判所「引用」而已。

　　但釋字第535號審查的對象，**擴及警察勤務條例中所有與警察執**

行職務相關的規定，最後解釋文更認為「……現行警察執行職務法規有欠完備，有關機關應於本解釋公布之日起二年內依解釋意旨，且參酌社會實際狀況，賦予警察人員執行勤務時應付突發事故之權限，俾對人民自由與警察自身安全之維護兼籌並顧，通盤檢討訂定，併此指明。」將確定終局裁判所「未適用」的警察勤務條例，一併列入審查範圍。

〔解釋理由書參考〕

釋字第535號解釋：「……**所謂裁判所適用之法律或命令，係指法令之違憲與否與該裁判有重要關聯性而言**。以刑事判決為例，並不限於判決中據以論罪科刑之實體法及訴訟法之規定，包括作為判斷行為違法性依據之法令在內，均得為聲請釋憲之對象。就本聲請案所涉之刑事判決而論，聲請人（即該刑事判決之被告）是否成立於公務員依法執行職務時當場侮辱罪，係以該受侮辱之公務員當時是否依法執行職務為前提，**是該判決認定其係依法執行職務所依據之法律－警察勤務條例相關規定，即與該判決有重要關聯性，而得為聲請釋憲之客體，合先說明。**」

(2)釋字第644號解釋

釋字第644號解釋則是人民聲請組織社會團體「台北市外省人台灣獨立促進會」，遭主管機關否准，無論是聲請書及確定終局裁判都僅「引用」或「適用」人民團體法第2條的規定。但釋字第644號解釋認為，人民團體法第2條只是行為規範，效果規範在同法第53條前段，二者必須合併適用，一併審理，是為「實質適用」。

〔解釋理由書參考〕

釋字第644號解釋：「……依司法院大法官審理案件法第五條第一項第二款規定，聲請本院解釋憲法時，**本院審查之對象，非僅以聲請書明指者為限，且包含該確定終局裁判實質上援用為裁判基礎之法律或命令**。本件聲請書僅指稱人民團體法第二條規定牴觸憲法云云，惟查人民團體法第二條：「人民團體之組織與活動，不得主張共產主義，或主張分裂國土。」係屬行為要件之規定，而同法第五十三條前段關於「申請設立之人民團體有違反第二條……之規定者，不予許可」之規定部分，始屬法律效果之規定，**二者必須合併適用**。最高行政法院九十年度判字第三四九號判決維持主管機關以本件聲請人申請設立政治團體，違反人民團體法第二條規定而不予許可之行政處分，**實質上已適用前述同法第五十三條前段部分之規定，故應一併審理**，合先敘明。」

(3)釋字第558號

釋字第558號解釋，擴大「適用」範圍的邏輯與釋字第644號解釋相同。依時序，應該說與釋字第644號解釋是延襲釋字第558號解釋而來，唯一的差別，就是前者以「實質適用」，後者以「重要關聯性」為用語，實則意義同一。

〔解釋理由書參考〕

釋字第558號解釋：「本件係臺灣高等法院於審理案件時，認所適用之國家安全法第三條第一項規定：『人民入出境，應向內政部警政署入出境管理局申請許可。未經許可者，不得入出境。』有違憲疑義，向本院聲請解釋。因違反上開規定者，依同法第六條第一項規定處三年以下有期徒刑、拘役或科或併科

新台幣九萬元以下罰金，**此項處罰條款對於受理法院在審判上有重要關連性，而得為釋憲之客體**，合先說明。」

(4)釋字第582號

還有一種實質援用的類型，是確定終局裁判所適用的「判例」實際上被適用。首先，「判例」也屬於後述的確定終局裁判所適用的「法律或命令」裡的一種型態，大法官會議亦可審查「判例」的合憲性，這部分實務與學理沒有太大爭議。

審判實務上，常有法院將最高法院的判例「引為獲致裁判結論之依據」，有些裁判會列出判例字號，但有些只有引用其見解與內容，並沒有列出判例字號（可能是法官對判例太熟了，已經內化成自己法律見解的一部分），這種實質上有適用到某些判例，但沒有引用判例字號者，稱為「實質援用」型。

〔解釋理由書參考〕

釋字第582號解釋：「**本聲請案之確定終局判決最高法院八十九年度台上字第二一九六號刑事判決，於形式上雖未明載聲請人聲請解釋之前揭該法院五判例之字號，但已於其理由內敘明**其所維持之第二審判決（臺灣高等法院八十八年度上更五字第一四五號）認定聲請人之犯罪事實，係⋯⋯**核與本件聲請書所引系爭五判例要旨之形式及內容，俱相符合，顯見上開判決實質上已經援用系爭判例，以為判決之依據**。該等判例既經聲請人認有違憲疑義，自得為解釋之客體。依司法院大法官審理案件法第五條第一項第二款規定，應予受理（本院釋字第399號解釋參照）。」

3.「法律或命令」的範圍

【實例 12】

石秀所有坐落於某市的數筆土地，某年政府實施地籍圖重測後，發現某筆土地竟比原先面積多出一平方公尺，其他筆則維持不變，因此未於測量結果公告期間提出異議。十餘年後，石秀因故請求地政機關丈量其所有土地，竟發現其所有的某筆土地與供公眾使用的道路國有土地完全重疊，石秀懷疑地政機關為彌補其損失，硬將他人的一平方公尺土地劃分給自己。

石秀當然立即請求地政機關更正，經地政機關通知兩造協調，地政機關引用最高法院某年月日某次民事庭會議決議：「相鄰土地所有人於重新實施地籍測量時，均於地政機關通知之期限內到場指界，毫無爭議，地政機關依照規定，已依其共同指定之界址重新實施地籍測量。於測量結果公告後，自不許土地所有權人主張其原先指界有誤，訴請另定界址。」拒絕更正。

石秀提起訴訟，案經地方法院、高等法院與最高法院，都適用上開民事庭決議判決石秀敗訴。請問：石秀可否以該民事庭決議為聲請客體，請求大法官解釋宣告該決議違反憲法第 15 條訴訟權保障，違憲？

〔解說〕

大法官解釋得審查的客體（對象），本即依據大審法第5條第1項第2款所規定的「法律或命令」。但日後大法官解釋逐步擴大審查客體的範圍至「判例」、「決議」、具通案性質的「函釋」甚至大法官解釋本身等等，除此之外，命令的範圍（有無包括行政規則）也存

有一些爭議。以下分述之。

(1)法律

這部分的適用毫無爭議，指的是依據憲法第170條規定，經立法院通過，總統公布的法律。但實務常有聲請人誤解大法官解釋是為救濟個案而設，誤解大法官解釋是上訴審，「案件打到完，包括聲請釋憲」。事實上，大審法本即明白規定，人民得聲請釋憲之情形，必須要「……對於確定終局裁判所適用之法律或命令」發生有牴觸憲法之疑義。學理即稱此為「規範審查」。這是大法官解釋審查客體的原型。

(2)命令

命令可分為：緊急命令、法規命令、行政規則與其他類型的特別規則等。緊急命令指總統為避免國家或人民遭遇緊急危難或應付財政經濟上重大變故，經行政院會議決議所發布者，緊急命令及其執行要點屬憲法解釋的範圍對象，尚無爭議，如釋字第543號及第571號解釋。

法規命令，指行政程序法第150條第1項：「本法所稱法規命令，係指行政機關基於法律授權，對多數不特定人民就一般事項所作抽象之對外發生公法效果之規定」；行政規則則指行政程序法第159條第1項：「本法所稱行政規則，係指上級機關對下級機關，或長官對屬官，依其權限或職權為規範機關內部秩序及運作，所為非直接對外發生法規效力之一般、抽象之規定。」

特別的行政規則則如基於特別權力關係所訂定之規章，如學校校規、軍營營規、公務員服務規章及營造物規則[20]等等。相較具體的

---

[20] 參照王和雄，違憲審查制度與司法院大法官審理案件法，法學叢刊第46卷第2期，民國90年4月，頁36。

判斷，如果看到某某「規程、規則、細則、辦法、綱要、標準或準則」之名稱的，是命令（中央法規標準法第3條）；如果是某某「法、律、條例或通則」的，則是法律。

是否上述所有命令，都可以審查？這也是一個比較複雜的問題。但結論是肯定的，結論簡單，實務運作也是如此。

只要是抽象地對多數不特定人民就一般事項對外所為發生公法上效果的規定，都在可審查之列。但這顯然與上述行政規則的概念，僅屬對內發生效力，且與人民權利義務無關，如何能審查？

簡單二點，一是判斷到底有沒有限制人民權利義務事項，以及是否為「非直接對外發生效力」等，這是實體問題，須實體判斷後才知道，不宜在程序上先予排除；再者，我國行政實務上，職權命令常有限制人民權利義務之規定，而且也有未經送立法院審查者，因此到底屬法規命令或行政規則，粉墨難辨，釋憲實務上率多承認得為審查對象。

(3)判例

判例得為釋憲客體，這部分亦無太大爭執，解釋也很多。釋字第153號解釋是第一號審查判例的大法官解釋。但在隔號釋字第154號解釋，則對判例何以得為審查對象有清楚交代。在我國司法實務，判例是個特殊的建制，具有「事實上」的拘束力，當應納入違憲審查的範疇，此屬對人權保障有利事項，至今亦未變更其見解。

〔解釋理由書參考〕

釋字第154號解釋：「……**按司法院大法官會議法第四條第一項第二款關於確定終局裁判所適用之『法律或命令』，乃指確定終局裁判作為裁判依據之法律或命令或相當於法律或命令者而言。依**

法院組織法第二十五條規定：『最高法院各庭審理案件，關於法律上之見解，與本庭或他庭判決先例有異時，應由院長呈由司法院院長召集變更判例會議決定之。』及行政法院處務規程第二十四規定：『各庭審理案件關於法律上之見解，與以前判例有異時，應由院長呈由司法院院長召集變更判例會議決定之。』足見**最高法院及行政法院判例，在未變更前，有其拘束力，可為各級法院裁判之依據，如有違憲情形，自應有司法院大法官會議法第四條第一項第二款之適用，始足以維護人民之權利**，合先說明。」

(4)決議

最高法院民（刑）庭「決議」、民刑庭總會「決議」或行政法院庭長、評事聯席會議「決議」得否為違憲審查的客體，實務運作上有爭議，但大法官會議仍擴大其審查範圍。釋字第374號解釋是第一號審查「決議」的大法官解釋。〔實例11〕即對此部分所設計的案例，於此進一步解說。

釋字第374號解釋審查「決議」，當時實務界出身的大法官多持不同意見書表明反對態度。理由簡要地說：上述最高法院民（刑）庭「決議」、民刑庭總會「決議」或行政法院庭長、評事聯席會議「決議」，**對法官審判都沒有拘束力，只是法官辦案的參考，**與「判例」完全不同。與「命令」亦不相當，只是法院的見解而已，如果大法官會議連法院的見解也可以審查，毋寧將成為第四審。

此誠屬有力的反對說法，惟最後大法官解釋仍將決議納入審查範圍，擴大對人權的保障密度，就此而言理應樂觀其成，但另一方面，以一個國家最高憲法解釋機關集合眾大法官之力，作出一個

對事實上沒有拘束力的「決議」合憲或違憲的判斷，不免大材小用、小題大作。

〔解釋理由書參考〕

釋字第374號解釋：「……至於司法機關在具體個案之外，表示其適用法律之見解者，依現行制度有判例及決議二種。判例經人民指摘違憲者，視同命令予以審查，已行之有年（參照釋字第154號、第177號、第185號、第243號、第271號、第368號及第372號等解釋），**最高法院之決議原僅供院內法官辦案之參考，並無必然之拘束力，與判例雖不能等量齊觀，惟決議之製作既有法令依據（法院組織法第78條及最高法院處務規程第32條），又為代表最高法院之法律見解，如經法官於裁判上援用時，自亦應認與命令相當，許人民依首開法律之規定，聲請本院解釋**，合先說明。」

〔不同意見書參考〕

陳計男大法官不同意見書：「……**最高法院為統一其民、刑事各庭於裁判上表示之不同見解，依民事庭、刑事庭會議或民、刑事庭總會就法律問題所為之決議，僅在供該院民、刑事庭法官辦案時之參考而已，並無規範法官審判具體個案時之效力。**……」

孫森焱大法官不同意見書：「……就最高法院民事庭會議、刑事庭會議或民、刑事庭總會議對於民、刑事法律問題所為之決議（簡稱最高法院決議）言，原係統一最高法院民、刑事各庭於裁判上表示之不同見解而為，為最高法院處務規程第三十二條所明定。每則決議固經出席法官反覆辯詰，一再推敲，依多數決作成，惟會議與裁判之評議不同，會議之決議與裁判自不可相提並論，更乏判例所具效力。**決議表示之法律見解不過供最高法院**

民、刑事庭各法官辦案之參考而已，與判例不能等觀。……」

林永謀大法官不同意見書：「……抑且我國之現制，最高法院對下級審法院並無所謂司法行政監督權，本無從依據司法行政權對下級審法院發布任何『行政規則』，而此等『決議』又僅係該院法官間內部見解之統一，非一般性、抽象性之規範，無論從『決議之程序』『適用之範圍』『違反之效果』言，均與前述『命令』之概念無一符合。故此一內部共識之見解，根本未有規範之意義，非特不具『命令』之形式，即或『命令』之實質，亦未見絲毫。其非『審理案件法』第五條第一項第二款之所謂『命令』，明甚！**倘大法官於此亦得就『決議』予以審查，則無異係以最高法院之『見解』為審查之客體，非僅『自成』第四審**……」

(5)函釋

函釋亦得為聲請釋憲客體，這部分實務運作上也沒有太大的爭議。自釋字第173號解釋開始，行之有年。另從釋字第216號解釋也可得知，我國違憲審查制度採雙軌制，大法官會議解釋並不是唯一獨占的違憲審查機關，各級法院法官對行政命令亦有違憲審查的權限，對違憲的命令，可拒絕適用，不受拘束。

〔解釋理由書參考〕

釋字第173號解釋理由書：「本件財政部（六七）臺財稅第三四八九六號函，係對於徐明夫六十七年五月二十三日請示之釋答，**經該部分知所屬財稅機關，為行政法院七十年度判字第二二五號確定終局判決所適用**，具有命令性質，聲請人聲請解釋，核與司法院大法官會議法第四條第一項第二款規定相符，應予受理，合先說明。」

釋字第216號解釋理由書：「法官依據法律獨立審判，憲法第八十條載有明文。各機關依其職掌就有關法規為釋示之行政命令，法官於審判案件時，固可予以引用，但仍得依據法律，表示適當之不同見解，並不受其拘束，本院釋字第一三七號解釋即係本此意旨；**司法行政機關所發司法行政上之命令，如涉及審判上之法律見解，僅供法官參考，法官於審判案件時，亦不受其拘束。惟如經法官於裁判上引用者，當事人即得依司法院大法官會議法第四條第一項第二款之規定聲請解釋。**」

(6)公務員懲戒委員會案例

公務員若有違法或廢弛職務或其他失職行為，應受懲戒。其懲戒的法律依據是「公務員懲戒法」，作出懲戒與否的判斷是由「公務員懲戒委員會（簡稱公懲會）」，以掌理全國公務員的懲戒。公懲會裡有一個「案例編輯委員會」，負責選輯重要的審議案件，稱為「案例」，此案例與上述最高或行政法院的「判例」或「決議」相當，因此亦得為大法官會議違憲審查的對象。

〔解釋理由書參考〕

釋字第395號解釋理由書：「公務員懲戒委員會依其處務規程第十八條，設立『案例編輯委員會』，負責案例之編輯，就審議之案件，擇其案情或法律見解足以為例者，選輯為案例，作為案件審議之重要參考。其所選輯之『案例』與最高法院或行政法院之判例或決議相當，既經公務員懲戒委員會援引其案號或其具體內容為審議之依據，依本院釋字第一五四號解釋之意旨，仍有首開規定之適用，合先說明。」

(7)**行憲前司法解釋**

在民國37年行憲前，若有最高法院民刑庭庭長擬具人民對法律疑

義之答案，報司法院核定後，頒布各法院參辦[21]，稱此為司法解釋，以「院字」或「院解字」第某某號對外公布（民國34年4月以前稱院字，民國34年5月4日以後稱院解字[22]），當「經法院於裁判上引用者」，依上述關於命令、決議或函釋的解說，大法官會議自應也可對之解釋。早期這類解釋很多，最早可上溯到釋字第7號。

又如釋字第187號解釋係變更司法院院字第三三九號及院字第一二八五號解釋，解釋理由書表示：「司法院大法官會議法第四條第一項第二款所稱確定終局裁判所適用之法律或命令，乃指確定終局裁判依據之法律或命令或相當於法律或命令者而言，業經本院釋字第一五四號解釋於其解釋理由書內明示在案。本件聲請應予受理，合先說明。」

(8)**大法官解釋**

此即對大法官解釋的補充或變更解釋，人民當然可以聲請對「大法官解釋」再做出一號補充或變更解釋，但合乎程序規定者，微乎其微。理由將在後述「三、實例解說其他人民聲請釋憲程序應

---

21 釋字第679號池大法官啟明不同意見書：「依本院前於中華民國十八年一月四日訂定之『司法院統一解釋法令及變更判例規則』規定，在三十七年六月二十二日以前，本院作成之『院字』解釋（共4097號），係由最高法院民刑庭庭長對法律疑義擬具答案，經最高法院呈報本院核定後答覆聲請人，並頒行各法院參辦（註：參見本院八十七年九月出版「大法官釋憲史料」第22至25頁。），是往昔本院『院字』解釋，相當於今日最高法院民刑事庭會議之決議，其位階應屬行政命令而已，與現行大法官會議係依憲法第七十八條、第七十九條第二項解釋憲法或統一解釋法律、命令之效力不同。」可資參照。惟院字或院解字解釋係相當於「判例」或「決議」？即有無事實上的拘束力，當法官審判時僅屬參考資料還是在該院字或院解字解釋未變更前對法院見解有拘束力，或許尚須進一步探究，但其法律上的位階相當於命令，應屬無誤。行憲前司法解釋得為大法官解釋的對象，在大法官解釋中已占有相當的數量。
22 大法官釋憲史料，司法院印行，民國87年9月發行，頁46，註36。

注意事項」再詳加解說。在此,先點出困難處之一,即法院裁判必須就人民聲請補充或變更的那號大法官解釋有「適用」(至少也要經法院裁判上引用),方符合受理要件。

(五)必須對於確定終局裁判所適用之法律或命令有違憲之疑義

「有無具體指摘」的判斷有二個層次,一個是前述的「憲法上所保障的權利,如何地遭受不法侵害」須具體指摘,具體指摘到底哪一(數)項基本權,「如何地」受到侵害;另一個則是現在要討論的,須具體指摘「確定終局裁判所適用的法令如何牴觸憲法之疑義」,即所適用的「法令(聲請釋憲的對象)」,到底如何地牴觸憲法,這部分也須具體指摘。

先解說何謂「泛泛」指摘!

【實例 13】

董平在南部鄉間所有某段某地號土地,有感鄰人楊志之土地為袋地,即其與公路並無適宜之聯絡,因此出借部分土地讓楊志之土地得對外通行,豈料,楊志竟先圍起籬笆、再加蓋鐵門、又種一排檳榔樹,反而擋住董平土地的對外出路,氣憤之餘,向法院提起確認通行權之訴,主張楊志應移除地上物並對之請求損害賠償外,不再出借土地讓楊志通行。

一審判決董平主張移除地上物及損害賠償部份勝訴,但根據民法袋地通行權的規定,楊志仍有通行權。董平不服,上訴二審,仍遭敗訴終結。董平提起釋憲,主張法院鄉愿、判決登載不實以及裁判違反習慣法等理由。請問:董平釋憲主張有無理由?

〔解說〕

本案毫無指述任何一個法令違憲，遑論確定終局裁判有無適用，更無法判斷有無「具體指摘」，這是標準的泛泛指摘法院「認事用法」之當否問題，而且法院判決適用法律所表示之見解是否違憲，現行法制並無類似德國裁判訴願制度（即憲法法院可以宣告某個案的裁判違憲），因此爭執法院裁判本身的見解當否，並不得為聲請解釋憲法之客體或對象。

這類聲請釋憲之案情，很多，不可勝數，約莫占不受理案件的三成以上。這是標準地將大法官會議解釋當成第四審的聲請類型。

再解說一個「未具體指摘」的案例，這個案例當解說統一解釋時，還會再用一次。

【實例 14】

解寶平日無所事事，胸無大志，打零工為生，尤其是在日本大地震、接連海嘯以及核災之後，更覺得與其惶惶終日，不若今朝有酒今朝醉。某日，前往公孫勝經營的電動玩具店打電玩。這是一家以現金開分，電動玩具螢幕顯示分數供解寶押注，解寶若押中，可依倍數取得分數，若未押中，押注分數消滅。解寶不玩時，該電玩店必須依螢幕上顯示之分數兌換代幣，或記明該分數於積分卡交給解寶，店家牆壁上寫明：「該代幣或積分卡均不得兌換現金或獎品」，僅得於日後由解寶持之至該店投幣，或以積分卡兌換代幣繼續把玩電動玩具。該日，解寶與公孫勝遭警察查獲，移送檢察官偵辦，檢察官以刑法賭博罪起訴。

一審法院認為，解寶不構成賭博罪。

因為「賭博係以偶然之機率互爭勝負，以決定財物之得喪，所謂財

物，必以金錢或得易為金錢或其他具有經濟價值之物品而言，至於以供人暫時娛樂之物為賭者，**因無財物輸贏，僅屬一般人休閒消費之需，對社會秩序不生影響。**」[23] 公孫勝並未將解寶押中之分數兌換現金或獎品，顯無財物之輸贏，且解寶押中之分數，僅能繼續供打電動玩具之用，並無其他用途，顯然押中之分數仍應消費於電動玩具之上，故無論輸贏，僅在於能否繼續玩電動玩具，延長使用電動玩具之時間而已，殊與一般財產或其他經濟利益有異，從而無財物之輸贏，自不構成賭博罪。

但二審法院卻認為，解寶構成賭博罪。

因為「**賭博罪之財物非專以金錢為限，凡具有經濟價值之物均屬之。積分卡既可供解寶直接開分或兌換代幣把玩電動玩具，實與現金兌換代幣或開分無異，從而該積分卡或代幣顯然具有經濟價值。又積分卡或代幣之特性既可持之繼續把玩電動玩具，具有一再使用之性質，與刑法第二百六十六條第一項後段暫時供人娛樂之規定相悖，自未可單純以遊戲機台視之。況且，好賭之人多係受其中之射倖性所迷惑，並不以得以致富始可論以賭博，而此種提供積分卡之方式，更易使人耽於電子機台聲光色中，助長社會中投機、僥倖、貪婪、怠惰之歪風，難謂合於社會善良之風俗，自難排除其違法性。**」判決解寶有罪確定。

解寶完全不能理解這兩個上下級法院到底在說什麼！居然有同一件事，一個法院說無罪，另一個法院卻說有罪。

因此持確定終局裁判，欲聲請大法官解釋，主張刑法第 266 條第 1 項賭博罪根本違背人性尊嚴，凡人都有博奕本性，窮人只能玩這種沒有

---

[23] 臺灣高等法院暨所屬法院88年法律座談會刑事類提案第11號。

涉及賺錢的電動玩具卻遭刑罰伺候，有錢人卻堂而皇之，公然、聚眾、集體「賭」小則傾家蕩產，大則足以傾國的股票、連動債等，後者同樣是「好賭之人多係受其中之射倖性所迷惑」、「助長社會中投機、僥倖、貪婪、怠惰之歪風，難謂合於社會善良之風俗」卻無事，也有政府參一腳的，這顯違反平等原則；而且禁止遊戲無賺錢的電動玩具，也同時限制了憲法第 22 條所保障的行為自由，總而言之，刑法第 266 條第 1 項賭博罪規定，顯然違憲！請問：解實有無具體指摘？

〔解說〕

　　到底如何論述或論證方符合「具體指摘」，這真的是主觀的判斷。但客觀上亦有為數不少顯然非「具體指摘」的聲請書，例如案例13所示，空泛打出幾個憲法上的名詞，未為論證何以賭博罪規定違反平等原則、行為自由與人性尊嚴，這樣很容易被當成無具體指摘。

　　但實務上也非如此一概而論，大法官解釋程序法定上並無要求聲請人一定得是「釋憲高手」或「憲法學教授」不可，既使是以法律為專長的能士，尚非必然通得過大法官會議解釋程序上「具體指摘」這一關。有時候還要看案情，即所指摘的法令，有無「釋憲價值」。假設，聲請人確定終局裁判所適用的法令是刑法第185-4條肇事逃逸罪，其合憲性討論學界與實務一直甚囂塵上，相對地，程序上就有可能會對此「具體指摘」的要求降低一些。

　　釋憲實務上，以「未具體指摘」或「尚非具體指摘」為不受理理由者，也是很多。多數是「客觀上」未具體指摘，但也有部分是礙於法令限制之故，本屬無「釋憲價值」者，而不得不以「尚非具體指摘」為由不受理。

〔不受理決議參考〕

94.10.21 大法官第1272次會議不受理決議案

「本件聲請人因妨害投票案件，認最高法院九十四年度台上字第一七三○號刑事判決，適用刑法第一百四十六條第一項規定，有牴觸憲法第十條、第十一條、第十七條之疑義，聲請解釋。**惟查其聲請意旨，係謂以遷移戶籍方式取得某一選區投票權，但未實際居住該地區之行為，應不成立刑法第一百四十六條第一項之妨害投票罪云云，並未具體指摘確定終局裁判所適用之法律本身究有何牴觸憲法第十條、第十一條、第十七條所保障之權利**，核與司法院大法官審理案件法第五條第一項第二款規定不合，依同條第三項規定，應不受理。」

「本件聲請人因違反道路交通管理處罰條例案件，認臺灣高等法院九十一年度交抗字第一○五三號裁定有違憲疑義，聲請解釋。查聲請人前曾多次聲請解釋，迭經本院大法官以其不合聲請要件議決不予受理（第一二一七次、第一二二九次、第一二三六次、第一二四四次、第一二五三次、第一二五九次會議）並予函知在案，茲復以同一事由再行聲請，**仍僅爭執法院關於超速認定所使用之證據方法是否不當，而未具體指摘該等確定終局裁判所適用之法律或命令客觀上究有何牴觸憲法之處**，核與首開規定未合，依同條第三項規定，應不予受理。」

「本件聲請人因公共危險等案件，認國防部中部地方軍事法院九十三年台判字第二二一號判決、國防部高等軍事法院高雄分院九十三年高判字第一四○號判決及臺灣高等法院臺中分院九十三年度軍上字第二一號判決，有違反憲法『一罪不二罰原則』及『比例原則』之疑義，聲請解釋。**查其所陳，僅係以一己之見解，泛稱**

『本件軍事審判機關對聲請人所為之刑事判決，違反憲法上一罪不二罰原則』，對於確定終局裁判所適用之法令，有如何牴觸憲法之處，並未具體指摘……」

二、實例解說大審法第7條第1項第2款

條文規定：「人民、法人或政黨於其權利遭受不法侵害，認確定終局裁判適用法律或命令所表示之見解，與其他審判機關之確定終局裁判，適用同一法律或命令時所已表示之見解有異者。但得依法定程序聲明不服，或後裁判已變更前裁判之見解者，不在此限。」

這是人民聲請統一解釋的程序法依據。除了其中有一個要件乍看之下，會不知道是什麼意思（實務上非常多聲請統一解釋被不受理的主要理由，就是因為這個要件）外，基本上，統一解釋其他要件多與大審法第5條第1項第2款規定解釋憲法的要件相同。分三個重點解說，人民聲請統一解釋的程序要件。

（一）何謂「與其他審判機關」？

請注意：人民聲請統一解釋，必須要確定終局裁判的審判機關，「與其他審判機關」的確定終局裁判，兩者發生適用同一法令所表示的見解有異，才能聲請！重點在：何謂「其他」審判機關。

舉上述〔實例14〕解寶案為例，「解寶**完全不能理解這兩個上下級法院到底在說什麼！居然有同一件事，一個說無罪，另一個卻說有罪。**」同一個賭博案件，下級審法院判斷認為無罪，上級審法院卻判斷認為有罪，請問：解寶可否就此案聲請「統一解釋」，請求大法官統一解釋，到底他有沒有犯賭博罪？上下級審法院是不是所謂不同的審判機關？

結論是否定的。

這一個重點也是人民聲請統一解釋最須注意的程序要件。道理就在

於：若是同一個審判機關對同一個法令見解不同，本來就有審級救濟管道，我們稱此為同一個審判機關系統，如地方法院─高等法院─最高法院，這是同一個審判機關系，其上下級法院對同一個法令見解不同，事所多有，但就當事人的那一個具體個案而言，當然是以上級法院為準（雖然不一定永遠是對的，日後也有可能在其他案件會改變見解，支持下級法院的見解）。

與「地方法院─高等法院─最高法院」其他的審判機關，就如「高等行政法院─最高行政法院」，這兩個不同審判系統間適用同一個法令所表示的見解相異，區分公法事件與私法事件不同審判系統，這是我國司法採二元制的當然結果。

因此進一步地說，人民聲請統一解釋的情況，例如：爭執系爭案件到底是公法爭議還是私法爭議，或者換句話說，普通法院認為系爭案件是公法事件，因此以無審判權為由，予以駁回，行政法院則認為系爭案件是私法事件，也以無審判權為由駁回，各獲得確定終局裁判後，此方符合人民聲請統一解釋之要件。請參考下述的不受理決議以及相關大法官解釋。

〔不受理決議參考〕

100年3月4日大法官第1370次會議議決不受理案件

「本件聲請人因偽造有價證券案件，認臺灣高等法院臺中分院九十七年度上訴字第二三七四號刑事判決適用票據法第一百二十條第一項規定所表示之見解，與最高法院九十九年度台上字第二四一二號判決之見解歧異，聲請統一解釋。查聲請人所陳，僅係爭執法院認事用法之當否，**並非就不同審判系統法院（如最高法院與最高行政法院）之確定終局裁判**，適用同一法律或命令時所表示之見解有異之情形，聲請統一解釋，核與司法院大法官審理案件法第七條第一項第二款之規定不合，依同條第三項規定，應不受理。」

98年10月16日大法官第1345次會議議決不受理案件

「本件聲請人因退休金事件，認最高行政法院九十八年度判字第二一二號判決，適用公務人員退休法第十六條之一第一項及同法施行細則第十三條第二項規定駁回再審之訴，與同法院九十年度判字第一三七二號判決適用同一法律所表示之見解有異，聲請統一解釋。查聲請人所指摘之法令違憲疑義，業經本院作成釋字第六五八號解釋予以闡明，且**聲請人指稱見解歧異之上開判決，並非不同審判系統法院（例如最高法院與最高行政法院）之裁判**。是本件聲請，核與司法院大法官審理案件法第七條第一項第二款規定不合，依同條第三項規定，應不受理。」

98年9月18日大法官第1344次會議議決不受理案件

「本件聲請人因妨害公務等案件，認最高法院十七年上字第七三五號判例與臺灣高等法院九十八年度上易字第二三五號刑事判決之見解有異，聲請統一解釋。查**聲請人聲請意旨，並非就不同審判系統法院（如最高法院與最高行政法院）之確定終局裁判**，適用同一法律或命令時所表示之見解有異之情形，聲請統一解釋，核與首開規定不合，依同條第三項規定，應不受理。」

〔大法官解釋參考〕

釋字第305號（民國81年10月02日）

「人民就同一事件向行政法院及民事法院提起訴訟，均被以無審判之權限為由而予駁回，致其憲法上所保障之訴訟權受侵害，而對其中一法院之確定終局裁判所適用之判例，發生有牴觸憲法之疑義，請求本院解釋，本院依法受理後，並得對與該判例有牽連關係之歧異見解，**為統一解釋。本件行政法院判決所適用之判例與民事法院確定終局裁判，對於審判權限之見解歧異，應依上開說明解釋之。**」

釋字第466號（民國87年09月25日）

「憲法第十六條規定人民有訴訟之權，旨在確保人民得依法定程序提起訴訟及受公平之審判。至於訴訟救濟究應循普通訴訟程序抑或依行政訴訟程序為之，則由立法機關依職權衡酌訴訟案件之性質及既有訴訟制度之功能等而為設計。**我國關於民事訴訟與行政訴訟之審判，依現行法律之規定，分由不同性質之法院審理，係採二元訴訟制度。除法律別有規定外，關於因私法關係所生之爭執，由普通法院審判；因公法關係所生之爭議，則由行政法院審判之。**……按公務人員保險為社會保險之一種，具公法性質，關於公務人員保險給付之爭議，自應循行政爭訟程序解決。惟現行法制下，行政訴訟除附帶損害賠償之訴外，並無其他給付類型訴訟，致公務人員保險給付爭議縱經行政救濟確定，該當事人亦非必然即可獲得保險給付。有關機關應儘速完成行政訴訟制度之全盤修正，**於相關法制尚未完備以前，為提供人民確實有效之司法救濟途徑，有關給付之部分，經行政救濟程序之結果不能獲得實現時，應許向普通法院提起訴訟謀求救濟**，以符首開憲法規定之意旨。」

（二）統一解釋很難成案

人民可聲請統一解釋的法源依據是源於民國82年2月修正公布的「司法院大法官審理案件法」第7條第1項第2款規定，而從有此規定以來，至今人民聲請統一解釋成案者，只有五件[24]（釋字第494號、第533號、第540號、第595號以及最近的釋字第668號）。即可見事實上本是非常難成案。

這五件解釋中，有兩件是屬於前述的審判權消極衝突的情況，有三件

---

[24] 蘇永欽，誰統一誰和誰的什麼？－從第668號解釋看大法官統一解釋制度的日薄崦嵫，法令月刊第61卷第2期，民國99年2月，頁11。

則涉及實體上見解歧異問題，但這三件中，第一件釋字第494號解釋卻是在統一最高法院間的見解歧異問題，若該聲請案置於現今聲請釋憲時空，根據前述的不受理決議參考，大概會被不受理。

為什麼人民聲請統一解釋會這麼困難？簡單地說，要有不同審判系統間的確定終局裁判（難題一），適用同一法令（難題二），而且要對同一法令發生不同的見解（難題三）方符合受理要件。毋寧是要聲請人連過三關。

最近這一號人民聲請統一解釋之釋字第668號，程序上也備受批評[25]。另外解說一個想像上應發生但未發生的爭議，就在上述的（難題一）之中。

再看一次法律規定：「**人民、法人或政黨於其權利遭受不法侵害，認確定終局裁判適用法律或命令所表示之見解，與其他審判機關之確定終局裁判，適用同一法律或命令時所已表示之見解有異者。……**」請問，是否需要同一聲請人皆聲請不同審判系統法院裁判，並都獲得一個確定終局裁判，方得聲請統一解釋？

從法條文義解釋上，有可能採肯定見解，因為同一個聲請人就不同審判系統分別獲得兩個「確定終局裁判」，其適用同一法令時所表示的見解，才有可能真正發生歧異。但實務上多數採否定說，若採肯定見解，則將使聲請人聲請統一解釋更加難如登天。

（三）意外造成一個特殊的程序問題

本書第五章對統一解釋的討論中，曾說過：「人民聲請統一解釋必須在『裁判確定後三個月內』來聲請，否則逾越法定期間，必遭決議不受理。」這是因為大審法第7條第3項的規定。稱此為「聲請統一解釋的期間

---

[25] 蘇永欽，同前註24。

限制」，而這個期間限制，卻意外造成一個統一解釋的特殊性問題。

話說從頭。因為我國聲請解釋憲法，程序上並無類似訴訟法理之「一事不再理原則」的規定，因此釋憲實務上常有聲請人一而再、再而三的聲請，成為釋憲聲請常客（多半也會一而再地被駁回），被駁回的原因倒非因為一而再的聲請，而是聲請程序一再地犯下同樣的錯誤。

但若是聲請統一解釋，根據大審法第7條第3項的規定，聲請統一解釋必須要在裁判確定後三個月內為之，因此統一解釋的聲請程序，將因為不變期間的限制而變相地導致僅能聲請數次[26]，而非如同解釋憲法般地可無限次數聲請。

【實例 15】

吳用於 100 年 1 月 1 日得到一確定終局裁判，認為此確定終局裁判就系爭法令所表示的見解，與其他審判機關間的確定終局裁判，就該系爭法令所表示的見解相異，因此聲請大法官統一解釋。

依據大審法第 7 條第 3 項的規定，必須要在 100 年 4 月 1 日前遞狀聲請，吳用親自撰寫第一次的統一解釋聲請書，粗估花了一個月的時間，於 100 年 2 月 1 日遞狀；一個月後，100 年 3 月 1 日收到大法官第一次的不受理決議書。

吳用又花了二週的時間撰寫第二次的統一解釋書，於 100 年 3 月 15 日遞狀，等到吳用收到第二次的不受理決議書時，多半已經超過大審法第 7 條第 3 項的三個月期間限制，吳用依規定就算再提起聲請統一解釋，也必遭不受理決議。

---

[26] 誠然，這是指符合受理要件的統一解釋聲請，若是不符合要件的聲請，當然也可以無數次的聲請統一解釋，結果率皆受不受理決議。

　　想像上，可能出現一個爭議：若第一次聲請在三個月的期間限制內，但被以「非指摘同一法令或者不符合其他的程序要件為由」，不受理之，但事隔數月後甚至數年後又來聲請統一解釋，這次完全符合受理要件，惟獨不符合三個月的期間限制，大法官可否受理？這個問題似未曾發生過，但是個有趣的假設性問題。

三、其他人民聲請釋憲程序應注意事項

（一）人民聲請補充或變更解釋

　　大法官解釋有一種特殊的類型：補充或變更解釋。成立這一種特殊的解釋類型有兩種情況，一種是當大法官審查解釋案時，附帶地發現另有補充或變更之前的某一號解釋的必要，自為補充或變更解釋，這一種情況並不一定有聲請人聲請補充或變更解釋。過去歷號解釋中，這類情形比較多。另一種情況則是人民直接聲請補充或變更解釋。

　　人民可以聲請補充解釋，但其依據並非法律，而是實務運作的結果，例如100年3月4日大法官第1370次會議議決不受理案件：「人民對於本院就其聲請解釋案件所為之解釋，聲請補充解釋，經核確有正當理由應予受理者，得依首開規定，予以解釋；當事人對於確定終局裁判所適用之本院解釋，發生疑義，聲請解釋時，仍依司法院大法官審理案件法有關規定視個案情形審查決定之，本院大法官會議第607次、第948次會議決議可資參照。」這段前言，幾乎是人民聲請補充或變更解釋實務上多會引用的大前提內容。

　　這其中有幾個關鍵點須注意，也常常是當事人聲請補充或變更解釋時所忽略的地方。首先，必須要確定終局裁判有適用所欲聲請補充或變更之解釋。依據是上述大法官會議第607次、第948次會議決議：「當事人對於確定終局裁判所適用之本院解釋，發生疑義，聲請解釋……」。比如說，

聲請人主張釋字第400號有補充或變更的必要,前提是,聲請人所持之確定終局裁判有適用到釋字第400號,方得據以聲請。

第二點,上述大法官會議第607次、第948次會議決議所言:須「經核確有正當理由應予受理……」。因此,最終的核定權限仍在大法官會議上,當事人可以努力的部分,就在「具體指摘」上,努力地、詳盡指出有何補充或變更解釋之必要。否將收到「經查本院作成釋字第○○○號解釋,解釋意旨及內容闡述甚詳,並無文字晦澀或論證遺漏之情形,其聲請補充解釋難謂有正當理由,尚無再為解釋之必要。」的不受理決議文。

第三點則是有爭議的問題,實務上有採肯定見解亦有採否定見解者。試問:聲請補充或變更解釋須否原聲請人?例如:聲請人聲請補充或變更釋字第177號、第185號等關於釋憲效力之解釋,須否限於釋字第177號、第185號等解釋之聲請人方得再為聲請?有認為只有原聲請人方有聲請補充或變更解釋之可能,大法官會議第607次、第948次會議決議已明言「人民對於本院就『其』聲請解釋案件所為之解釋,聲請補充解釋……」,當然僅限於原聲請人方得聲請補充或變更解釋。

另一種見解則認為,只要確定終局裁判有適用者,即可聲請之,否則毋寧是限縮人民聲請補充或變更解釋之空間,且核可權本在大法官會議上,無須再為限制。至今仍有爭論,亦有採此見解而不受理者。

〔不受理決議參考-未適用〕

100年3月4日大法官第1370次會議議決不受理案件:「就關於聲請補充解釋部分,查確定終局判決並未適用該號解釋,聲請人自不得據以聲請補充解釋。」

〔不受理決議參考-未具體指摘〕

100年3月4日大法官第1370次會議議決不受理案件:「又關於聲請補充解釋部分,聲請人並未具體指明本院釋字第五三七號解釋有何文字晦澀

或論證不周而有補充之必要，其補充解釋之聲請難謂有正當理由。」

99年12月24日大法官第1367次會議議決不受理案件：「惟查聲請人所指摘之系爭規定，前經本院作成釋字第六六七號解釋，解釋意旨及內容闡述甚詳，並無文字晦澀或論證遺漏之情形，其聲請補充解釋難謂有正當理由，尚無再為解釋之必要。」

99年12月24日大法官第1367次會議議決不受理案件：「關於聲請變更或補充解釋本院釋字第三七一號、第三七八號、第五七二號、第五九○號解釋部分，聲請人並未具體指明上述解釋究經何一確定終局裁判及決議所適用，其聲請意旨亦未具體敘明如何有變更或補充解釋必要之理由。」

99年11月19日大法官第1366次會議議決不受理案件：「關於聲請變更或補充解釋本院釋字第三七一號、第三七八號、第五七二號、第五九○號解釋部分，聲請人等並未具體指明上述解釋究經何一確定終局裁判及決議所適用，其聲請意旨亦未具體敘明如何有變更或補充解釋必要之理由。」
〔不受理決議參考－非原聲請人〕

99年11月19日大法官第1366次會議議決不受理案件：「就聲請補充解釋部分，查聲請人既非本院釋字第五四四號、第五八二號解釋之原聲請人，且上開確定終局判決亦未適用上開解釋，聲請人自不得據以聲請補充解釋。」

99年10月8日大法官第1365次會議議決不受理案件：「至其聲請補充解釋部分，查聲請人並非本院釋字第二二八號解釋之原聲請人，況系爭確定終局判決亦未適用該號解釋，聲請人自不得據以聲請補充解釋。」

（二）對不受理決議聲明不服

亦有聲請人主張對大法官議決之不受理決議不服。多是因為再次聲請，對前次聲請遭不受理決議，表示不服，或者任意指述該決議違憲，或者指稱大法官之不受理決議「無救濟途徑」等等對本院大法官議決之不受

理決議聲請解釋。實則，本院大法官審理解釋案件所為程序上不受理決議，法律並無得聲明不服之規定，聲請人亦不得據以聲請解釋憲法。

〔不受理決議參考〕

100年3月4日大法官第1370次會議議決不受理案件：「……關於聲請人對本院大法官第一三三九次、第一三五三次、第一三六三次及第一三六六次會議所為不受理之決議聲明不服部分，因本院大法官審理解釋案件所為程序上不受理決議，並無聲明不服之規定，聲請人自不得據以聲請解釋憲法。」

99年11月19日大法官第1366次會議議決不受理案件：「……聲請人所指摘前次不受理決議牴觸司法院釋字第二號解釋部分，按該號解釋係就中央或地方機關聲請統一解釋所為之釋示，與聲請人係以人民身分聲請統一解釋之情形不同。另按司法院大法官審理案件法對本院大法官議決應不受理之案件，並無聲明不服之規定。」

99年3月26日大法官第1353次會議議決不受理案件：「……又聲請人指摘本院九十八年四月七日院台大二字第○九八○○○○八七九號、同年五月二十六日院台大二字第○九八○○○一七六四號函違憲部分，查本院大法官審理解釋案所為程序上不受理決議，並無聲明不服之規定，聲請人亦不得據以聲請解釋憲法。」

（三）補正問題

本書曾於第五章解說大審法第8條聲請釋憲書格式時表示過，聲請人須提出符合程式的聲請書，若聲請書未符合格式，大法官書記處將會函請補正，逾期仍未補正時，也會成為不受理的理由。

〔不受理決議參考〕

100年3月4日大法官第1370次會議議決不受理案件：「查聲請人聲請解釋憲法不合法定程式，經本院大法官命以大法官書記處中華民國九十九

年十二月十三日處大二字第〇九九〇〇三〇五八七號書函通知於文到十日內補正，該函已於同月十五日送達，有送達證書可稽；**迄今逾期已久，聲請人仍未為補正。**」

99年12月24日大法官第1367次會議議決不受理案件：「（一）按聲請人聲請解釋憲法或統一解釋法令，未於聲請書敘明司法院大法官審理案件法第八條第一項或第二項所列事項，經本院大法官命以大法官書記處通知定期補正，逾期仍未補正者，依本院大法官第一〇一六次會議議決，應不受理。（二）本件聲請人因偽造文書等罪聲明異議案件，認最高法院九十九年度台抗字第四〇九號刑事裁定，就經法院判決確定之案件，再由檢察官裁量得否易科罰金，侵害憲法保障人民法律地位平等及人身自由之意旨，聲請解釋。**惟其聲請解釋憲法不合程式，經本院大法官命以本院大法官書記處中華民國九十九年九月二十三日處大二字第〇九九〇〇二二七八七號書函通知於文到十日內補正合於程式之聲請書，並檢附據以聲請解釋之最終確定裁判影本，該函已於同年十月四日送達，有送達證書可稽。迄今逾期已久，未為補正，依首開說明，應不受理。**」

99年10月8日大法官第1365次會議議決不受理案件：「（一）聲請人聲請解釋憲法，未於聲請書敘明司法院大法官審理案件法第八條第一項所列事項，經本院大法官命以大法官書記處通知定期補正，逾期仍未補正者，依本院大法官第一〇一六次會議議決，應不受理。（二）本件聲請人因請求損害賠償聲請訴訟救助事件，認最高法院九十八年度台聲字第二二一號民事裁定，漠視人權及證據，有違法、違憲之疑義，聲請解釋。**查聲請人聲請解釋憲法不合程式，經本院大法官命以大法官書記處中華民國九十九年六月三十日處大二字第〇九九〇〇一五四四三號函通知於文到十日內補正，該函已於同年七月十六日送達，有送達證書可稽。迄今逾期已久，未為補正，依首開說明，應不受理。**」

第七章　法官如何聲請大法官解釋

　　本書第3章第3節論述「釋憲大門再推開」部分，已就釋字第371號、第572號及第590號解釋背景以及要點詳盡解說。本章則進一步討論現行釋憲程序，法官究竟應該如何聲請大法官解釋。

　　先透露本章的結論：法官欲符合大法官解釋所揭示的程序要件聲請釋憲，並非易事！釋憲大門雖然已開，但開的並不算太大。

第一節　整理至今（100年3月）所有法官聲請釋憲的解釋

　　還記得本書第四章第三節最後「幾個簡單的違憲統計結論」，曾分析出「法官聲請釋憲而被宣告違憲的比例，真的比較高！」違憲比例大約4成2，與歷年來所有違憲比例約莫2成7，高出甚多[1]。

　　但是，法官聲請釋憲案符合程序要件而作出解釋者，比例著實不高。

　　至民國100年3月底大法官解釋共公布686號，其中只有21件是法官聲請案，僅占所有解釋案的3.06%。如果從賦予法官「得」聲請大法官解釋的釋字第371號開始計算，則占6.64%，也就是說100件大法官所公布的解釋中只有不到7件是由法官聲請。理由或許是制度缺乏誘因，使得法官聲請大法官解釋的案件相對地少。但近年來釋憲實務收到法官聲請釋憲案的

---

[1] 歷年來至100年3月止法官聲請解釋的案件：釋字第471、475、476、517、551、545、554、558、559、572、588、590、595、630、636、637、641、646、664、666、669號，共21件。其中宣告違憲者（包括部分違憲）有：釋字第471、551、558、588（部分）、636（部分）、641、664（部分）、666、669號等9件，違憲比例約為42.85%。參照本書第4章第3節。

機會，其實也不算太低！

本節首先整理歷來法官聲請釋憲一覽表，下一節再分析解說法官聲請釋憲程序。從歷年來法官聲請釋憲案可以初步得知：幾乎每一件都是重大解釋案件，我們可以說，法官聲請案對我國整體釋憲品質的提升非常有貢獻！

〔至100年3月歷年法官聲請釋憲一覽表〕

作者自製

屆別	號次	公布日期	宣告違憲的法令	解釋結論	合憲	違憲	其他
六	釋471	87.12.18	槍砲彈藥刀械管制條例第19條第1項	自本解釋公布之日起不予適用		違憲	
解釋文精要：…………保安處分係對受處分人將來之危險性所為拘束其身體、自由等之處置，以達教化與治療之目的，為刑罰之補充制度。本諸法治國家保障人權之原理及刑法之保護作用，其法律規定之內容，應受比例原則之規範，使保安處分之宣告，與行為人所為行為之嚴重性、行為人所表現之危險性，及對於行為人未來行為之期待性相當。槍砲彈藥刀械管制條例第十九條第一項規定：「犯第七條、第八條、第十條、第十一條、第十二條第一項至第三項、第十三條第一項至第三項之罪，經判處有期徒刑者，應於刑之執行完畢或赦免後，令入勞動場所，強制工作，其期間為三年。」此項規定不問對行為人有無預防矯治其社會危險性之必要，一律宣付強制工作三年，限制其中不具社會危險性之受處分人之身體、自由部分，其所採措施與所欲達成預防矯治之目的及所需程度，不合憲法第二十三條所定之比例原則。犯上開條例第十九條所定之罪，不問對行為人有無預防矯治其社會危險性之必要，一律宣付強制工作三年之部分，與本解釋意旨不符，應自本解釋公布之日起不予適用。…………							
六	釋475	88.1.29	臺灣地區與大陸地區人民關係條例第63條	與憲法第23條限制人民自由權利應遵守之要件亦無牴觸	合憲		
解釋文精要：……中華民國三十八年以前在大陸地區發行之國庫債券，係基於當時國家籌措財源之需要，且以包括當時大陸地區之稅收及國家資產為清償之擔保，其金額至鉅。嗣因國家發生重大變故，政府遷台，此一債券擔保之基礎今已變更，目前由政府立即清償，勢必造成臺灣地區人民稅負之沈重負擔，顯違公平原則。立法機關乃依憲法增修條文第十一條之授權制定「臺灣地區與大陸地區人民關係條例」，於第六十三條第三項規定：一、民國三十八年以前在大陸發行尚未清償之外幣債券及民國三十八年黃金短期公債；二、國家行局及收受存款之金融機構在陸撤退前所有各項債務，於國家統一前不予處理，其延緩債權人對國家債權之行使，符合上開憲法增修條文之意旨，與憲法第二十三條限制人民自由權利應遵守之要件亦無牴觸。							

屆別	號次	公布日期	宣告違憲的法令	解釋結論	合憲	違憲	其他
六	釋476	88.1.29	毒品危害防制條例第4、5條	無違憲法第23條之規定，與憲法第15條亦無牴觸	合憲		

解釋文精要：……八十一年七月二十七日修正公布之「肅清煙毒條例」、八十七年五月二十日修正公布之「毒品危害防制條例」，其立法目的，乃特別為肅清煙毒、防制毒品危害，藉以維護國民身心健康，進而維持社會秩序，俾免國家安全之陷於危殆。因是拔其貽害之本，首予杜絕流入之途，即著重煙毒來源之截堵，以求禍害之根絕；而製造、運輸、販賣行為乃煙毒禍害之源，其源不斷，則流毒所及，非僅多數人之生命、身體受其侵害，并社會、國家之法益亦不能免，為害之鉅，當非個人一己之生命、身體法益所可比擬。對於此等行為之以特別立法嚴厲規範，當已符合比例原則；抑且製造、運輸、販賣煙毒之行為，除有上述高度不法之內涵外，更具有暴利之特質，利之所在，不免群趨僥倖，若僅藉由長期自由刑措置，而欲達成肅清、防制之目的，非但成效難期，要亦有悖於公平與正義。肅清煙毒條例第五條第一項：「販賣、運輸、製造毒品、鴉片或麻煙者，處死刑或無期徒刑。」、毒品危害防制條例第四條第一項：「製造、運輸、販賣第一級毒品者，處死刑或無期徒刑；處無期徒刑者，得併科新臺幣一千萬元以下罰金。」其中關於死刑、無期徒刑之法定刑規定，係本於特別法嚴禁毒害之目的而為之處罰，乃維護國家安全、社會秩序及增進公共利益所必要，無違憲法第二十三條之規定，與憲法第十五條亦無牴觸。

屆別	號次	公布日期	宣告違憲的法令	解釋結論	合憲	違憲	其他
六	釋517	89.11.10	妨害兵役治罪條例第11、6、7條	與憲法第23條之規定亦無牴觸	合憲		

解釋文精要：……惟兵役制度及其相關之兵員召集、徵集如何實施，憲法並無明文規定，有關人民服兵役、應召集之事項及其違背義務之制裁手段，應由立法機關衡酌國家安全、社會發展之需要，以法律定之。妨害兵役治罪條例第十一條第一項第三款規定後備軍人居住處所遷移，無故不依規定申報者，即處以刑事罰，係為確保國防兵員召集之有效實現、維護後備軍人召集制度所必要。其僅課予後備軍人申報義務，並未限制其居住遷徙之自由，與憲法第十條之規定尚無違背。同條例第十一條第三項規定後備軍人犯第一項之罪，致使召集令無法送達者，按召集種類於國防安全之重要程度分別依同條例第六條、第七條規定之刑度處罰，乃係因後備軍人違反申報義務已產生妨害召集之結果，嚴重影響國家安全，其以意圖避免召集論罪，仍屬立法機關自由形成之權限，與憲法第二十三條之規定亦無牴觸。……

屆別	號次	公布日期	宣告違憲的法令	解釋結論	合憲	違憲	其他
六	釋545	91.5.17	醫師法第25條	與憲法第23條規定之意旨無違。	合憲		

解釋文精要：中華民國七十五年十二月二十六日公布之醫師法第二十五條規定：「醫師於業務上如有違法或不正當行為，得處一個月以上一年以下停業處分或撤銷其執業執照。」所謂「業務上之違法行為」係指醫師於醫療業務，依專業知識，客觀上得理解不為法令許可之行為，此既限於執行醫療業務相關之行為而違背法令之規定，並非泛指醫師之一切違法行為，其範圍應屬可得確定；所謂「業務上之不正當行為」則指醫療業務行為雖未達違法之程度，但有悖於醫學學理及醫學倫理上之要求而不具正當性應予避免

屆別	號次	公布日期	宣告違憲的法令	解釋結論	合憲	違憲	其他
			之行為。法律就前揭違法或不正當行為無從鉅細靡遺悉加規定，因以不確定法律概念予以規範，惟其涵義於個案中並非不能經由適當組成之機構依其專業知識及社會通念加以認定及判斷，並可由司法審查予以確認，則與法律明確性原則尚無不合，於憲法保障人民權利之意旨亦無牴觸。首揭規定就醫師違背職業上應遵守之行為規範，授權主管機關得於前開法定行政罰範圍內，斟酌醫師醫療業務上違法或不正當行為之於醫療安全、國民健康及全民健康保險對象暨財務制度之危害程度，而為如何懲處之決定，係為維護醫師之職業倫理，維持社會秩序，增進公共利益所必要，與憲法第二十三條規定之意旨無違。			
				〔最高行政法院聲請〕			
六	釋551	91.11.22	毒品危害防制條例第16條	有關機關應自本解釋公布之日起兩年內通盤檢討修正，以兼顧國家刑罰權之圓滿正確運作，並維護被誣告者之個人法益；逾期未為修正者，前開條例第16條誣告反坐之規定失其效力。		違憲	
			解釋文精要：……中華民國八十七年五月二十日修正公布之毒品危害防制條例，其立法目的係為肅清煙毒、防制毒品危害，維護國民身心健康，藉以維持社會秩序及公共利益，乃以特別法加以規範。有關栽贓誣陷或捏造證據誣告他人犯該條例之罪者，固亦得於刑法普通誣告罪之外，斟酌立法目的而為特別處罰之規定。然同條例第十六條規定：「栽贓誣陷或捏造證據誣告他人犯本條例之罪者，處以其所誣告之罪之刑」，未顧及行為人負擔刑事責任應以其行為本身之惡害程度予以非難評價之刑法原則，強調同害之原始報應刑思想，以所誣告罪名反坐，所採措置與欲達成目的及所需程度有失均衡；其責任與刑罰不相對應，罪刑未臻相當，與憲法第二十三條所定比例原則未盡相符。有關機關應自本解釋公布之日起兩年內通盤檢討修正，以兼顧國家刑罰權之圓滿正確運作，並維護被誣告者之個人法益；逾期未為修正者，前開條例第十六條誣告反坐之規定失其效力。				
六	釋554	91.11.27	中華民國刑法第239、245條	與憲法第23條比例原則之規定尚無違背。	合憲		
			解釋文精要：……婚姻制度植基於人格自由，具有維護人倫秩序、男女平等、養育子女等社會性功能，國家為確保婚姻制度之存續與圓滿，自得制定相關規範，約束夫妻雙方互負忠誠義務。性行為自由與個人之人格有不可分離之關係，固得自主決定是否及與何人發生性行為，惟依憲法第二十二條規定，於不妨害社會秩序公共利益之前提下，始受保障。是性行為之自由，自應受婚姻與家庭制度之制約。婚姻關係存續中，配偶之一方與第三人間之性行為應為如何之限制，以及違反此項限制，應否以罪刑相加，各國國情不同，應由立法機關衡酌定之。刑法第二百三十九條對於通姦者、相姦者處一年以下有期徒刑之規定，固對人民之性行為自由有所限制，惟此為維護婚姻、家庭制度及社會生				

屆別	號次	公布日期	宣告違憲的法令	解釋結論	合憲	違憲	其他
				活秩序所必要。為免此項限制過嚴，同法第二百四十五條第一項規定通姦罪為告訴乃論，以及同條第二項經配偶縱容或宥恕者，不得告訴，對於通姦罪附加訴追條件，此乃立法者就婚姻、家庭制度之維護與性行為自由間所為價值判斷，並未逾越立法形成自由之空間，與憲法第二十三條比例原則之規定尚無違背。			
不分屆次	釋558	92.4.18	國家安全法第3條、第6條	違反憲法第23條規定之比例原則，侵害國民得隨時返回本國之自由。國家安全法上揭規定，與首開解釋意旨不符部分，應自立法機關基於裁量權限，專就入出境所制定之法律相關規定施行時起，不予適用。		違憲	

解釋文精要：……人民為構成國家要素之一，從而國家不得將國民排斥於國家疆域之外。於臺灣地區設有住所而有戶籍之國民得隨時返回本國，無待許可，惟為維護國家安全及社會秩序，人民入出境之權利，並非不得限制，但須符合憲法第二十三條之比例原則，並以法律定之。動員戡亂時期國家安全法制定於解除戒嚴之際，其第三條第二項第二款係為因應當時國家情勢所為之規定，適用於動員戡亂時期，雖與憲法尚無牴觸（參照本院釋字第二六五號解釋），惟中華民國八十一年修正後之國家安全法第三條第一項仍泛指人民入出境均應經主管機關之許可，未區分國民是否於臺灣地區設有住所而有戶籍，一律非經許可不得入境，並對未經許可入境者，予以刑罰制裁（參照該法第六條），違反憲法第二十三條規定之比例原則，侵害國民得隨時返回本國之自由。國家安全法上揭規定，與首開解釋意旨不符部分，應自立法機關基於裁量權限，專就入出境所制定之法律相關規定施行時起，不予適用。

〔高等法院聲請〕

屆別	號次	公布日期	宣告違憲的法令	解釋結論	合憲	違憲	其他
不分屆次	釋559	92.5.2	家庭暴力防治法第13、15、20、52條、警察機關執行保護令及處理家庭暴力案件辦法第19條	雖不生牴觸憲法問題，然對警察機關執行上開保護令得適用之程序及方法均未加規定，且未對辦法內容為具體明確之授權，保護令既有涉及人身之處置或財產之強制執行者（參照家庭暴力防治法第13條及第15條），揆諸前開解釋意旨，應分別情形以法律或法律具體明確授權之命令定之，有關機關應從速修訂相關法律，以符憲法保障人民權利之本旨。	合憲		

屆別	號次	公布日期	宣告違憲的法令	解釋結論	合憲	違憲	其他
解釋文精要：……家庭暴力防治法第二十條第一項規定保護令之執行機關及金錢給付保護令之強制執行程序，對警察機關執行非金錢給付保護令之程序及方法則未加規定，僅以同法第五十二條為概括授權：「警察機關執行保護令及處理家庭暴力案件辦法，由中央主管機關定之。」雖不生牴觸憲法問題，然對警察機關執行上開保護令得適用之程序及方法均未加規定，且未對辦法內容為具體明確之授權，保護令既有涉及人身之處置或財產之強制執行者（參照家庭暴力防治法第十三條及第十五條），揆諸前開解釋意旨，應分別情形以法律或法律具體明確授權之命令定之，有關機關應從速修訂相關法律，以符憲法保障人民權利之本旨。……							
不分屆次	釋572	93.2.6	中華民國刑法第271、33條	本院釋字第371號解釋，應予補充。			補充解釋
解釋文精要（略；參照本書第3章第3節）							
不分屆次	釋588	94.1.28	行政執行法第17、19、21條	上開行政執行法有違憲法意旨之各該規定，均應自本解釋公布之日起至遲於屆滿六個月時失其效力。	部分合憲	部分違憲	
解釋文精要：……行政執行法第十七條第二項依同條第一項規定得聲請法院裁定管收之事由中，除第一項第一、二、三款規定：「顯有履行義務之可能，故不履行者」、「顯有逃匿之虞」、「就應供強制執行之財產有隱匿或處分之情事者」，難謂其已逾必要之程度外，其餘同項第四、五、六款事由：「於調查執行標的物時，對於執行人員拒絕陳述者」、「經命其報告財產狀況，不為報告或為虛偽之報告者」、「經合法通知，無正當理由而不到場者」，顯已逾越必要程度，與憲法第二十三條規定之意旨不能謂無違背。行政執行法第十七條第二項依同條第一項得聲請拘提之各款事由中，除第一項第二款、第六款：「顯有逃匿之虞」、「經合法通知，無正當理由而不到場」之情形，可認其確係符合比例原則之必要條件外，其餘同項第一款、第三款、第四款、第五款：「顯有履行義務之可能，故不履行者」、「就應供強制執行之財產有隱匿或處分之情事者」、「於調查執行標的物時，對於執行人員拒絕陳述者」、「經命其報告財產狀況，不為報告或為虛偽之報告者」規定，顯已逾越必要程度，與前揭憲法第二十三條規定意旨亦有未符。……管收係於一定期間內拘束人民身體自由於一定之處所，亦屬憲法第八條第一項所規定之「拘禁」，其於決定管收之前，自應踐行必要之程序、即由中立、公正第三者之法院審問，並使法定義務人到場為程序之參與，除藉之以明管收之是否合乎法定要件暨有無管收之必要外，並使法定義務人得有防禦之機會，提出有利之相關抗辯以供法院調查，期以實現憲法對人身自由之保障。行政執行法關於管收之裁定，依同法第十七條第三項，法院對於管收之聲請應於五日內為之，亦即可於管收聲請後，不予即時審問，其於人權之保障顯有未週，該「五日內」裁定之規定難謂周全，應由有關機關檢討修正。又行政執行法第十七條第二項：「義務人逾前項限期仍不履行，亦不提供擔							

屆別	號次	公布日期	宣告違憲的法令	解釋結論	合憲	違憲	其他
			保者，行政執行處得聲請該管法院裁定拘提管收之」、第十九條第一項：「法院為拘提管收之裁定後，應將拘票及管收票交由行政執行處派執行員執行拘提並將被管收人逕送管收所」之規定，其於行政執行處合併為拘提且管收之聲請，法院亦為拘提管收之裁定時，該被裁定拘提管收之義務人既尚未拘提到場，自不可能踐行**審問程序**，乃法院竟得為管收之裁定，尤有違於前述正當法律程序之要求。另依行政執行法第十七條第二項及同條第一項第六款：「經合法通知，無正當理由而不到場」之規定聲請管收者，該義務人既猶未到場，法院自亦不可能踐行審問程序，乃竟得為管收之裁定，亦有**悖於前述正當法律程序之憲法意旨**。憲法第八條第一項所稱「非經司法或警察機關依法定程序，不得逮捕、拘禁」之「警察機關」，並非僅指組織法上之形式「警察」之意，凡法律規定，以維持社會秩序或增進公共利益為目的，賦予其機關或人員得使用干預、取締之手段者均屬之，是以行政執行法第十九條第一項關於拘提、管收交由行政執行處派執行員執行之規定，核與憲法前開規定之意旨尚無違背。上開行政執行法有違憲法意旨之各該規定，均應自本解釋公布之日起至遲於屆滿六個月時失其效力。			
不分屆次	釋590	94.2.25	兒童及少年性交易防制條例第15、16、9條	本院釋字第371號及第572號解釋應予補充			補充解釋
解釋文精要（略；參照本書第3章第3節）							
不分屆次	釋595	94.5.6	勞動基準法第28條、墊償管理辦法第14條第1項	勞工保險局與雇主間因歸墊債權所生之私法爭執，自應由普通法院行使審判權。			統一解釋
解釋文精要：……據此以觀，勞工保險局以墊償基金所墊償者，原係雇主對於勞工私法上之工資給付債務；其以墊償基金墊償後取得之代位求償權（即民法所稱之承受債權，下同），乃基於法律規定之債權移轉，其私法債權之性質，並不因由國家機關行使而改變。勞工保險局與雇主間因歸墊債權所生之私法爭執，自應由普通法院行使審判權。〔彰化地院聲請統一解釋〕							
不分屆次	釋630	96.7.13	刑法第329條	尚未違背罪刑相當原則，與憲法第23條比例原則之意旨並無不符。	合憲		
解釋文精要：刑法第三百二十九條之規定旨在以刑罰之手段，保障人民之身體自由、人身安全及財產權，免受他人非法之侵害，以實現憲法第八條、第二十二條及第十五條規定之意旨。立法者就竊盜或搶奪而當場施以強暴、脅迫者，僅列舉防護贓物、脫免逮捕或湮滅罪證三種經常導致強暴、脅迫行為之具體事由，係選擇對身體自由與人身安全較為危險之情形，視為與強盜行為相同，而予以重罰。至於僅將上開情形之竊盜罪與搶奪罪擬制為強盜罪，乃因其他財產犯罪，其取財行為與強暴、脅迫行為間鮮有時空之緊密							

屆別	號次	公布日期	宣告違憲的法令	解釋結論	合憲	違憲	其他
				連接關係，故上開規定尚未逾越立法者合理之自由形成範圍，難謂係就相同事物為不合理之差別對待。經該規定擬制為強盜罪之強暴、脅迫構成要件行為，乃指達於使人難以抗拒之程度者而言，是與強盜罪同其法定刑，尚未違背罪刑相當原則，與憲法第二十三條比例原則之意旨並無不符。			

屆別	號次	公布日期	宣告違憲的法令	解釋結論	合憲	違憲	其他
不分屆次	釋636	97.2.1	檢肅流氓條例第10、11、13、14、15、2、21、22、23、6、7、9條	本條例第2條第3款關於欺壓善良，第5款關於品行惡劣、遊蕩無賴之規定，及第12條第1項關於過度限制被移送人對證人之對質、詰問權與閱卷權之規定，與憲法意旨不符部分，應至遲於本解釋公布之日起一年內失其效力。	部分合憲	部分違憲	

解釋文精要：檢肅流氓條例（以下簡稱本條例）……第二條第三款關於霸占地盤、白吃白喝與要挾滋事行為之規定，雖非受規範者難以理解，惟其適用範圍，仍有未盡明確之處，相關機關應斟酌社會生活型態之變遷等因素檢討修正之。第二條第三款關於欺壓善良之規定，以及第五款關於品行惡劣、遊蕩無賴之規定，與法律明確性原則不符。**本條例第二條關於流氓之認定，依據正當法律程序原則，於審查程序中，被提報人應享有到場陳述意見之權利；經認定為流氓，於主管之警察機關合法通知而自行到案者，如無意願隨案移送於法院，不得將其強制移送。本條例第十二條第一項規定，未依個案情形考量採取其他限制較輕微之手段，是否仍然不足以保護證人之安全或擔保證人出於自由意志陳述意見，即得限制被移送人對證人之對質、詰問權與閱卷權之規定，顯已對於被移送人訴訟上之防禦權，造成過度之限制，與憲法第二十三條比例原則之意旨不符，有違憲法第八條正當法律程序原則及憲法第十六條訴訟權之保障。……同條例第十三條第二項但書關於法院毋庸論知感訓期間之規定，有導致受感訓處分人身體自由遭受過度剝奪之虞，相關機關應予以檢討修正之。本條例第二條第三款關於欺壓善良，第五款關於品行惡劣、遊蕩無賴之規定，及第十二條第一項關於過度限制被移送人對證人之對質、詰問權與閱卷權之規定，與憲法意旨不符部分，應至遲於本解釋公布之日起一年內失其效力。**

屆別	號次	公布日期	宣告違憲的法令	解釋結論	合憲	違憲	其他
不分屆次	釋637	97.2.22	公務員服務法第14條之1	並未牴觸憲法第23條之規定，與憲法保障人民工作權之意旨尚無違背	合憲		

解釋文精要：公務員服務法第十四條之一規定：「公務員於其離職後三年內，不得擔任與其離職前五年內之職務直接相關之營利事業董事、監察人、經理、執行業務之股東或顧問。」旨在維護公務員公正廉明之重要公益，而對離職公務員選擇職業自由予以限制，其目的洵屬正當；其所採取之限制手段與目的達成間具實質關聯性，乃為保護重要公益所必要，並未牴觸憲法第二十三條之規定，與憲法保障人民工作權之意旨尚無違背。

屆別	號次	公布日期	宣告違憲的法令	解釋結論	合憲	違憲	其他
不分屆次	釋641	97.4.18	菸酒稅法第21條	有關機關應儘速予以修正，並至遲於本解釋公布之日起屆滿一年時停止適用。		違憲	

解釋文精要：菸酒稅法第二十一條規定：「本法施行前專賣之米酒，應依原專賣價格出售。超過原專賣價格出售者，應處每瓶新臺幣二千元之罰鍰。」其有關處罰方式之規定，使超過原專賣價格出售該法施行前專賣之米酒者，一律處每瓶新臺幣二千元之罰鍰，固已考量販售數量而異其處罰程度，惟採取劃一之處罰方式，於個案之處罰顯然過苛時，法律未設適當之調整機制，對人民受憲法第十五條保障之財產權所為限制，顯不符妥當性而與憲法第二十三條之比例原則尚有未符，有關機關應儘速予以修正，並至遲於本解釋公布之日起屆滿一年時停止適用。……

| 不分屆次 | 釋646 | 97.9.5 | 電子遊戲場業管理條例（以下簡稱本條例）第22條 | 符合憲法第23條比例原則之意旨，與憲法第8條、第15條規定尚無牴觸。 | 合憲 | | |

解釋文精要：電子遊戲場業管理條例（以下簡稱本條例）第二十二條規定：「違反第十五條規定者，處行為人一年以下有期徒刑、拘役或科或併科新臺幣五十萬元以上二百五十萬元以下罰金。」對未辦理營利事業登記而經營電子遊戲場業者，科處刑罰，旨在杜絕業者規避辦理營利事業登記所需之營業分級、營業機具、營業場所等項目之查驗，以事前防止諸如賭博等威脅社會安寧、公共安全與危害國民，特別是兒童及少年身心健全發展之情事，目的洵屬正當，所採取之手段對目的之達成亦屬必要，符合憲法第二十三條比例原則之意旨，與憲法第八條、第十五條規定尚無牴觸。

| 不分屆次 | 釋664 | 98.7.31 | 少年事件處理法第3條第2款第3目、少年事件處理法第26條第2款及第42條第1項第4款 | 少年事件處理法第26條第2款及第42條第1項第4款規定，應自本解釋公布之日起，至遲於屆滿一個月時，失其效力。 | 部分合憲 | 部分違憲 | |

解釋文精要：少年事件處理法第三條第二款第三目規定，經常逃學或逃家之少年，依其性格及環境，而有觸犯刑罰法律之虞者，由少年法院依該法處理之，係為維護虞犯少年健全自我成長所設之保護制度，尚難逕認其為違憲；惟該規定仍有涵蓋過廣與不明確之嫌，應儘速檢討改進。又少年事件處理法第二十六條第二款及第四十二條第一項第四款規定，就限制經常逃學或逃家虞犯少年人身自由部分，不符憲法第二十三條之比例原則，亦與憲法第二十二條保障少年人格權之意旨有違，應自本解釋公布之日起，至遲於屆滿一個月時，失其效力。

屆別	號次	公布日期	宣告違憲的法令	解釋結論	合憲	違憲	其他
不分屆次	釋666	98.11.6	社會秩序維護法第80條第1項第1款	與憲法第7條之平等原則有違，應自本解釋公布之日起至遲於二年屆滿時，失其效力		違憲	
解釋文精要：社會秩序維護法第八十條第一項第一款就意圖得利與人姦、宿者，處三日以下拘留或新臺幣三萬元以下罰鍰之規定，與憲法第七條之平等原則有違，應自本解釋公布之日起至遲於二年屆滿時，失其效力。							
不分屆次	釋669	98.12.25	槍砲彈藥刀械管制條例第8條第1項	有違憲法第23條之比例原則，應自本解釋公布之日起至遲於一年屆滿時，失其效力		違憲	
解釋文精要：槍砲彈藥刀械管制條例第八條第一項規定：「未經許可，製造、販賣或運輸鋼筆槍、瓦斯槍、麻醉槍、獵槍、空氣槍或第四條第一項第一款所定其他可發射金屬或子彈具有殺傷力之各式槍砲者，處無期徒刑或五年以上有期徒刑，併科新臺幣一千萬元以下罰金。」其中以未經許可製造、販賣、運輸具殺傷力之空氣槍為處罰要件部分，不論行為人犯罪情節之輕重，均以無期徒刑或五年以上有期徒刑之重度自由刑相繩，對違法情節輕微、顯可憫恕之個案，法院縱適用刑法第五十九條規定酌減其刑，最低刑度仍達二年六月以上之有期徒刑，無從具體考量行為人所應負責任之輕微，為易科罰金或緩刑之宣告，尚嫌情輕法重，致罪責與處罰不相對應。首揭規定有關空氣槍部分，對犯該罪而情節輕微者，未併為得減輕其刑或另為適當刑度之規定，對人民受憲法第八條保障人身自由權所為之限制，有違憲法第二十三條之比例原則，應自本解釋公布之日起至遲於一年屆滿時，失其效力。							

第二節　法官聲請釋憲程序解說

一、大法官解釋揭示的程序要件

釋字第371號（民國84年1月20日）

解釋文：

憲法為國家最高規範，法律牴觸憲法者無效，法律與憲法有無牴觸發生疑義而須予以解釋時，由司法院大法官掌理，此觀憲法第

一百七十一條、第一百七十三條、第七十八條及第七十九條第二項規定甚明。又**法官依據法律獨立審判，憲法第八十條定有明文，故依法公布施行之法律，法官應以其為審判之依據，不得認定法律為違憲而逕行拒絕適用**。惟憲法之效力既高於法律，法官有優先遵守之義務，法官於審理案件時，對於應適用之法律，依其合理之確信，認為有牴觸憲法之疑義者，自應許其先行聲請解釋憲法，以求解決。是遇有前述情形，**各級法院得以之為先決問題裁定停止訴訟程序，並提出客觀上形成確信法律為違憲之具體理由**，聲請本院大法官解釋。司法院大法官審理案件法第五條第二項、第三項之規定，與上開意旨不符部分，應停止適用。

理由書：

採用成文憲法之現代法治國家，基於權力分立之憲政原理，莫不建立法令違憲審查制度。其未專設違憲審查之司法機關者，此一權限或依裁判先例或經憲法明定由普通法院行使，前者如美國，後者如日本（一九四六年憲法第八十一條）。其設置違憲審查之司法機關者，法律有無牴觸憲法則由此一司法機關予以判斷，如德國（一九四九年基本法第九十三條及第一百條）、奧國（一九二九年憲法第一百四十條及第一百四十條之一）、義大利（一九四七年憲法第一百三十四條及第一百三十六條）及西班牙（一九七八年憲法第一百六十一條至第一百六十三條）等國之憲法法院。各國情況不同，其制度之設計及運作，雖難期一致，惟目的皆在保障憲法在規範層級中之最高性，並維護法官獨立行使職權，俾其於審判之際僅服從憲法及法律，不受任何干涉。我國法制以承襲歐陸國家為主，行憲以來，違憲審查制度之發展，亦與上述歐陸國家相近。

憲法第一百七十一條規定：「法律與憲法牴觸者無效。法律與憲法有

無牴觸發生疑義時，由司法院解釋之」，第一百七十三條規定：「憲法之解釋，由司法院為之」，第七十八條又規定：「司法院解釋憲法，並有統一解釋法律及命令之權」，第七十九條第二項及憲法增修條文第四條第二項則明定司法院大法官掌理第七十八條規定事項。是解釋法律牴觸憲法而宣告其為無效，乃專屬司法院大法官之職掌。各級法院法官依憲法第八十條之規定，應依據法律獨立審判，故依法公布施行之法律，法官應以其為審判之依據，不得認定法律為違憲而逕行拒絕適用。惟憲法乃國家最高規範，法官均有優先遵守之義務，各級法院法官於審理案件時，對於應適用之法律，依其合理之確信，認為有牴觸憲法之疑義者，自應許其先行聲請解釋憲法以求解決，**無須受訴訟審級之限制**。既可消除法官對遵守憲法與依據法律之間可能發生之取捨困難，亦可避免司法資源之浪費。是遇有前述情形，各級法院得以之為先決問題裁定停止訴訟程序，並提出客觀上形成確信法律為違憲之具體理由，聲請本院大法官解釋。司法院大法官審理案件法第五條第二項、第三項之規定，與上開意旨不符部分，應停止適用。關於各級法院法官聲請本院解釋法律違憲事項以本解釋為準，其聲請程式準用同法第八條第一項之規定。

〔解說〕

首先，釋字第371號解釋闡明：「法官依據法律獨立審判，憲法第八十條定有明文，故依法公布施行之法律，法官應以其為審判之依據，不得認定法律為違憲而逕行拒絕適用。」明白指出各級法院法官不得自行認定法律違憲而拒絕適用。但根據釋字第38號、第216號以及第399號各級法院法官對命令則有違憲審查權。

再者本號解釋文的第二個重點：「**法官於審理案件時，對於應適用**

之法律，依其合理之確信，認為有牴觸憲法之疑義者，各級法院得以之為先決問題，裁定停止訴訟程序，並提出客觀上形成確信法律為違憲之具體理由，**聲請大法官解釋。**」

看起來，各級法院法官只要是審理案件時，對該案件應適用的法律，依自己的「合理確信」，認為這個應適用的法律有牴觸憲法之疑義時，這個疑義就可以當成是「先決問題」，裁定停止訴訟程序；並且提出釋憲聲請書，陳明「客觀上形成確信法律為違憲之具體理由」，即可。這似乎是釋字第371號解釋文表述的意思。

本號解釋理由書第一段則陳述各國的違憲審查制度。但首稱「**採用成文憲法之現代法治國家，基於權力分立之憲政原理，莫不建立法令違憲審查制度⋯⋯**」似乎先驗地認為現代法治國家，凡採用成文憲法者，都有法令違憲審查制度，但如果只是這樣就認為我國也應該要有違憲審查制度，此論述似乎過快了一些；況且，何以我國制度上「選擇」採取類似德國違憲審查制，而非選擇類似美國的違憲審查機制，本號解釋理由書也僅有一句話：「我國法制以承襲歐陸國家為主，行憲以來，違憲審查制度之發展，亦與上述歐陸國家相近。」惜字如金。

解釋理由書第二段還有兩個實務上的程序重點。首先，「各級法院法官於審理案件時，對於應適用之法律，依其合理之確信，認為有牴觸憲法之疑義者，自應許其先行聲請解釋憲法以求解決，**無須受訴訟審級之限制。**」所謂「**無須受訴訟審級之限制**」，表示各級法院法官都可以自行提起釋憲，毋庸等到案件到達終審法院；而且「隱含著」毋庸「上級」機關的同意，方得聲請的意思[2]。實務上有

2　早期也曾有過法官（院）聲請釋憲須否經上級法院層轉之疑義，請參見本書第5章，註17。

法官以自己名義聲請釋憲（合議制者則以法庭名義），也有以法院名義聲請釋憲，尚無須經上級機關「層轉」[3]。

第二個小重點，則是「**關於各級法院法官聲請本院解釋法律違憲事項以本解釋為準，其聲請程式準用同法第八條第一項之規定。**」因此法官聲請釋憲之程式，準用大審法第8條第1項之規定，即本書第5章第1節所解說的部分，法官聲請也用的著，惟論理密度，想當然爾，會（被要求地）比人民高上許多。

釋字第371號解釋打開了各級法院法官聲請釋憲的大門，其要求法官聲請釋憲的程序上的論理要件，只有必須提出「**客觀上形成確信法律為違憲之具體理由**」。但是其後的釋字第572號解釋，卻將釋字第371號解釋所開大門設下重重障礙，猶如上了數道密碼鎖。

釋字第572號（民國93年2月6日）

解釋文：

按法官於審理案件時，對於應適用之法律，依其合理之確信，認為有牴觸憲法之疑義者，各級法院得以之為先決問題，裁定停止訴訟程序，並提出客觀上形成確信法律為違憲之具體理由，聲請大法官解釋，業經本院釋字第三七一號解釋在案。其中所謂「先決問題」，係指審理原因案件之法院，確信系爭法律違憲，顯然於該案件之裁判結果有影響者而言；所謂「提出客觀上形成確信法律為違憲之具體理由」，係指聲請法院應於聲請書內詳敘其對系爭違憲法律之闡釋，以及對據以審查之憲法規範意涵之說明，並基於以上見解，提出其確信系爭法律違反該憲法規範之論證，且其論證客觀上無明顯錯誤者，始

---

3 但也有地方法院釋憲聲請案經高等法院「轉陳」者，如釋字第559號。

足當之。**如僅對法律是否違憲發生疑義，或系爭法律有合憲解釋之可能者，尚難謂已提出客觀上形成確信法律為違憲之具體理由。**本院釋字第三七一號解釋，應予補充。

理由書：

本件聲請人聲請意旨，以其審理台灣基隆地方法院九十二年度重訴字第六號殺人等案件時，認須適用刑法第二百七十一條第一項之規定，確信刑法第三十三條第三款之本文，牴觸憲法第七條、第十五條、第二十三條規定及其他憲法原則，乃依司法院釋字第三七一號解釋提出釋憲聲請，請求宣告有期徒刑十五年之上限規定立即失效，使各級法院法官在量刑時，得就個案宣告二十年至五十年之長期自由刑，並請闡明無期徒刑不應適用假釋規定等語。本院審理本件聲請案件，應依職權適用本院釋字第三七一號解釋，認有補充解釋之必要，爰予補充解釋，合先敘明。

釋字第三七一號解釋所稱，各級法院得以其裁判上所應適用之法律是否違憲為先決問題，裁定停止訴訟程序，聲請解釋憲法，其中所謂「先決問題」，係指審理原因案件之法院確信系爭法律違憲，顯然於該案件之裁判結果有影響者而言。**如系爭法律已修正或廢止，而於原因案件應適用新法；或原因案件之事實不明，無從認定應否適用系爭法律者，皆難謂系爭法律是否違憲，為原因案件裁判上之先決問題。**本件縱依聲請意旨為解釋，宣告刑法第三十三條第三款本文規定違憲，惟基於人權之保障及罪刑法定、刑罰從新從輕原則，憲法解釋不得使原因案件之刑事被告更受不利益之結果。是法院對原因案件之刑事被告仍應依有利於該被告之現行法為裁判，**本件系爭法律是否違憲，自於裁判之結果無影響。**至無期徒刑應否適用假釋規定，並非本件法官於審理案件時所應適用之法律。**故其聲請，核與上揭要件不**

符，應不受理。

又釋字第三七一號解釋所謂「提出客觀上形成確信法律為違憲之具體理由」，係指聲請法院應於聲請書內詳敘其對系爭違憲法律之闡釋，以及對據以審查之憲法規範意涵之說明，並基於以上見解，提出其確信系爭法律違反該憲法規範之論證，且其論證客觀上無明顯錯誤者，始足當之。如僅對法律是否違憲發生疑義，或系爭法律有合憲解釋之可能者，尚難謂已提出客觀上形成確信法律為違憲之具體理由。**本件聲請意旨，就刑法第三十三條第三款本文關於自由刑為上限之規定，如何牴觸憲法第七條、第十五條及第二十三條之闡釋，對其客觀上形成確信法律為違憲之具體理由亦尚有未足，併予指明。**

〔解說〕

雖然釋字第371號解釋打開了各級法院法官聲請釋憲的大門，但釋字第572號解釋開始設下多重要件。首先，釋字第371號所謂「先決問題」，釋字第572號解釋認為「係指審理原因案件之法院，**確信**系爭法律違憲，**顯然**於該案件之裁判結果有影響者而言」。所以**原本釋字第371號解釋所稱的「合理確信」，到釋字第572號解釋加上須「顯然對該案件之裁判結果有影響」之要件，如果法官確信系爭法律違憲，但即使該法律被宣告違憲，對該案件之裁判結果也無影響者，就不是「先決問題」。**

例如：釋字第572號解釋即因為有一部分與此要件不符，而不受理。解說如下，該號解釋之聲請法官主張刑法第33條第3款之規定應宣告無效，使各級法院法官在量刑時，得就個案宣告20年至50年的長期自由刑。但是，基於刑罰從新從輕原則，既使最後大法官解釋依照聲請法官的主張，宣告刑法第33條第3款之規定無效，聲請法官也不

應使該案刑事被告受更不利益之結果。此即「即使該法律違憲，對該案件之裁判結果也無影響」之意思。

然而「即使該法律違憲，對該案件之裁判結果也無影響」，卻是主觀判斷。是否真的無影響，非無疑問。因為聲請書主張刑法第33條第3款有期徒刑最多只有15年，否則就要宣告無期徒刑，法定期間的範圍太廣，原因案件就是因為「有部分被告，若判處無期徒刑實嫌太重，若判處有期徒刑十五年又嫌太輕[4]」，因此聲請釋憲。本案真的「即使該法律違憲，對該案件之裁判結果也無影響」？

另外，如釋字第664號解釋理由書末段也有：「至聲請人併請解釋少年事件處理法第三條第二款第一目、第二目、第四目、第五目及第七目規定，係構成少年虞犯事件之其他情形，**並非本件原因事件應予適用且非顯對裁定結果有所影響之規定**，與本院釋字第三七一號、第五七二號、第五九〇號解釋意旨不符，應不受理，併此指明。」可為對照。

再者，「所謂『提出客觀上形成確信法律為違憲之具體理由』，係指聲請法院應於聲請書內**詳敘**其對系爭違憲法律之闡釋，以及對據以審查之憲法規範**意涵**之說明，並基於以上見解，提出其**確信**系爭法律違反該憲法規範之**論證**，且其論證客觀上**無**明顯錯誤者，始足當之。」原本釋字第371號解釋只是一句話，現在釋字第572號變成一段話，從字數上來看，也知道要件變嚴格了。

＊比較釋字第371號解釋與釋字第572號解釋之要件

(1)釋字第371號所謂「先決問題」，係指審理原因案件之法院，確信系爭法律違憲，**顯然**於該案件之裁判結果有影響者而言。

4　參照司法院大法官解釋續編（十七），司法院印行，民國94年6月，頁147。

(2)各級法院法官原本聲請釋憲時只要在聲請書上「提出客觀上形成確信法律為違憲之具體理由」，即可。但釋字第572號解釋，須於聲請書內：

1.詳敘其對系爭違憲法律之闡釋；

2.對據以審查之憲法規範意涵之說明；

3.提出其確信系爭法律違反該憲法規範之論證；

4.且其論證客觀上無明顯錯誤。

(3)如僅對法律是否違憲發生疑義，或系爭法律有合憲解釋之可能者，尚難謂已提出客觀上形成確信法律為違憲之具體理由。

據此，聲請法官須於聲請書內「詳敘」系爭法律為什麼違憲的理由；再者，還要對系爭法律違「憲」的那一條或數條或其他憲法規範的意旨做說明；最後尚須提出確信系爭法律違憲之論證。開玩笑地說，實務界之法官聲請釋憲最好也要有學術研究的能耐，否則這裏所謂的「論證」可能會被認定不足而要件不該當。

還不僅於此，「如僅對法律是否違憲發生疑義，或系爭法律有合憲解釋之可能者，尚難謂已提出客觀上形成確信法律為違憲之具體理由。」依此，如果僅是泛泛指摘系爭法律違憲，只有發生疑義而已；或者系爭法律仍有合憲解釋之可能，都不算是釋字第371號解釋所謂的「提出客觀上形成確信法律為違憲之具體理由」[5]。

---

5 釋字第636號解釋理由書末段：「……至聲請人之聲請意旨主張本條例第二條第一款、第十條、第十四條、第十五條規定有違憲之疑義，查上開規定並非法官於審理原因案件時所應適用之法律，該等規定是否違憲，於裁定之結果不生影響；另聲請意旨主張本條例第二條第二款、第六條第一項但書、第七條第一項但書、第九條、第十一條、第二十二條、第二十三條與本條例之存在有違憲之疑義，查聲請人就前揭規定如何違反憲法所為之論證，尚難認已提出客觀上形成確信法律為違憲之具體理由。此二部分之聲請，核與本院釋字第三七一號及第五七二號解釋所定之聲請解釋要件不合，均應不予受理，併此指明。」可為對照。

尤其是最後一點：「系爭法律仍有合憲解釋之可能」，這部分也被提前當作是受理法官聲請的程序要件，實屬可議。

蓋系爭法律若是合憲，受理後以實體宣告合憲即可。邏輯上，若聲請法官認為絕無合憲可能而聲請，大法官會議也認為符合受理要件，是否就表示大法官解釋「實體」非得要宣告違憲不可？

查歷年來法官聲請釋憲而被宣告違憲的比例只有4成2，這表示法官聲請釋憲仍有5成8宣告合憲，這些合憲解釋的法官聲請案，如何通得過釋字第572號解釋的「系爭法律仍有合憲解釋之可能」要件？受理程序要件就只是受理程序要件，不可能拘束其後實體必須要宣告合憲或違憲。此程序要件實有檢討空間。

最後一號關於法官聲請釋憲程序的大法官解釋，即賦予法官聲請釋憲配備的釋字第590號。

釋字第590號（民國94年2月25日）

解釋文：

法官於審理案件時，對於應適用之法律，依其合理之確信，認為有牴觸憲法之疑義者，各級法院得以之為先決問題，裁定停止訴訟程序，並提出客觀上形成確信法律為違憲之具體理由，聲請本院大法官解釋。此所謂「法官於審理案件時」，係指法官於審理刑事案件、行政訴訟事件、民事事件及非訟事件等而言，因之，所稱「裁定停止訴訟程序」自亦包括各該事件或案件之訴訟或非訟程序之裁定停止在內。**裁定停止訴訟或非訟程序，乃法官聲請釋憲必須遵循之程序。惟訴訟或非訟程序裁定停止後，如有急迫之情形，法官即應探究相關法律之立法目的、權衡當事人之權益及公共利益、斟酌個案相關情狀等情事，為必要之保全、保護或其他適當之處分。本院釋字第三七一號及**

第五七二號解釋，應予補充。

理由書：

本件聲請人聲請意旨，以其審理台灣苗栗地方法院九十年度護字第三一號兒童保護安置事件時，認須適用兒童及少年性交易防制條例第十六條之規定，確信該條及相關之同條例第九條及第十五條第二項規定，有牴觸憲法第八條及第二十三條之疑義，乃依司法院釋字第三七一號解釋提出釋憲聲請，然為免受保護者遭受不利益，故先為本案之終局裁定，**並請求就依該號解釋聲請釋憲時，是否必須停止訴訟程序為補充解釋等語**。本院審理本件聲請案件，對此所涉之聲請程序問題，認上開解釋確有補充之必要，爰予補充解釋。

依本院釋字第三七一號及第五七二號解釋，法官於審理案件時，對於應適用之法律，依其合理之確信，認為有牴觸憲法之疑義者，各級法院得以之為先決問題，裁定停止訴訟程序，並提出客觀上形成確信法律為違憲之具體理由，聲請本院大法官解釋，**以排除法官對遵守憲法與依據法律之間可能發生之取捨困難，亦可避免司法資源之浪費**。此所謂「法官於審理案件時」，係指法官於審理刑事案件、行政訴訟事件、民事事件及非訟事件等而言。因之，所稱「裁定停止訴訟程序」自亦包括各該事件或案件之訴訟或非訟程序之裁定停止在內。

法官聲請解釋憲法時，必須一併裁定停止訴訟程序，蓋依憲法第七十八條及憲法增修條文第五條第四項規定，宣告法律是否牴觸憲法，乃專屬司法院大法官之職掌。各級法院法官依憲法第八十條之規定，應依據法律獨立審判，並無認定法律為違憲而逕行拒絕適用之權限。因之，法官於審理案件時，對於應適用之法律，依其合理之確信，認為有牴觸憲法之疑義而有聲請大法官解釋之必要者，該訴訟程序已無從繼續進行，否則不啻容許法官適用依其確信違憲之法律而為

裁判，致違反法治國家法官應依實質正當之法律為裁判之基本原則，自與本院釋字第三七一號及第五七二號解釋意旨不符。是以，裁定停止訴訟或非訟程序，乃法官依上開解釋聲請釋憲必須遵循之程序。

憲法第十六條規定人民有訴訟權，旨在使人民之權利獲得確實迅速之保護，國家機關自應提供有效救濟之制度保障。各類案件審理進行中，訴訟或非訟程序基於法定事由雖已停止，然遇有急迫之情形，法官除不得為終結本案之終局裁判外，仍應為必要之處分，以保障人民之權利並兼顧公共利益之維護。**法官因聲請釋憲，而裁定停止訴訟或非訟程序後，原因案件已不能繼續進行，若遇有急迫之情形，法官即應探究相關法律之立法目的、權衡當事人之權益及公共利益、斟酌個案相關情狀等情事，為必要之保全、保護或其他適當之處分，以貫徹上開憲法及解釋之旨趣。又為求處分之適當，處分之前，當事人、利害關係人應有陳述意見之機會；且當事人或利害關係人對該處分，亦得依相關程序法之規定，尋求救濟，乃屬當然。至前述所謂遇有急迫狀況，應為適當處分之情形，例如證據若不即刻調查，行將滅失，法官即應為該證據之調查；又如刑事案件有被告在羈押中，其羈押期間刻將居滿，法官應依法為延長羈押期間之裁定或為其他適當之處分（刑事訴訟法第一百零八條參照）；或如有刑事訴訟法第一百十四條第三款之情形，法官應為准予具保停止羈押之裁定等是。** 再以本件聲請案所涉之兒童及少年性交易防制條例第十六條規定而言，主管機關依同條例第十五條第二項規定將從事性交易或有從事性交易之虞之兒童或少年，暫時安置於其所設置之緊急收容中心，該中心依第十六條第一項規定，於安置起七十二小時內，提出報告，聲請法院裁定時，法院如認為該七十二小時之安置規定及該條關於裁定應遵循程序之規定有牴觸憲法之疑義，依本院釋字第三七一號及第五七二號解釋裁定

停止非訟程序，聲請本院解釋憲法者，則在本院解釋以前，法院對該受安置於緊急收容中心之兒童或少年即不得依該條例第十六條第二項規定，為不予安置之裁定，亦不得裁定將該兒童或少年交付主管機關安置於短期收容中心或其他適當場所，致該兒童或少年繼續安置於緊急收容中心，形同剝奪受安置兒童、少年之親權人、監護人之親權或監護權，對受緊急安置之兒童、少年人身自由保護之程序及其他相關權益之保障，亦顯有欠缺。**遇此急迫情形，法官於裁定停止非訟程序時，即應為必要之妥適處分，諸如先暫交付其親權人或監護權人，或於該兒童或少年之家庭已非適任時，則暫將之交付於社會福利機構為適當之輔導教養等是。** 本院釋字第三七一號及第五七二號解釋應予補充。

末按法官於審理案件時，對於應適用之法律，認為有牴觸憲法之疑義，依本院釋字第三七一號及第五七二號解釋，聲請本院大法官解釋者，**應以聲請法官所審理之案件並未終結，仍在繫屬中為限，否則即不生具有違憲疑義之法律，其適用顯然於該案件之裁判結果有影響之先決問題。** 本件據以聲請之臺灣苗栗地方法院九十年度護字第三一號兒童保護安置事件，聲請法官已適用兒童及少年性交易防制條例第十六條第二項規定為本案之終局裁定，事件已脫離其繫屬，是其認所適用之該條規定及相關之同條例第九條及第十五條第二項，有牴觸憲法之疑義，依本院上開解釋聲請釋憲部分，核與各該解釋所示聲請釋憲之要件不符，應不予受理。

〔解說〕

根據釋字第590號解釋意旨，程序上有三點應予注意之處。

1. 法官聲請釋憲時，對於該審理之案件必須「裁定停止訴訟或非訟程

序」；

2. 裁定停止訴訟或非訟程序後，法官得「**為必要之保全、保護或其他適當之處分**」，即賦予聲請釋憲之法官「急速處分」，以「保障人民之權利並兼顧公共利益之維護」；

3. **法官聲請大法官解釋，應以聲請法官所審理之案件並未終結，仍在繫屬中為前提。（因本件已脫離繫屬，故不予受理）**

再一次解說程序上之所以會發生第一點爭議，因為本號解釋的原因事件是兒童保護安置事件，如果根據釋字第371號、第572號解釋法官聲請釋憲須裁定停止訴訟程序，則該名兒童或少年將會繼續被安置在「緊急收容中心」，就是因為根據系爭兒童及少年性交易防治條例的規定，繫案兒少可以被強制安置「緊急收容中心」72小時，聲請法官即認為這72小時有違憲法第8條保障人身自由的規定。因此發生兩難。當法官裁定停止訴訟程序，繫案兒少將繼續被安置；若聲請法官不裁定停止訴訟程序，依據釋字371號、第572號解釋將無法聲請大法官解釋！

因此大法官解釋第590號，賦予聲請釋憲法官「急速處分」權限，遇此情形法官得「**為必要之保全、保護或其他適當之處分**」。

最後，也是本號解釋有疑義的部分：「**法官聲請本院大法官解釋，應以聲請法官所審理之案件並未終結，仍在繫屬中為限**」但解釋理由書明白指出，本原因事件已脫離法院繫屬，因此與前開要件不符，不予受理，然而本號大法官解釋的出爐，是如何能在先認定原因事件不予受理的前提下，作出一號大法官解釋？

亦誠如本件釋字第590號解釋之林永謀大法官所提不同意見書所言：「……然該聲請案件既經以上述理由為『不受理』，則當亦已脫離大法官之繫屬（此不因其殿之於理由之後而有異），且此之不受理

復僅以其所審理之案件未有裁定停止訴訟程序,並經為終局之裁定為由,而不及於其他,乃竟又就與此無關、即受理案件之法官所未為之『停止訴訟程序』所涉問題,為補充之解釋,謂於『裁定停止訴訟程序』後,如有急迫情形,亦可為必要之保全、保護或其他適當之處分等等」甚為精確!本號解釋的受理程序尚非無疑。

二、以釋字第666號法官聲請書以及646號許玉秀大法官不同意見書為例

(一)釋字第666號法官聲請書

釋字第666號(98.11.6)是對人權保障相當重要的晚近解釋,其後續效應尚在發生中。這是件關於俗稱「罰娼不罰嫖」的規定,即社會秩序維護法第80條第1項第1款:「意圖得利與人姦、宿者,處三日以下拘留或新臺幣三萬元以下罰鍰。」只處罰「娼(有可能是男或女)」而不處罰「嫖(也有可能是男或女)」規定,被宣告違反平等原則而定期違憲,失其效力。因定期失效終止期日為100年11月5日,至本書出版時尚未屆至,其修法結果如何,尚待後續觀察。

除了本號解釋僅以系爭規定違反平等原則而宣告違憲,附帶產生到底有無肯認性工作者的職業自由或工作權之理論爭議,以及應如何審查本案、以何種審查標準與審查密度之論爭外[6],程序上,這是件法官聲請的解釋案,從法官聲請書中或可探知,何以本聲請書通過了大法官會議的程序審查。

---

6 本號解釋有數份大法官意見書,相當值得讀者詳細參照。

抄○○○法官釋憲聲請書

壹、聲請解釋憲法之目的

為社會秩序維護法第八十條第一項第一款規定（以下簡稱系爭規定），發生牴觸憲法第二十三條、第七條之疑義，聲請解釋並宣告系爭規定全部或部分違憲而無效。

貳、疑義之性質與經過，及涉及之憲法條文

一、按憲法為國家最高規範，法律牴觸憲法者無效，法律與憲法有無牴觸發生疑義而須予以解釋時，由司法院大法官審理，憲法第一百七十一條、第一百七十三條、第七十八條及第七十九條第二項定有明文。憲法之效力既高於法律，法官有優先遵守憲法之義務，法官於審理案件時，對於應適用之法律有合理之確信，認為有牴觸憲法之疑義者，各級法院得以之為先決問題裁定停止訴訟程序，並提出客觀上形成確信法律為違憲之具體理由，聲請司法院大法官解釋憲法，司法院釋字第三七一號解釋著有明文。

二、現行社會秩序維護法第八十條第一項第一款規定：意圖得利與人姦、宿者，處三日以下拘留或新臺幣三萬元以下罰鍰。逾越憲法第二十三條所規範之「比例原則」及第七條之「平等原則」，致生下述違憲疑義。

三、本院審理九十八年度宜秩字第三二號、同年度宜秩字第三三號及同年度宜秩字第三六號之社會秩序維護法案件，經○○縣警察局○○分局移送陳○花、楊○淑、莊游○梅三人，本院認為其所應適用之系爭規定，有牴觸憲法第二十三條、第七條規定之疑義，業已裁定停止其審理程序。

參、聲請解釋憲法之理由及聲請人對本案所持之立場與見解

一、關於系爭規定有違「比例原則」之部分：

憲法第八條、第十五條規定人民身體之自由與財產權應予保障。法律對於人民自由之處罰或剝奪其財產權，除應有助於達成立法目的，尚須考量有無其他效果相同且侵害人民較少之手段，處罰程度與所欲達成目的間並應具備合理必要之關係，方符合憲法第二十三條規定之比例原則，前經釋字第四七六號解釋闡釋相關見解在案。系爭規定處以拘留及罰鍰之規定，具有限制人民自由權及財產權之性質，自應符合憲法上「比例原則」之檢驗，以下即分別予以說明：

（一）目的正當性之檢驗：

按社會秩序維護法第一條規定：為維護公共秩序，確保社會安寧，特制定本法。故系爭規定必須有助於「公共秩序之維護」、「社會安寧之確保」兩項目的，始符「目的正當性」。又所謂「公共秩序」、「社會安寧」者，皆屬不確定之法律概念，其定義難以一概而論，惟皆以保障公眾之安全與自由為主要核心。經查：男女之間之性行為，除有妨礙他人權利者，並非國家制裁之對象，系爭規定處罰之重點明顯置於「意圖得利」此點。立法者認為性行為不應存有對價關係，如有對價關係，將造成行為人藉由性行為而獲利，有礙善良風俗。然而，行為人藉由性行為而獲利本身，並無直接侵害公眾之安全與自由或侵害他人權利，其行為亦無招致其他權益受害之危險而必須提前予以處罰，系爭規定只是反應立法者的道德價值觀，並無助於維護公共秩序與社會安寧之立法目的。況世界先進各國，

對於性工作者之觀念，已由消極之防堵轉為積極之管理，此乃各國考量藉由性行為而獲利，乃人類長久以來的社會行為之一，即便國家法令予以嚴厲禁止處罰，實際上均難以防堵。各國民情雖有不同，但系爭規定是否有助於前開立法目的之達成，在憲法層次上非無研議之必要。

（二）手段必要性之檢驗：

以本件聲請釋憲之三件案例為例，被移送人之年齡分別為四十一歲、五十一歲及五十九歲，屬於中高年齡之婦女，彼等之獲利均為每次數百元而已，如非謀生能力有限，家計需要維持，焉能背負社會之負面觀感而繼續從事此等行為？藉由性行為而獲利者，雖非全部屬於經濟上之弱者，但中高齡之行為人，多數均有經濟上之壓力，且彼等在一般就業市場上亦屬於弱勢地位。現代社會法治國家，除負有傳統消極行政或高權行政之任務以外，並負有積極行政或給付行政之任務，處於社會經濟之弱勢者，藉由出賣肉體而以性行為獲利，雖非吾人所樂見，亦非目前社會風俗所能接受，但國家動輒以處罰方式限制彼等之自由或財產，實非現代社會法治國家之應有態度。如以我國之國情而論，立法者認為政策上無法開放性行為產業成為特種營業，仍須予以禁止者，國家是否應先尋求其他前置措施或替代措施，亦即以其他最小侵害性之手段先行為之？例如經過先行輔導彼等就業之前置程序，如行為人經過該等程序仍然從事性交易行為時，始以社會秩序維護法之規定予以處罰，避免對於社會弱勢者逕予處罰，不符手段必要性即最小侵害性。

（三）限制妥當性之檢驗：

系爭規定處罰行為人拘留三日或新臺幣三萬元以下罰鍰之制裁，考量從事性交易之行為人，如屬社會弱勢別無其他謀生方法者，上述處罰根本無法禁絕其繼續以此方式獲利，因為其有經濟上之需要仍須藉此獲利；如屬觀念偏差而有其他謀生能力者，上述處罰亦無法禁絕其繼續以此方式獲利，因為上述制裁不足以導正其觀念。蓋藉由性行為獲利者，本身並無侵害他人權益，本質上屬於經濟或觀念之問題，而非對他人造成危險或侵害之問題，此與一般刑事或行政處罰係為保障公益或他人權益而須以制裁方式為之的性質有別。是系爭規定採取之手段與達成之目的之間並無合理之關聯，不符限制妥當性之要求。

二、關於系爭規定有違「平等原則」之部分：

按憲法第七條規定，人民在法律上一律平等，其內涵並非指絕對、機械之形式上平等，乃係保障人民在法律上地位之實質平等，此有釋字第六四八號解釋之理由書參照。故「平等原則」之憲法檢驗，端視系爭規定對於同一行為是否有「合理之差別待遇」。以下乃分別予以說明：

（一）違反男女平等：

系爭規定形式上雖無規定僅處罰女性之行為人，然而，實務上處罰男性之行為人者，實屬罕見。其原因在於從事性交易獲利之行為人，多數均為女性，而非男性，此與女性一般不願支付對價關係換取與男性為性行為之社會情況及生理需求有關，而男性對於支付對價關係換取與女性為性行為之機會，態度上較為接受。而系爭規定僅處罰藉此獲

利之行為人，卻不處罰支付對價之行為人，亦即不處罰一般俗稱之「嫖客」。警察臨檢查獲時，女性之行為人將遭致系爭規定之處罰，男性之行為人卻只有在警察局製作筆錄而已，並無任何法律責任可言，導致從事同一性交易行為之兩造，女性受罰，男性無責，有違憲法所保障「男女平等」之平等原則。如果立法者真是認為性交易為法所不容，何以僅處罰通常是女性之性行為人，卻豁免通常是男性之性行為人？顯見系爭規定在現實上具有歧視女性的疑慮。

（二）違反經濟平等：

系爭規定僅處罰獲利之行為人，而支付對價之行為人卻無責任，也造成在性交易行為之兩造中，處於經濟弱勢之一方即獲利之行為人，與處於經濟強勢之一方即支付對價之行為人，彼此因為經濟地位之不同而有差別待遇之問題。要言之，有能力支付對價之行為人，不因從事性交易行為而受罰，需要藉此獲利之行為人，卻因從事性交易行為而受罰，無形中，使得經濟能力之強弱，成為是否受罰之標準，系爭規定實質上亦有違憲法所保障「經濟平等」之平等原則。

肆、結論

我國是否開放允許合法從事性交易行為，在立法政策上，固為立法機關之「立法裁量」，非司法機關所能審查，但系爭規定在實務上適用之結果，造成從事性交易行為之中高齡婦女在面臨經濟困境下，承受社會負面觀感而藉此獲利，卻僅有彼等遭到系爭規定之處罰，而與之性交易之男性行為人無庸負擔法律責任之扭曲

現象。系爭規定淪於立法者片面的道德價值觀之反應，在憲法層次上是否符合「比例原則」及「平等原則」之檢驗，而違反現代社會法治國家之憲法價值，非無疑義。聲請人基於對系爭規定有合理之確信，認為有牴觸憲法之疑義，提出上述客觀上形成確信法律為違憲之具體理由，爰請　鈞院大法官本於「憲法守護者」之地位，宣告系爭規定全部或部分違憲，以保人民權益。

此　致

司　法　院

聲請人：臺灣○○地方法院○○簡易庭

　　　　　　　　　　　　法官　○　○　○

中華民國九十○年○月○日

〔嘗試解說〕

試著解說本件聲請書。首先，聲請書格式符合大審法第8條第1項之規定；其次，原因案件繫屬中，有裁定停止訴訟，系爭規定亦有被「適用」且宣告違憲對原因案件結果顯然有影響。第三，聲請書對系爭規定認為違憲的論證理由，很清楚地從比例原則、平等原則鋪陳分析，並無太多贅詞，乾淨俐落（論述對不對、完不完整則是實體判斷），也無觸及有爭議的職業自由與性工作權甚至性自主權的論爭，也許這是本聲請書通過「**詳敘其對系爭違憲法律之闡釋，以及對據以審查之憲法規範意涵之說明，並基於以上見解，提出其確信系爭法律違反該憲法規範之論證，且其論證客觀上無明顯錯誤者**」之原因。

又本件聲請有兩份聲請書（程序上併案處理），另一份聲請書當然同樣也通過了程序審查，否將受不受理議決，而非併案處理。先請

讀者閱讀後本書再嘗試解說。

抄○○○法官釋憲聲請書

聲請人於受理○○縣政府警察局○○分局移送之違反社會秩序維護法案件（臺灣○○地方法院98年度○○字第11、12號）時，對於應適用之社會秩序維護法第80條第1項第1款規定，依合理之確信，認其內容有牴觸憲法之情，乃以之為先決問題，裁定停止訴訟程序，並提出客觀上形成確信該規定違憲之具體理由，爰依司法院釋字第371號、第572號、第590號解釋意旨，提出釋憲之聲請，並將有關事項敘明如下：

壹、聲請解釋憲法之目的

　　社會秩序維護法第80條第1項第1款「意圖得利與人姦、宿者，處三日以下拘留或新臺幣三萬元以下罰鍰」之規定，侵害憲法所保障之性行為自由、工作權及平等權等基本權利，且違反比例原則及平等原則，發生有牴觸憲法第23條及第7條之疑慮，爰提出釋憲之聲請，聲請宣告系爭規定違憲，並停止適用。

貳、疑義之性質與經過，及涉及之憲法條文

一、疑義之性質及經過

　　（一）茲因被移送人陳○雲（女，48年10月1日生）分別於民國98年8月13日上午7時及9時許，在○○縣○○鎮○○路○段○○號○樓內與鄭○（男，21年5月16日生）、方○○（男，26年4月1日生）發生有對價關係之性交行為，經○○縣政府警察局○○分局以其違反社會秩序維護法第80條第1項第1款、第2款規定移送（98年8月24日警羅偵字第0983104458號、98年8月18日警羅偵字第0983104344

號），現由○○地方法院○○簡易庭以98年度羅秩字第
11、12號審理中。該等案件應適用之社會秩序維護法第80
條第1項第1款規定，限制人民之性行為自由、工作權及平
等權，有違反比例原則、平等原則之疑義。

（二）本件被移送人除涉有社會秩序維護法第80條第1項第1款
外，另涉有社會秩序維護法第80條第1項第2款，該款規
定，在公共場所或公眾得出入之場所，意圖賣淫或媒合賣
淫而拉客者，處3日以下拘留或新臺幣3萬元以下罰鍰。條
文所稱之「拉客」所指為何或有解釋之空間，惟吾人考量
此規定亦涉及人民性行為自由及職業自由之限制，應以從
嚴解釋為當，是除積極之拉扯行為，或違反他人意思，而
以堵阻去路、強行糾纏等方式，以達意圖賣淫或媒合賣淫
之目的，可視為「拉客」外，單純之私下勸誘、招攬等均
不屬於「拉客」之文義，附此敘明之。

二、涉及之憲法條文

憲法第7條、第15條、第22條、第23條。

參、聲請解釋憲法之理由及聲請人對本案所持之立場及見解

一、有關社會秩序維護法第80條第1項第1款之適用

社會秩序維護法第80條第1項第1款規定，意圖得利與人姦、宿
者，處3日以下拘留或新臺幣3萬元以下罰鍰，就其構成要件以
觀，只要有牟取利益之主觀意思，而為姦、宿之客觀行為者，即
有上開規定之適用，不以利益之取得為必要，此構成要件所規範
之行為一般以「性交易」稱之。又其僅限於處罰意圖得利者，並
不處罰尋歡客（嫖客），因而有所謂「罰娼不罰嫖」之說法。於
本案（○○地方法院○○簡易庭98年度羅秩字第11、12號），被

移送人陳○雲與男客為性器接合之性交行為後，即向男客收取新臺幣300元現金，被移送人之客觀行為及主觀意思均與社會秩序維護法第80條第1項第1款規定之構成要件相吻，應有該規定之適用。

二、社會秩序維護法第80條第1項第1款限制人民之性行為自由、工作權及平等權

　　（一）憲法基本權之保障範圍有其本質上之內在界限，對於嚴重危害人民生命、身體、財產之惡行，應排除於基本權保障範圍外，此所以不承認職業殺手、販毒集團、詐騙集團或縱火犯享有憲法保障之一般行為自由。然性交易與上開惡行有明顯之差異，不宜一概而論。單就我國現行刑事法規範，對於性行為之處罰僅限於侵害他人性自主決定或出於保護未成年人身心發展、優生學等目的，並不處罰單純以金錢為對價而與他人發生性關係之行為，是性交易本質上與上開惡劣行為不同，自憲法保障人民基本權利不應有漏洞之角度，不宜自始即將性交易排除於憲法保障之範圍外。

　　（二）司法院釋字第554號解釋文謂：「性行為自由與個人之人格有不可分離之關係，固得自主決定是否及與何人發生性行為，惟依憲法第二十二條規定，於不妨害社會秩序公共利益之前提下，始受保障。」是性行為自由為我國憲法第22條所保障之基本權利已有規範上之依據。性行為自由之內涵不僅包括被動性自主之保障，即拒絕性行為之尊重，也包括主動性自主，即尋求性關係之自由（註一），由於性交易是一方提供性交服務，一方給付對價，在沒有強

暴、脅迫或傳染疾病之特殊情況下，是你情我願的契約關係，自應為性行為自由之保障範圍。

（三）憲法第15條規定之工作權，保障人民從事工作並有選擇職業之自由，司法院著有釋字第404號、第510號、第584號、第612號、第634號、第637號、第649號等多號解釋在案，而職業自由所欲保障者為人民於營利活動領域中，就工作種類、性質、場所等自由選擇之權利，國家原則上不得強制人民接受特定之工作，也不容國家限定「職業」之定義與種類，只要是營利性且具有持續性之活動，即可主張此等營利活動為「職業」，無須有客觀上之經濟性價值或所謂足以促進人格發展之價值（註二），依此，吾人似不宜逕予否定性交易作為職業類別之一種。雖有論者認為性交易是出賣、物化身體之行為，有違人性尊嚴，不宜肯定，然一項人類活動能否被視為工作或商品，取決於社會的制度、權力關係與組織方式（註三）。在資本主義體制下，勞動力的商品化早已是創造經濟成長之必然，除了使人淪為奴隸外，勞動階級出賣勞動力之行為已少有人視為物化的過程，則何以單獨反對性勞動之商品化？事實上，提供性交易者係以個人身體、勞力賺取金錢，與其他絕大多數之職業並無不同，自無排除於憲法工作權保障範圍外。

（四）憲法第7條規定：「中華民國人民，無分男女、宗教、種族、階級、黨派，在法律上一律平等。」此一規定除具有客觀法規範之意涵外（平等原則），亦具有主觀公權力之性質，對於無正當事由受差別待遇之人民應有權利保障之

功能。社會秩序維護法第80條第1項第1款規定，僅處罰性交易關係中性服務之提供者，而不處罰接受性服務、給付對價之相對人，因而有「罰娼不罰嫖」之說法，立法者在此明顯地對於提供性服務者與接受性服務者採取了差別待遇，造成性交易當事人法律上地位之不平等，自然涉及平等權受侵害之疑慮（註四）。

三、對社會秩序維護法第80條第1項第1款規定之審查應採取從嚴審查基準

司法院釋字第649號解釋理由書謂：「對職業自由之限制，因其內容之差異，在憲法上有寬嚴不同之容許標準。關於從事工作之方法、時間、地點等執行職業自由，立法者為追求一般公共利益，非不得予以適當之限制。至人民選擇職業之自由，如屬應具備之主觀條件，乃指從事特定職業之個人本身所應具備之專業能力或資格，且該等能力或資格可經由訓練培養而獲得者，例如知識、學位、體能等，立法者欲對此加以限制，須有重要公共利益存在。而人民選擇職業應具備之客觀條件，係指對從事特定職業之條件限制，非個人努力所可達成，例如行業獨占制度，則應以保護特別重要之公共利益始得為之。且不論何種情形之限制，所採之手段均須與比例原則無違。」解釋理由明確地採取不同之審查基準，認為對非個人因素之職業限制應採取從嚴審查之標準，證明有管制必要性之舉證責任應由國家承擔。本件社會秩序維護法第80條第1項第1款雖未明文禁止性交易，然因其制裁效果，實質上具有禁止從事性服務之意，相當於國家對於性交易為一種職業類別之全盤否定，自應採取最嚴格之審查基礎。

四、社會秩序維護法第80條第1項第1款不具備憲法第23條規定之公益

動機

憲法第23條規定，只有出於防止妨礙他人自由、避免緊急危難、維持社會秩序或增進公共利益之目的，始得以法律限制人民之自由權利。社會秩序維護法第80條第1項第1款限制人民之性行為自由、職業自由及平等權，已如上述，惟其立法目的是否合於憲法第23條規定實有疑義。由於性交易之當事人均係出於自願，無暴力、脅迫之強制行為，並不涉及「妨礙他人自由」與「緊急危難」之情形，且由於公共利益仍係眾多個人利益之彙整，亦難想像禁止性交易有何「增進公共利益」之作用，較有可能者即為社會秩序維護法第1條所稱「維護公共秩序，確保社會安寧」。然公共秩序、社會安寧是個抽象的概念，每每隨著時間、地域、教育程度及人數多寡而有差異，甚且民主、開放之社會不可能強求秩序、觀念之同一，否則即與法西斯、共產極權無異，是所謂「維持社會秩序」應僅能著重於社會共同生活所不可或缺之基本規範，而不應有道德、風俗及情緒性之價值判斷。觀諸人類社會之經濟活動無一不是依靠身體之一部完成，有勞心者憑藉智慧、腦力；有勞力者憑藉手、腳運動經營自己之經濟生活，無論是憑藉身體之何部位，都是個人身體之自我支配與掌握，如何危及公共秩序、社會安寧，是社會秩序維護法第80條第1項第1款不具備憲法第23條所列限制基本權利之公益理由（註五）。

五、社會秩序維護法第80條第1項第1款違反比例原則

（一）縱使社會秩序維護法第80條第1項第1款具備憲法第23條規定之公益動機，亦與憲法第23條發展出之比例原則不符，該原則強調手段與目的間之合理聯結，其內涵包括：(1)適宜性，即限制基本權利之規範必須能達到規範所預定之

目的。(2)必要性，即在適合達到相同目的之多種手段中，選擇對人民侵害最小者。(3)狹義比例性，即對於基本權利所造成的侵害程度與所欲達成之目的間，應合理且符合比例，而無不相稱之情形。社會秩序維護法第80條第1項第1款與上述3項子原則均有違背，詳述如後。

（二）就適宜性而言，由於社會秩序維護法第80條第1項第1款保障之法益、目的不明，管制手段要達成何種規範目的本身就是一個問題。即便是訴諸於社會安寧此類空泛之目的，對於此人類文明千百年來長期存在之特殊行業，也很難想像社會秩序維護法第80條第1項第1款規定對社會安寧究竟改善、維護了些什麼。甚且，現時性觀念、社會風氣之開放及視聽網路之發達，所謂「援助交際」、「一夜情」、「炮友」等用以描述社會現象之用語早已充斥於我們的日常生活之中，性產業（諸如成人電影、雜誌、小說、網站、情趣用品、脫衣舞孃、鋼管秀等）更是蓬勃發展，此均可反應社會秩序維護法第80條第1項第1款並無助於改善社會風氣之良善。反而因為法令之禁止，致使性交易者長期遭受污名化，進而地下化，增加行業管制之困難，犯罪黑數顯然更為可觀，是就手段能否達成管制目的之評估顯然缺乏實證及數據上之支持。

（三）就必要性而言，社會秩序維護法第80條第1項第1款對性交易採取完全禁絕之態度，然比較英國、荷蘭、德國、澳洲等先進國家就性交易之管制模式，可知現行的管制手段並非對人民侵害最小者。由於現行全面禁止，違者處罰之管制手段，不僅無助於管制目的，甚且導致性交易工作者遭

遇黑道、經紀人、客人、老鴇，甚至員警之暴力、脅迫、
剝削或債務不履行（白嫖）時，礙於自身行為亦屬違法，
而有求助無門之困境。其實觀諸人類社會發展，應可清楚
認知性交易根本無從禁絕，與其任由地下化、污名化，衍
生更多的剝削、宰制、暴力、衛生、市容等問題，不如直
接明白了當地承認性交易作為一種特殊之職業類別，固然
應受管制，但管制之手段應僅侷限於營業之方式、時間、
地點等執行業務之細節事項，此與現行全面禁止，違者處
罰之管制手段相比，顯然是對人民（即從事性交易工作
者）權利侵害較小之手段，且有助於保護性交易工作者免
於暴力、脅迫及剝削。

（四）就狹義比例性而言，由於從事性交易在現今社會之主流道
德評價上仍處較為負面的觀點，是非萬不得已，甚少有人
願以從事性交易為其一生職志，從事此一行業者多有不得
已之苦衷，且絕大多數都是經濟窘迫且無一技之長之弱勢
族群，其等長期處於社會邊緣，唯一的謀生工具就只有人
類最原始的肉體，完全禁絕其等從事此行業，無異於剝奪
其生存工具，對其權利侵害之程度極為重大，而侵害、剝
奪其等權利之目的卻僅係為空泛且純屬主觀感受之社會安
寧，其間之荒謬與不符比例不言可喻。

六、社會秩序維護法第80條第1項第1款規定違反平等原則

現行「罰娼不罰嫖」之立法，對於提供性服務者與接受性服務者
採取了差別待遇，此差別待遇之基礎在於是否意圖得利，意圖得
利之賣方受處罰，給付對價之買方則不受處罰，惟以此作為差別
待遇之基礎顯不符事物本質而不具合理性。蓋性交易係指有對價

關係之性行為，係當事人兩造自願、合意、共同促成的買賣行為，而如上所述，立法者禁止此有對價關係之性行為應係出於對「維護公共秩序，確保社會安寧」之想像，所著重者就是性交易這個關係本身，與何人得利並無關聯。再者，供給與需求是相互影響的，有需求始有供給，亟需性服務之買方對於性交易之存在與否有著決定性之因素，既然買方與賣方共同肇致性交易的發生，何以僅罰賣方，不罰買方，此一規定顯然有違平等原則。

七、註釋

註一、黃榮堅，對於性交易的刑法觀點-兼評大法官釋字第623號解釋，刊於：政治與社會哲學評論第23期，民國96年12月，第199頁。

註二、蔡宗珍，性交易關係中意圖得利者之基本權地位的探討，刊於：律師雜誌第228期，民國87年9月，第73頁。

註三、甯應斌，性工作是否為工作？馬克斯的商品論與性工作的社會建構論，收於：異議（下冊），徐進鈺、陳光興編，臺灣社會研究雜誌社，民國97年9月出版，第120頁。

註四、陳宜中，性交易該除罪化嗎？對性別平等論證的幾點省思，刊於：政治與社會哲學評論第27期，民國97年12月，第1頁以下。

註五、蔡宗珍，性交易關係中意圖得利者之基本權地位的探討，刊於：律師雜誌第228期，民國87年9月，第71頁；張天一，引誘媒介性交或猥褻罪之問題檢討-以性交易行為之可罰性為中心，刊於：軍法專刊第74卷第7期，民國90年7月，第35頁。

肆、關係文件之名稱及件數

臺灣○○地方法院○○簡易庭98年度○○字第11、12號裁定各1

件。

此　致

司　法　院

聲請人　臺灣○○地方法院

法官　○　○　○

中華民國九十八年九月二十一日

（本件聲請書其餘附件略）

〔嘗試解說〕

亦試著解說本件聲請書。其聲請書格式，亦符合大審法第8條第1項之規定；再者，原因案件也在繫屬中，亦有裁定停止訴訟，也「適用」系爭規定且宣告違憲對原因案件結果當然有影響。這部分與前一份聲請書相同。

然而，從結果論，聲請書論理當然也應符合大法官解釋所闡釋的**「詳敘其對系爭違憲法律之闡釋，以及對據以審查之憲法規範意涵之說明，並基於以上見解，提出其確信系爭法律違反該憲法規範之論證，且其論證客觀上無明顯錯誤者」**。但細究之下，恐怕第二份聲請書已因有前一份聲請書被議決受理，而較單純地被併案。但法官在極為繁忙的審判工作之餘，仍願意投入時間聲請釋憲，值得社會各界肯定。

例如：聲請書於本案疑義之性質與經過（二）附帶提到**「社會秩序維護法第80條第1項第2款，該款規定，在公共場所或公眾得出入之場所，意圖賣淫或媒合賣淫而拉客者，處3日以下拘留或新臺幣3萬元以下罰鍰。」**旁論並無聲請違憲的該條「拉客」要件，應該如何進行合憲性解釋，這一部分，實與本聲請案無關聯。

又此聲請書單從釋字第554號解釋已承認「性行為自由」，即認為大法官解釋進而肯認尋歡問柳的「性交易自由」云云，查我國憲法規範意旨是否包括此等類型的行為自由，從客觀論理角度觀察，恐怕也快了一些！惟「性交易自由」部分，本號（釋字第666號）解釋理由書著實同樣缺乏論述，殊為可惜。

再者，聲請書認為「**社會秩序維護法第80條第1項第1款雖未明文禁止性交易，然因其制裁效果，實質上具有禁止從事性服務之意，相當於國家對於性交易為一種職業類別之全盤否定，自應採取最嚴格之審查基礎。**」然查系爭規定之處罰為「**處3日以下拘留或新臺幣3萬元以下罰鍰**」實質上是否有「**禁止從事性服務之意，相當於國家對於性交易為一種職業類別之全盤否定**」亦非無討論空間。

（二）釋字第646號解釋許玉秀大法官不同意見書

釋字第646號解釋許玉秀大法官不同意見書，曾揭露其對該號法官聲請釋憲程序審查的「心證」，對於解說法官聲請釋憲之程序要件，相當值得參考，收錄如後：

「依本院釋字第三七一號暨第五七二號解釋，各級法院法官聲請本院大法官解釋憲法，首先應審查遭違憲質疑的規範是否具有裁判重要性，亦即聲請解釋的系爭規範，是否為原因案件所應適用的法令，且該系爭規範如果違憲，裁判結論是否將有所不同。

本件原因案件確實屬於未依規定辦理『電子遊戲場業營利事業登記』，而應該適用電遊場條例第二十二條規定予以處罰的情形，倘若該規定違憲，則被告應受無罪判決，因此聲請解釋的電遊場條例第二十二條確實具有裁判重要性。

其次應審查聲請人是否提出客觀上確信法律違憲的具體理由。

系爭規定所處罰的是違反電遊場條例第十五條規定的行為。聲請書指出，電遊場條例第十五條之所以要求電遊場業應為營利事業登記，目的在於國家為課稅而將電遊場業納入國家公權力管理，固然符合憲法第二十三條增進公共利益的目的性要求，但電遊場業如果未為營利事業登記，仍可先施以行政處分，例如可以罰鍰、勒令歇業或斷水斷電，且規範目的既在於課稅，依據加值型及非加值型營業稅法第四十五條規定，已可處一千元以上一萬元以下罰鍰，於受通知限期補辦營業登記而逾期未補辦，尚可連續處罰，均可達到法律要求的目的，逕以同條例第二十二條所規定的刑罰手段逼迫辦理營業登記，與刑罰最後手段原則不符，違反必要性原則，而不符合比例原則的要求。

除此之外，聲請人主張，電子遊戲機僅屬單純娛樂工具，本質上對社會並無任何危害性與不法性，相較於一般都會區所常見的特種營業場所如酒店、有女侍的KTV、舞廳等商業活動，對於社會的危險性顯著較低，反觀該等商業活動如違反營業登記規定，均僅有行政罰，唯獨對於電遊場業有刑罰規定。立法上對電遊場業與其他營利事業為差別處理，既無實質理由，顯然與平等原則不符。

至於系爭規定所類比的公司法第十九條第二項規定，處罰未經設立登記而以公司名義營業的行為，目的在於保護交易安全，尤其是保護交易相對人，因為公司的營業通常具有大量及反覆性，未設立登記而以公司名義營業，可能對交易秩序造成嚴重負面影響；相對地，要求電遊場業為營利事業登記，只有便利行政管理及租稅課徵的目的，對於交易安全及交易秩序，不至於產生類如公司未設立登記而營業的影響，立法者竟然類比而施以刑罰，甚至處以更高的罰金刑，顯然有違

平等原則。

　　聲請人對於據以審查的憲法規範意涵、系爭規定的立法目的與適用效果，以及是否違反憲法上比例原則和平等原則，確實提出具體說明，相關的違憲論證，並沒有形式邏輯上的明顯錯誤，本件聲請符合上開解釋所定的受理要件，本件聲請應該予以受理。」

第三節　嘗試解說幾件法官聲請不受理決議案

　　實務上對法官聲請釋憲，所要求的程序要件，即所謂法律適用的「大前提」，節錄如下：「**按法官於審理案件時，對於應適用之法律，依其合理之確信，認為有牴觸憲法之疑義者，各級法院得以之為先決問題，裁定停止訴訟程序，並提出客觀上形成確信法律為違憲之具體理由，聲請大法官解釋。其中所謂『提出客觀上形成確信法律為違憲之具體理由』，係指聲請法院應於聲請書內詳敘其對系爭違憲法律之闡釋，以及對據以審查之憲法規範意涵之說明，並基於以上見解，提出其確信系爭法律違反該憲法規範之論證，且其論證客觀上無明顯錯誤者，始足當之。如僅對法律是否違憲發生疑義，或系爭法律有合憲解釋之可能者，尚難謂已提出客觀上形成確信法律為違憲之具體理由，業經本院釋字第三七一號、第五七二號解釋闡釋甚明。[7]**」

　　整理上述的大前提。法官聲請釋憲，必須提出客觀上形成確信法律為違憲的具體理由。何謂「提出客觀上形成確信法律為違憲的具體理由」，

---

[7]　參見99年6月4日大法官第1359次會議議決不受理案件、99年2月12日大法官第1352次會議議決不受理案件、96年1月13日大法官第1313次會議議決不受理案件等。

指：

(1)應於聲請書內詳敘其對系爭違憲法律之闡釋（下稱具體1）；

(2)對據以審查的憲法規範意涵之說明（具體2）；

(3)基於以上見解，提出其確信系爭法律違反該憲法規範的論證（具體3）；

(4)且其論證客觀上無明顯錯誤者（具體4）；

(5)不包括僅對法律是否違憲發生疑義，或系爭法律有合憲解釋之可能者（具體5）。

對照釋字第371號及第572號解釋，可知實務上檢視法官聲請案的五個要件，係承襲釋字第572號解釋對釋字第371號之「提出客觀上形成確信法律為違憲的具體理由」所設下的「多重障礙」而來。接下來本節嘗試從這五個要件檢視四件大法官議決不受理法官聲請案：

一、99年6月4日大法官第1359次會議議決不受理案件

「……本件聲請人因審理臺灣宜蘭地方法院九十八年度宜簡聲字第五號、第九號及第十號等確定訴訟費用額事件，認所應適用之法律扶助法第三十五條第一、二、三、五項（以下稱系爭規定）關於酬金視為訴訟費用之一部，財團法人法律扶助基金會得向負擔訴訟費用之他造當事人請求歸還其支出之酬金之相關規定，有牴觸憲法第七條之平等原則，而侵害應負擔訴訟費用他造之財產權疑義，聲請解釋。……惟查1、聲請人反覆指摘酬金視為訴訟費用之規定，究屬一般性或例外性之規定問題為不當，**尚非已詳敘其對系爭規定違憲之闡釋，以及對據以審查之憲法規範意涵為具體說明**。2、聲請人一再指摘立法理由具有瑕疵，但系爭規定立法理由如何，是否因而導致系爭規定已無合憲解釋之可能，聲請人並無敘述，且立法理由縱有瑕疵，相關法條未

必即屬違憲。3、至於系爭規定本身，有關律師酬金應否視為訴訟費用之一部，或其酬金應否由國家負擔之立法政策問題，其與相關憲法規範間，**客觀上究發生如何牴觸憲法，亦未見聲請人為合理之必要論證**。又訴訟費用之徵收範圍及其計算如何，要屬立法裁量之問題，與當事人在民事訴訟上之地位平等與否無涉。綜上所述，**尚難謂已提出客觀上形成確信法律為違憲之具體理由**。是本件聲請，核與本院釋字第三七一號、第五七二號解釋所定聲請解釋要件不符，應不受理。」

〔嘗試解說〕

從不受理決議文觀察，聲請書「反覆指摘酬金視為訴訟費用之規定，究屬一般性或例外性之規定問題為不當」，並未從憲法角度論證「酬金視為訴訟費用之規定」，究竟是如何地牴觸其所指摘的憲法第7條平等原則；以及聲請書並未對據以審查之憲法規範意涵——即憲法第7條平等原則為具體說明。即與前述（具體1）及（具體2）要件不符。

再者，聲請書也未闡述系爭規定已無合憲之可能。這與（具體5）要件不符。因為法官適用法令本有合憲性解釋原則作為其適用前提，雖然這個要件嚴格檢視下並非無疑[8]。

至於因為聲請書已與具體1、2、5之要件不符，自然不會認為聲請書客觀上已提出確信法律為違憲的具體理由，結論則是：議決不受理。

二、99年2月12日大法官第1352次會議議決不受理案件

「……本件聲請人因審理臺灣板橋地方法院九十七年度重訴字第

8　參考本章第二節的解說。

五六八號債務人異議之訴事件，認所應適用之民法繼承編施行法第一條之二規定（下稱系爭規定），有牴觸憲法第七條、第十五條、第二十三條規定、法律不溯及既往原則、信賴保護原則、法安定性原則及司法院釋字第五七四號、第五七七號、第五八九號解釋之疑義，經裁定停止訴訟程序，聲請解釋。查聲請意旨略謂，民法繼承編施行法第一條之二第一項規定：『繼承在民法繼承編中華民國九十七年一月四日前開始，繼承人對於繼承開始後，始發生代負履行責任之保證契約債務，由其繼續履行債務顯失公平者，得以所得遺產為限，負清償責任。』係將九十七年一月二日修正公布之民法第一千一百四十八條第二項之規定，全面溯及適用於上開規定施行前已發生之繼承保證債務，違反法安定性及信賴保護原則、侵害債權人之財產，且有失公平云云。**惟聲請意旨並未就系爭規定如何牴觸憲法為必要之論證，亦未敘述上開第一項『由其繼續履行債務顯失公平』之規定，何以無從限縮系爭規定溯及適用之範圍，致無合憲解釋之可能，故尚難謂已提出客觀上形成確信法律為違憲之具體理由。**是本件聲請，核與本院釋字第三七一號、第五七二號解釋所定聲請解釋要件不符，應不受理。」

〔嘗試解說〕

本件不受理理由直接認為「**聲請意旨並未就系爭規定如何牴觸憲法為必要之論證**」，而且尚有合憲解釋之可能，因此「**尚難謂已提出客觀上形成確信法律為違憲之具體理由**」，議決不受理。

第一個理由比較主觀，須從聲請書去推敲。其次則以尚有合憲解釋餘地為理由，綜合推導出未具體指摘，亦可見「有無合憲解釋空間」在法官聲請不受理決議上所占之重要性。但這個要件實非無疑，已如前述。

三、96年11月16日大法官第1313次會議議決不受理案件

「……惟查，其聲請解釋之理由，略以：上開本院院字解釋，均將法文所稱『判決前』之時間點，解釋限於本案發回更審前之第三審法院判決前，認只要經第三審法院判決發回更審一次之案件，均不許上訴人撤回原第二審上訴，此係加上法文所無之限制，是否妥適，似非無再研究之餘地；且上開本院院字解釋之適用，似宜妥為限縮解釋，不應一體適用等語。**核其所述，僅係就上開本院院字解釋是否違憲發生疑義，並建議將之作限縮解釋而已，對於系爭院字解釋如何違反憲法，尚乏具體論證，自難認已於聲請書提出客觀上形成確信系爭院字解釋為違憲之具體理由。**本件聲請核與本院釋字第三七一號、第五七二號解釋所定之聲請解釋要件不合，應不受理。另查，刑事訴訟法第三百五十四條原規定：『上訴於判決前，得撤回之。』業於中華民國九十六年七月四日經總統公布修正為：『上訴於判決前，得撤回之。案件經第三審法院發回原審法院，或發交與原審法院同級之他法院者，亦同。』是**系爭本院院字解釋之法律見解已失所附麗，本件聲請書所述之違憲疑義已不復存在，核無再予解釋之必要，**併予指明。」

〔嘗試解說〕

本件係對司法院院解字某一號解釋為聲請客體，建議應為限縮解釋以合憲，但未就該號解釋究竟如何牴觸憲法為說明，難謂已客觀具體指摘。

另一個重點則揭露，若相關爭議已修法公布施行，則程序上亦有認為該違憲疑義已不復存在，核無解釋必要，也會成為不受理的理由之一。值得注意。

四、95年12月29日大法官第1297次會議議決不受理案件

「……聲請人並未具體指明本院釋字第四一八號解釋對正當法律程序及訴訟權保障之憲法內涵之闡釋，有何文字晦澀或論證不周之情形，即以刑事訴訟法之準用有所疑義、無明確之程序規定可資適用為由，遂認系爭規定違反憲法第十六條規定；復未說明立法機關基於行政處分而受影響之權益性質、事件發生之頻率及其終局裁判之急迫性以及受理爭訟案件機關之負荷能力等因素之考量，進而兼顧案件之特性及既有訴訟制度之功能而為不適用行政訴訟法之設計，是否尚不足以作為與一般行政救濟事件差別待遇之正當理由，即遂認系爭規定違背憲法第七條規定，**尚難謂已提出客觀上形成確信法律為違憲之具體理由。至道路交通案件處理辦法並非法律，法官於審判上並不受其拘束，該處理辦法第五條至第九條及第二十條規定，均不得為法官聲請解釋之客體。**綜上所述，本件聲請核與本院釋字第三七一號、第五七二號解釋所定聲請解釋要件不符，應不受理。」

〔嘗試解說〕

本件不受理理由要求聲請書「具體指明本院釋字第四一八號解釋對正當法律程序及訴訟權保障之憲法內涵之闡釋，有何文字晦澀或論證不周之情形……」似對法官聲請期許甚高，望其能有相當於「大法官」的程度，直指某一號釋字解釋有何「文字晦澀或論證不周之情形」。

另外，認為「辦法」只是命令位階，並非法律，法官於審判上不受其拘束，因此理由中陳明「辦法」尚不得為法官聲請之客體，程序上亦值得注意。但這個見解，學理上恐有爭議。法官審判中若認為「命令」有違法或違憲疑義，得表示適當之見解並拒絕適用，或可

推導出法官有具體的命令違憲審查權；但這「拒絕適用」命令，與大法官解釋得直接宣告該命令「違憲」，具有拘束全國各機關與人民之效力，有所不同，是否即據此認定法官對違憲之命令無釋憲聲請權限，或許有討論空間。

第八章 終回：大法官解釋程序實務圖像[1]

第一節 大法官解釋的程序問題

一、源於聲請人對釋憲程序的陌生

近10年來，聲請大法官解釋的案件數量約莫從200件到去年（99年）的561件，不受理的比例仍高達9成，去年更達9成59！而且重複聲請的案件感覺上有越來越多的趨勢，若非聲請人刻意不斷地重複聲請（世上就是有些人，即使是踢到鐵板，仍想像終會有將鐵板踢破的一天），就是因為不了解聲請程序而一再地表達對法律的失望，且在失望中仍懷有對一絲正義曙光的盼望！

但實務上，很高比例的不受理案件，源自於聲請人對釋憲聲請程序的不了解或誤解導致。誤以為大法官解釋是第四審、誤以為大法官解釋可以直接救濟個案、誤以為大法官解釋可以更正下級審法院的「事實」判斷或證據取捨、誤以為大法官解釋可以揪出違法裁判的「法官」或刑求逼供的「警察」、誤以為大法官解釋如同寶刀屠龍，屠龍一出，誰與爭鋒（這只

---

1 本書選：巴哈無伴奏大提琴組曲（Bach's Cello Snite）。音樂之父巴哈創作的這六首著名的傳世傑作，百聽不厭。這六首無伴奏大提琴組曲，「和巴哈其他大部分的曲子一樣，並沒有在樂譜上寫下很清楚的速度記號，以及演奏時所需的表情術語，因此近代以及現代的大提琴演奏家們，都是依照自己的想法，來為這一部作品進行詮釋，於是巴哈的無伴奏大提琴組曲，就陸續出現不同的詮釋版本。」愛樂寶盒，台北愛樂文化有限公司出版。這有如立憲主義民主憲政國家的憲法，繼受國的憲法條文、運作落實與實踐情狀，每每不同，都有其國情不同需要而修正或微調，但仍是堅守立憲主義的民主憲政精神，大法官解釋適正其重要推手與守護者。

存在武俠小說所想像的世界裡）！

　　而也有很高的聲請書比例，從聲請理由觀察，汲汲營營地欲「鑽」過大法官解釋程序的「例外」關卡，但往往都是不受理收場。大法官解釋程序有一套既定的方法與程式，當然不是百分百無瑕，確實有些不得不然的例外情況，誠如所有的制度都不是一蹴可幾至完美，尤其我們是法律繼受國，「橘越淮非成枳」，已屬慶幸，且大法官解釋長期對我國民主憲政，尚能發揮相當大的正面功能，這是非常不容易的事情，多少憲政前輩的努力以及心血結晶，都在大法官會議解釋及意見書上，這是我國的憲政寶藏。

　　然而，部分聲請人無心探究大法官審理程序，卻誤以為自己的聲請案就是那受理原則的「少數例外」，一再地重複聲請，悉終得「平反」或「澄清」。大法官會議解釋並不是這樣的功能與角色。聲請人應如何聲請釋憲，程序上須遵守何等規定，本書已盡力詳細解說，希冀能略盡棉薄，讓聲請人將氣力集中在法律程序所明定應該集中的關鍵處。

二、源於釋憲程序本身的問題

（一）人民聲請釋憲應否強制律師代理

　　在我國，民事訴訟事件上訴到第三審時，法律明定採律師強制代理制度（民事訴訟法第466條之1）。另外，現行民事訴訟法第474條亦規定，原則上第三審的判決應經言詞辯論，而第三審法院行言詞辯論時，應由兩造委任律師代理之。這項規定是在民國92年2月7日修正公布，其立法理由：「第三審法院行言詞辯論時，係**以原判決是否違背法令為其主要內容，非具法學素養及實務經驗者，無從適當之言詞辯論**，爰增設第二項。」

　　再看刑事訴訟部分，自訴案件則強制須由律師代理（刑事訴訟法第37

條）。而刑事訴訟法第389條則規定，第三審法院判決原則上不經言詞辯論（這與民事訴訟不同），但若開言詞辯論庭，則非以律師充任代理人或辯護人，不得行之。這項規定，從民國24年有刑事訴訟法以來就是如此，除了民國56年間本條更改了一個標點符號以外，不談。

　　至於行政訴訟法規定，雖非直接強制須由「律師」代理，但是根據民國96年的修法，行政訴訟法第49條第2項及第3項規定，「原則上」行政訴訟應以律師為訴訟代理人，但例外只有限於下列三種情況，可以「無須委任律師」為訴訟代理人，但必須得審判長的許可：「一、稅務行政事件，具備**會計師**資格者。二、專利行政事件，具備**專利師**資格或依法得為**專利代理人**者。三、當事人為公法人、中央或地方機關、公法上之非法人團體時，其**所屬專任人員**辦理法制、法務、訴願業務或與訴訟事件相關業務者。[2]」所以例外的情況是稅務案件、專利案件或者國家機關的案件，**「非專業人士」依舊不得提起行政訴訟**。

　　承上所述，人民聲請大法官解釋是否也應立法明定強制律師代理呢？除了召開言詞辯論時，大審法第13條第2項準用第22條規定，委任訴訟代理人以律師或法學教授為限外，聲請大法官解釋是否也應規定必須強制由律師（或其他專業人士）作為訴訟代理人，方得提出釋憲聲請狀？暫存這個問題的解說，因為下一個問題亦與此相關。

（二）人民聲請釋憲應否繳納訴訟費用

　　我國刑事案件訴訟毋須繳納訴訟費用。因此有戲稱我國法院是免費的

2　立法理由為：「訴訟代理人應以律師充之。但在稅務、專利行政事件，會計師、專利師或依法得為專利代理人者，有足夠專業素養為訴訟代理人，以應實際之需求。會計師及專利師或專利代理人之資格分別依會計師法第一條、專利法第十一條之規定。又當事人為公法人、中央或地方機關、公法上之非法人團體時，其所屬專任人員辦理法制、法務、訴願業務或與訴訟事件相關業務者，有充分之專業知識，足資擔任訴訟代理人，爰訂定第三款。」

「討債公司」[3]。民事案件，則採有償主義，原則上原告起訴時即須預繳裁判費，裁判費的計算依據民事訴訟法第77條之13以下，區分因財產權與非因財產權起訴之案件而異。非因財產權起訴之案件，如請求確認收養關係成立之訴，徵收裁判費新台幣三千元。

因財產權而起訴，「其訴訟標的之金額或價額在新臺幣十萬元以下部分，徵收一千元；逾十萬元至一百萬元部分，每萬元徵收一百元；逾一百萬元至一千萬元部分，每萬元徵收九十元；逾一千萬元至一億元部分，每萬元徵收八十元；逾一億元至十億元部分，每萬元徵收七十元；逾十億元部分，每萬元徵收六十元；其畸零之數不滿萬元者，以萬元計算。」係採分級累退計費之方式。

而行政訴訟事件，民國96年7月4日修正公布的行政訴訟法第98條規定，敗訴的當事人須負擔包括裁判費與其他進行訴訟必要之費用，即所謂「訴訟費用」。起訴時，按件徵收裁判費用新台幣4千元，若是簡易訴訟程序，則徵收2千元。上訴則加徵裁判費2分之1（行政訴訟法第98條之2）、再審、抗告及部分聲請或聲明，徵收裁判費新台幣1千元（同法第98條之3、4、5）。其立法理由：「為建立行政訴訟之裁判費徵收制度，以符合實際需求……」其背後原因之一可能存有「防止濫訴」的想法。

現行聲請釋憲則毋須繳納任何訴訟費用。

我國是否應如同民事訴訟與行政訴訟關於訴訟費用建制的考量，增訂人民聲請憲法解釋亦須繳納訴訟費用？這個問題與上述人民聲請釋憲是否應委任律師強制代理一樣，並不是那麼直觀地以「防止人民濫用聲請權」、「防止案件洪流化」或「……就法令規範為審理之案件，涉及諸多憲法理論，鑒於一般聲請人常因未具備法學專業知識，致其聲請未能獲大

---

3 事實上，也不僅只有討債案件；亦非「免費」，費用是來自全體納稅義務人的稅收。

法官為受理之評決[4]……」作為理由。

這兩個問題應該回頭檢視大法官解釋建構「人民聲請釋憲」程序的本質。

學理說法，根據憲法對人民基本權的保障，人民本得向國家主張基本權利，包括防禦權、受益權、給付請求權等等，憲法第22條更明定：「凡人民之其他自由及權利，不妨害社會秩序公共利益者，均受憲法之保障。」這是基本權的主觀公權利面向，除此之外，基本權尚有客觀法規範的性質，即基本權蘊含著集體國家秩序及社會共同生活秩序之基本原則於內[5]。無論如何，人民根據憲法本得向國家主張基本權，不應額外在程序上設下限制（當然包括強制律師代理與訴訟費用之負擔）。

通俗地說，本書認為：建制上若需律師強制代理或負擔一定訴訟費用，則與人民得聲請釋憲的本質不合。就是因為憲法留有一條小路，讓人民可以直接「挑戰」不公不義的法令（再三強調，是挑戰違憲的「法令」，而不是訴訟個案的勝敗），人民可以據以主張憲法基本權，也可以讓國家社會更加民主法治化，不僅不得設下任何訴訟程序的「障礙」，反而更應推廣讓社會大眾「正確瞭解」這個管道，人民可以直接「單挑」不公不義的法令使之被宣告違憲，讓不公不義的法令從此消失，使我們的法律更公平一些，更正義一些。何能在程序上設下障礙？更何況是涉及「財產」與「專業」的障礙，此舉對經濟弱勢或社會資源缺乏的人民而言，毋寧是一種變相的歧視，也矮化了釋憲層次。

（三）可否對大法官會議議決的不受理決議聲明不服

釋字第395號解釋孫森焱大法官協同意見書曾表示：「……**再審原告**

---

[4]　參照憲法訴訟法草案（94.12.28）第11條修法理由說明。司法院網站公布。

[5]　學理稱此為「基本權的雙重性質」，參照：張嘉尹，基本權理論、基本權功能與基本權客觀面向，收錄：當代公法新論（上），元照出版社，2002年7月出版，頁47以下。

提起再審之訴，符合上開訴訟權之所謂核心內容：『保障人民有向司法機關提起訴訟，獲得公平審判之權利。』果爾，司法院大法官審理案件法第二十九條規定：『對於憲法法庭之裁判，不得聲明不服。』類此禁止提起再審之訴之規定，因與核心內容牴觸，概屬違反憲法第十六條之規定而應歸無效矣。……」

這號解釋在探討人民訴訟權的保障範圍，有無包括得聲請救濟的次數？例如，訴訟建制設計必須要給人民「再」與救濟的幾次機會？方符合我國憲法保障人民訴訟權的問題。

釋字第395號解釋認為當時的公務員懲戒法「第三十三條第一項所稱『懲戒案件之議決』，並不以原第一次議決為限，苟再審議之議決仍具備再審議之原因者，除該法第三十九條第二項有不得更以同一原因提出再審議聲請之限制外，尚非不得就再審議之議決以不同原因提出再審議之聲請。」基於訴訟權保障，認為系爭的公懲會案例違憲。

但釋字第395號解釋孫大法官對此不以為然，認為如果這也算是訴訟權保障的核心範圍，那司法院大法官審理案件法第29條規定：「對於憲法法庭之裁判，不得聲明不服。」不就應宣告違憲了嗎？大審法第29條是對憲法法庭之裁判，但釋憲實務對「不受理決議」也同樣認為不得聲明不服[6]。

然而本書認為，大審法實無明文限制不得就不受理決議聲明不服，根據釋字第395號解釋的意旨以及這是屬於限制人民權利義務的事項，基於法律保留理念，將來應該要有法律明定為是。

---

6 「本院大法官審理解釋案件所為程序上不受理決議，並無聲明不服之規定，聲請人亦不得據以聲請解釋憲法。」99年12月24日大法官第1367次會議議決不受理案件、99年11月19日大法官第1366次會議議決不受理案件、99年3月26日大法官第1353次會議議決不受理案件等等參照，為數不少。

（四）統一解釋「與其他審判機關」要件非顯明確，建議修法

實務上收到很多當事人聲請統一解釋的案件，多是誤解大審法第7條第1項第2款所謂「與其他審判機關」要件，而被以「查其所陳，並非就不同審判系統法院（如最高法院與最高行政法院）之確定終局裁判，適用同一法律或命令時所表示之見解有異之情形，聲請統一解釋，核與司法院大法官審理案件法第七條第一項第二款之規定不合，依同條第三項規定，應不受理。[7]」為由不受理。

類似這種法定要件並不夠明確，語意不夠清楚者，實應於將來修法時修正使之更為明確，方利人民聲請，而不是設下一個「陷阱」。惟人民聲請統一解釋部分，本有其實踐上的難題，已如本書第六章第二節所述，國家救濟制度，不應存有一個「看的到、摸不著」的海市蜃樓、蓬萊幻影，本書建議修法時應完全廢除人民聲請統一解釋制度。

（五）「無釋憲價值者，不予受理」應立法明定

人民聲請釋憲制度的設計，若一開始時即降低人民聲請釋憲的門檻，廣開大門後，為維持釋憲品質，讓大法官會議能集中心力在「重要憲法價值」的案件，就應當在眾多案件進來後，賦予大法官會議「選案」的機制；反而言之，若一開始時選擇提高釋憲門檻，只開一扇小窗戶，唯有少量案件能鑽的進來（如強制律師代理或徵收訴訟費用等），則為保障人權，只要符合程序要件，就應該逢案必辦，既使是理所當然合憲的解釋，也必須成案公布。

現行法尚無法律明文規定，大法官會議得以選案。不受理案件有時會「僅」以「尚非具體指摘」為由，常會被外界質疑大法官會議選案[8]。與

7　參照本書第6章第2節二的解說。

8　請注意，不受理案件決議文「僅」以「尚非具體指摘」者，其實不多。多數會以複數的理由做出不受理決議，但若只有一個「尚非體指摘」為不受理理由者，常會給外界選案的印象。

其迂迴閃躲側身，不若光明嚴正挺立，建議修法時明定此要件，賦予大法官會議選案機制，公諸於世，由民意來檢討審議。但若一方面提高人民聲請釋憲之門檻（如繳納裁判費、強制律師代理等），一方面卻又賦予大法官會議選案的機制，（前門堵住，又打開後門）則恐過於恣意。

憲法訴訟法**草案**（94.12.28）第45條第1項增訂「**聲請案件欠缺憲法上權利保護之必要，或欠缺憲法上之原則重要性者，得不予受理。**」增訂理由為「關於憲法爭議、法令違憲審查或統一解釋之聲請案件，於符合第三十九條或第四十條規定時，憲法法庭固應予以受理，惟為節約司法資源，並期大法官能集中心力於具重要性憲法案件之審理，爰賦予大法官得經一定人數以上之同意，決定就欠缺憲法上所保障之權利或憲法上原則重要性之案件，不予受理。」這部分的草案規定，值得進一步研究相關配套措施。

（六）法官聲請要件過於嚴苛

根據釋字第371號、第572號與第590號解釋，法官聲請釋憲的門檻相當地高，除了案件必須在繫屬中，而且系爭法令宣告違憲對審判結果有影響外，**須於聲請書內：詳敘其對系爭違憲法律之闡釋、對據以審查之憲法規範意涵之說明、提出其確信系爭法律違反該憲法規範之論證，且其論證客觀上無明顯錯誤**，如僅對法律是否違憲發生疑義，或系爭法律有合憲解釋之可能者，尚難謂已提出客觀上形成確信法律為違憲之具體理由。顯然要聲請釋憲的法官，過五關斬六將，方得翻得出大法官會議受理程序的手掌心。

尤其是「系爭法律有合憲解釋之可能者」這個要件，實有邏輯上的錯誤，如果無合憲解釋的可能方可通得過程序審查，是否表示已拘束大法官會議，其後的實體判斷必須做出違憲解釋？但事實上，有一半以上的法官聲請解釋案，最後的解釋結果卻是合憲！大法官解釋打開法官聲請解釋的

大門，但卻設下重重關卡，不僅客觀障礙，也亦流於大法官會議主觀恣意，本書建議，未來若修法，應該將法官聲請釋憲的要件明白清楚簡便地規定。尤其觀之歷號法官聲請釋憲的解釋案，對我國民主憲政發展貢獻卓著，法官聲請釋憲制度實不可或缺。

憲法訴訟法**草案**（94.12.28）第39條第1項第5款增訂「法官就其受理之訴訟案件或非訟事件，對裁判上所應適用之法律，確信其牴觸憲法者。」得聲請憲法法庭為裁判。若再配合該法草案第45條第1項增訂「聲請案件欠缺憲法上權利保護之必要，或欠缺憲法上之原則重要性者，得不予受理。」，未來法官聲請釋憲若真如草案的設計機制，則相當簡明清楚、乾淨俐落，比諸現行法官聲請釋憲程序實務，更令人期待！但是釋字第572號解釋所揭示的要件是否於修訂新法後仍有適用，恐怕是一個不可迴避的問題。

第二節　大法官解釋的週邊爭議

一、限期解釋？大法官解釋案件之期限問題

據聞，常有聲請人為文抱怨，不知為何，其聲請案件大法官會議一直不解釋；或者立法院常以大法官解釋每年出了多少件數為其審查績效標準之一，但一件大法官解釋應該要有多久的審查時間，實非可一概而論。

例如：對人身自由保障非常有貢獻的釋字第392號解釋，宣告檢察官無羈押權以及當時的提審法第1條限定須「非法」逮捕拘禁為聲請提審之前提要件，違憲。**本號解釋前後就磨了六年之久**[9]。類此重大社會爭議問

---

[9] 從司法院網站公布之392號解釋附件，聲請人之一許○○之釋憲聲請書所載日期為民國78年

題，何時有共識？以及大法官內部間，何時會產生合議結論？所謂共識當然最好是能朝向人權保障的區塊移動，應該要多久，其實並非可制式化地限時解釋出爐。這有如臺灣俗諺：「呷緊弄破碗」！

大法官的各號解釋，若撇開人權保障里程碑以及劃定權力分立紅線的諸多重大解釋（當然遠不止本書所舉例的幾號解釋）外，剩下的只是一堆文字的集合而已。大法官身分得以在社會風評上崇高隆重，也是因為這些──人權保障里程碑以及劃定權力分立紅線的諸多解釋對我國民主法治社會的進步，著有貢獻，有目共睹。誠然並非每一號解釋都是擲地有聲、鏗鏘有力，但是只要能對我國民主憲政秩序的堅持與維護作出一些貢獻，哪怕只是某一號解釋對民主法治憲政的推動起了臨門一腳（或敲邊鼓）的作用，都是憲政國家之福。

像這樣大開大闔、有大貢獻的解釋能快的了麼？能被限期解釋嗎？能以案件數作為大法官解釋的績效嗎？如何評比？怎麼量化？

有一個故事是：法國巴黎政府為培育有潛力的藝術人才，曾提供免費食宿與優渥生活津貼給數位青年藝術家數年之久，不問成品、不計經費去向，飽受部分外國居民的批評與訕笑。巴黎居民的說法則是：「我們五百年出一個畢卡索，就夠了！我們正在培育下一個畢卡索。」而我們有沒有如此的民主涵養與憲政眼光，以及一顆包容自由的暫時脫序、為民主憲政精神奉獻的心？這只能捫心自問。

二、大法官，給個說法？

坊間曾有以這個標題所出的書籍。但這裡主要指外界常有批評大法官解釋「論理不足」的聲音。其實這是一個大哉問，也是行家才會有的疑

10月13日推算得知。

問。

　　但必須要先排除一種完全沒有「讀過」大法官解釋文及理由書者的批評聲浪。眾所皆知之事實，無庸舉證，報章媒體上很多報導根本沒有「讀過」其所批評的大法官解釋（包括解釋文及解釋理由書），或許第一手的司法記者有讀過，但引用的人（包括讀者、評論人、以訛傳訛者）真正去讀大法官解釋的人，幾希！抓一兩句話斷章取義者、刻意誤解解釋原意者、嘗試誤導解釋真意者，甚至自行創造解釋意思者，則非少數。

　　這問題的檢討其實並不容易。首先是解釋文與解釋理由書的用語是不是有過於聱牙繞口或艱澀難懂，以及解釋的原義隱含在「雲深不知處」、「坐看雲起時」？是值得反思的地方，然而，大法官解釋文及解釋理由書比諸法院「判決書」或「裁定書」或許已經相對清楚、淺顯、簡明地許多[10]。某一部分是「法律文句」本身為求精練明確所不得不然的結果，但也不排除部分「法律論述」刻意地「創造性模糊」，這是因為大法官會議解釋本來就是合議妥協的產物，但實際上這類「創造性模糊」的解釋也不多見。

　　絕大部分的解釋結論「合憲」、「違憲」、「合憲限縮」或者「建議檢討改進」等等都相當明確。結論如何，尤其是「違憲」，對人民聲請得否獲得再次救濟的機會，當然相當重要。然而，對於大法官解釋建制的本質精神而言，「論理」，其實更為重要，換句話說，大法官解釋的結論是如何「推導」出來的，此對憲政國家秩序的維護，往往比結論更加地重要。

　　白話地說，就是「講道理」。當國家最高憲政維護機關對憲政議題都

---

[10] 尤其是近年司法審判系統電腦化後，判決理由書越來越長，動輒數萬字，正面思考是詳盡、巨細靡遺、毫無遺漏，但以往一句話可以解決的事情，現在變成一個段落甚至一篇「文章」。大法官解釋文及理由書則比較不會發生這種情況。

是在「講道理」，講的道理越能讓社會大眾信服，這號解釋就越成功，在上位者講道理，在下位者能不「風行草偃」？既使是採宣告合憲或合憲限縮，只要道理講的好、講的通，相關政府機關亦會配合修法改進，如釋字第535號間接使警察職權行使法早日制定公布，就是一個著例（這類實例釋憲實務所在多有）。反之，若國家最高憲政維護機關本身，論理不明、魯魚亥豕，國家喪失理性的風氣，上行下效，這社會終將受叢林法則所支配。

但到底怎樣才算是將憲政上的道理「講清楚」？偶有大法官會議解釋認已詳盡地將其論證依序鋪陳、點滴論盡，有時外界民眾仍一頭霧水、迷惘不知所云，除了根本沒有閱讀大法官解釋文及解釋理由書，而透過自身也不知所言、刻意曲解的報章媒體外，如何算「講清楚、說明白」，古書已有正解[11]：「看書求理，須令自家胸中點頭；與人談理，須令人家胸中點頭。」、「老嫗能解之詩，便是幼婦絕妙好辭。行文如鬼咒神籤，爾雖得意，誰為點頭？」

退而求其次，若道理講的不算清楚，但若解釋的結論貼近人民，對人權保障有貢獻、使人民享有憲法利益，大方向地說，這也還算是個「稱職」的大法官解釋。但若解釋的結果完全是站在國家主管機關的立場，只為維護統治者的利益或主管機關行政的便宜性，這樣的解釋其實也毋庸為之，不如就不受理吧！歌功頌德的文章並不差大法官解釋一號。

如果解釋結果雖暫時對人民不利、人權保障暫時受隱避，但在解釋推理、論證過程中，鏗然有力、字字珠璣，留下一條更理性的道路[12]，維護住民主憲政主義的精神，留待後人評價，也許亦有相當的貢獻。

---

[11] 語出：格言聯璧，馬自毅注議，三民書局印行，2003年7月，頁29。
[12] 這或許是大法官解釋意見書的設計原理之一。

臺灣社會有個特異的現象，越是「能」展現理性討論的「場域」，就越容易受「無情」且「放大鏡式」的批評，這批評本身也許是「恨鐵不成鋼」，含有深刻的期許隱含在內。但是若真的成為一股潮流與風氣，則將模糊「理性討論」的場域本身，「好像」這裡的理性討論有多麼的不堪[13]！

再說一個故事：「標籤化」是少年刑事政策欲去除於非行少年的主流思考之一，這背後想像是，非行少年的內心說「我根本不是你們講的那樣，為什麼你們要這樣說我」！一次兩次、久而久之，「我不變成你們講的那樣，不就對不起你們了，我就變成那樣，又怎樣！」非行少年真的就變成「非法」少年，走入不歸路。我國大法官解釋雖然已經實踐數十年，但台灣社會立憲主義憲政國家的發展比諸歐美先進憲政國家，也正如同少

---

[13] 大法官會議討論的風氣如何以及大法官們事實上有多努力地工作，雖然沒有數字會說話，但我說出我的感覺與觀察。過去在研究所就讀時，位於徐州路台大國際會議廳幾乎每週末都有一場以上大型的研討會（中小型研討會更多的不可勝數，也曾有過週末一天連趕三場），當時同學戲稱，單是等每週研討會的報名便當，就不至於餓死！但此盛況後來也不知為何，不若往昔，反而是中央研究院法律籌備處和歐美所所辦的研討會越來越多越精采，當時有些同學還有蒐集報名研討會識別卡的習慣（後來因為研討會經費不足，有些連識別卡也回收了）。以學者討論為主體的研討會精采度就無須贅言（尤其晚近年輕學者，個個能言善道、口若懸河，很是吸引人），偶有實務界法官、律師或討論或評論或發表，也常是座無虛席（不像當今的學術研討會，場場幾乎都有實務界人士的參與）。我讀研究所時最喜歡參加各種各式各樣的研討會，發現能在極短時間內吸收別人多年的研究心得，非常值得，尤其還有評論與討論，也常有精采之作。但是畢業後進入大法官解釋實務工作，發現另一個廣大的公法天空。過去研討會是發表、評論與討論，**大法官會議裡則是直接面對面的法律見解近身戰鬥、短兵相接**；研討會中可以不回應或者實問虛答，大家相視一笑也就算了。但是**大法官會議中則是同時一（承辦大法官）對多位各擅勝場的大法官們，審查會裡大家一律平等，同時被存有豐富、湛深學術能力以及數十年司法實務經驗的大法官們，法學能耐即刻地被檢視與法律意見受質疑**，每一次的討論都讓承辦大法官不得不使出渾身解數，最壓箱底的功夫必須使出，方得以服眾而獲得多數支持，否則一不小心，立刻翻盤。但對旁觀的我們而言，既使是翻盤，也非常精采！因為翻盤的道理可能往往更勝一籌。這些過程通常鮮少出現在大法官解釋文或理由書，也不是單看文字所得想像出全貌！

年般，需要成長的空間以及環境（若從解嚴起算，也才二十多年）如同少年也需要不斷地被鼓勵以及「去標籤化」，更何況大法官會議還是我國憲政「模範生」。如何維護大法官會議解釋制度，著實需要社會集體的「憲政智慧」！

三、到底聲請大法官解釋能不能得到「救濟」？

先談何謂「救濟」？

如果所謂的救濟是指「判我贏」，這恐怕與聲請大法官解釋的實際結果還有一大段距離。多數是再給個重新審理的機會，但還要看聲請人所主張違憲的法令是什麼，以及憲法上什麼樣的基本權受侵害，無法一概而論。

舉近來一號學生對「非」嚴重如退學的學校處分，可否主張行政爭訟的釋字第684號解釋為例。聲請人之一有因為院際選課被否准而聲請解釋，釋字第684號解釋認為受權利侵害的學生應有行政爭訟機會，不僅只有在類似退學的嚴重處分才可以，因此解釋結果賦予學生一般性受教育權利的救濟權。

這號解釋結果是讓學生有救濟的權利。但是聲請人所要的應該不只是救濟的權利而已，更希望能准許「院際選課」，這部分就不在大法官解釋的範圍內，因為這是屬於大學自治的專業判斷，權限在大學，進入訴訟程序後，則在法院，不在大法官解釋，大法官解釋是基於憲法對人民訴訟權的保障而作出這號解釋，如此而已。最後這位聲請人能不能「院際選課」？還不知道，也有可能獲得敗訴，但至少可以行政爭訟，其訴訟權因為釋字第684號而獲得保障。

再以本書第三章第一節曾解說過的釋字第365號解釋為例。

舊民法第1065條曾規定若父母對未成年子女權利義務行使意思不一致

時，由父行使之（俗稱父權條款），這個規定被釋字第365號解釋宣告違憲，其後立法院也照此號大法官解釋意旨修法，現行法規定改為「得請求法院依子女之最佳利益酌定」。乍看之下，大法官解釋宣告系爭法律違憲，立法院也配合修改法律，這故事似乎皆大歡喜！

但本號解釋的原因案件顧○嫂有因而獲得小孩的監護權嗎？

請注意，被宣告違憲的法律，修法後，基於性別平等理由，改由法院介入「依子女最佳利益」決定之，然而法官真的能夠知道何謂「子女最佳利益」嗎？追蹤原因案件的後續發展，本件顧○嫂認為婚姻破裂原因錯不在她，而「他」外遇生子又施暴，顧○嫂為什麼要同意離婚？後來法院則宣告，即使「他」外遇生子又施暴，這是人格問題，與親權行使不一定有關！又因為雙方未離婚，因此沒有酌定監護權由誰行使的必要。最後還是判決顧○嫂敗訴[14]！

這是一個值得仔細思考的案件，大法官解釋的「救濟」，並不見得就是能讓聲請人獲得法院的「勝訴」。釋字第365號解釋就是一個著例，但也不會是唯一的一件。

聲請人必須重新思考聲請大法官解釋能獲得什麼樣的「救濟」，這也應該是聲請人要不要提起釋憲的考量因素之一。簡單地說，就現行制度而言，人民聲請大法官解釋其實就是在做「公益」。猶記得前述「人民聲請釋憲的建制本質」，曾說人民向主張國家基本權有兩個面向，一個是主觀公權利面向，另一個則是客觀法規範的性質，即基本權蘊含著政治共同體客觀秩序的基本元素[15]於內，這後者明顯即具有濃厚的「公益」性格。

---

[14] 大法官，給個說法！財團法人民間司法改革基金會著，2003年1月初版，頁85。

[15] 基本權的客觀法內涵，學者整理學說上比較沒有爭議的有三項：「基本權的第三人效力與放射效力」、「基本權作為組織與程序保障」與「基本權保護義務」。參照張嘉尹，同註4，頁50以下。

　　若從主觀公權利面向，因為即使聲請人之確定終局裁判所適用的「法令」被大法官解釋宣告違憲，只有再次救濟的「機會」，且聲請人並不一定最終能獲得其所想像的救濟結果，但透過被宣告違憲解釋的「嚴密論理」過程，改變了國家行政與立法機關的作為，嘉惠的是「其後生活在同一個憲政秩序下的所有人」，極有可能非是原因案件中的聲請人（這就是客觀公權利面向）。

　　所以本書說，聲請人聲請大法官解釋其實就是在做公德！而非為私利，每一號人民聲請釋憲的聲請人對我國憲政主義精神的維護，實具有相當大的貢獻，功德無量！

四、大法官的調查權限

　　根據司法院大法官審理案件法第13條規定，「大法官得通知聲請人、關係人及有關機關說明，或為調查。必要時，得行言詞辯論。」至今大法官會議總共舉行過11次言詞辯論，至於請「有關機關說明」，即所謂的內部「說明會」則開過的場次不計其數，例如邀請關係機關或專家學者表示意見而開的說明會，非常的多[16]。

　　至於一般的發公文函詢關係機關（例如稅法案件函詢財政部），讓其表達對聲請人釋憲的意見或協尋立法紀錄等相關資料，更是大法官會議常見的調查方式。廣義而言，此亦屬大審法第13條的範圍。但除此之外，大法官似無其他法定調查權限[17]。

　　細就大審法第13條規定本身而論，其實還存在著一些解釋方法上的疑

---

[16] 例如釋字第603號解釋理由書第二段，即表明先於94年6月30日、同年7月1日在司法院開二場說明會後，再連二日（同年7月27日、28日）於憲法法庭舉行言詞辯論。

[17] 另請參照，許宗力，違憲審查程序之事實調查，收錄：民主、人權、正義－蘇俊雄教授七秩華誕祝壽論文集，元照出版，2005年9月出版，頁339以下。

義，如第1項前段言明：「**大法官解釋案件，應參考制憲、修憲及立法資料，並得依請求或逕行通知聲請人、關係人及有關機關說明，或為調查**。……」僅明定學理上所稱的「歷史解釋」方法，或許這是立法者特別強調的「例示」，但若解釋成「列舉」，毋寧是限縮了大法官解釋憲法之方法論，例如「結果考量[18]」之解釋方法，解釋上是否屬大審法第13條規定大法官解釋案件時可以採行的解釋方法，即有待商榷。

　　假設大法官若對某一系爭法令，欲「調查」探求其對人民的實際影響力如何，可否要求統計單位，設計相關統計工具且實際統計後，回報大法官以作為釋憲參考資料？若依大審法規定，恐怕不可，似僅能循行政程序法第19條職務協助途徑。本書認為，關於大法官的調查權限，應以法律規定為妥，實務上也確實有其必要。

　　憲法訴訟法**草案**（94.12.28）其大方向是將大法官會議法庭化，因此若法庭化後必然會有「調查證據」的需要，「法庭化」這部分的修法變動甚大，先不談這麼高的層次，至少該草案第20條仿德國聯邦憲法法院法第27條的規定：「憲法法庭調查證據時，相關機關應提供協助；必要時並得調閱相關卷證。」有其實際需要。

五、迴避制度

　　大法官應否遵行如訴訟法「法官迴避」制度？這是一個相對複雜的問題，值得討論。

　　先談為何有「法官迴避」制度，請參照釋字第601號解釋理由書：「國家任何公權力之行使，本均**應避免因執行職務人員個人之利益關係，而影響機關任務正確性及中立性之達成**，是凡有類似情形即有設計適當迴

---

[18] 宋恩同，結果取向的憲法解釋與適用，95年政大法律學研究所碩士論文。

避機制之必要，原不獨以職掌司法審判之法院法官為然（行政程序法第三十二條、第三十三條、公務員服務法第十七條參照）。惟司法審判係對爭議案件依法所為之終局判斷，其正當性尤繫諸法官執行職務之公正與超然，是迴避制度對法院法官尤其重要。**司法院大法官行使職權審理案件，自亦不能有所例外**。司法院大法官審理案件法第三條規定，大法官審理案件之迴避事由，準用行政訴訟法。」

　　依照釋字第601號解釋意旨，以及大審法第3條關於大法官審理案件之迴避準用行政訴訟法之規定，接續著看其所準用的行政訴訟法第19條規定：

　　「法官有下列情形之一者，應自行迴避，不得執行職務：一、有民事訴訟法第三十二條第一款至第六款情形[19]之一。二、曾在中央或地方機關參與該訴訟事件之行政處分或訴願決定。三、曾參與該訴訟事件相牽涉之民刑事裁判。四、曾參與該訴訟事件相牽涉之公務員懲戒事件議決。五、曾參與該訴訟事件之前審裁判。六、曾參與該訴訟事件再審前之裁判。但其迴避以一次為限。」

　　第1款，釋字第601號解釋已有定見，不再重複。第3至6款則是指法官曾參與過該案件之「前裁判」，理應迴避。因為釋字第371號等解釋已賦予法官釋憲聲請權，若參與審判之法官認為該案件所適用之法令有違憲疑

---

[19] 民事訴訟法第32條第1至6款規定：「法官有下列各款情形之一者，應自行迴避，不得執行職務：一、法官或其配偶、前配偶或未婚配偶，為該訴訟事件當事人者。二、法官為該訴訟事件當事人八親等內之血親或五親等內之姻親，或曾有此親屬關係者。三、法官或其配偶、前配偶或未婚配偶，就該訴訟事件與當事人有共同權利人、共同義務人或償還義務人之關係者。四、法官現為或曾為該訴訟事件當事人之法定代理人或家長、家屬者。五、法官於該訴訟事件，現為或曾為當事人之訴訟代理人或輔佐人者。六、法官於該訴訟事件，曾為證人或鑑定人者。」這些自行迴避問題，即釋字第601號解釋理由書所要處理者。曾有聲請書要求大法官全體應自行迴避，試問：全都迴避後，那應由誰來解釋？釋字第601號即言此種情況無須迴避。

義，本得依相關解釋聲請解釋，而若該裁判一做出法官仍無釋憲，即「推定」參與審判的法官未認為有違憲疑義，「間接」已對該裁判所適用的法令合憲性表示了意見。

若之後該名法官任職大法官，又遇到該案件，因為已「推定」對該案件所適用的法令合憲性表示過意見，為免受不當的非議以及「昨是今非」、「天人交戰」，理應自行迴避。這部分相對問題不大。

比較有問題的部分是：**該案件曾參與訴願決定的訴願審議會委員，其後擔任大法官，應否迴避？**難題在於，若因特定專業領域而任命的大法官，過去必曾擔任過相關的訴願審議委員會委員，以累積實務經驗。若日後擔任大法官，反而因為以前的「實務經驗」，凡遇到其專精的案件，大多因有迴避制度之設而迴避該釋憲案的討論與表決，似有違事理之平。

然而，任何國家機關只要行使職權，都有審查所適用的法令是否合憲的義務，既使是行政機關也可依大審法第5條第1項第1款聲請釋憲，只是聲請名義是機關而非個人。惟此屬程序問題，無關任何機關行使職權時合憲審查法令的責任，況訴願審議委員會是準司法機關性質，更應「推定」當時做訴願決定時，已對系爭法令合憲性表示過意見。

兩說著實都有堅強的論理依據，看似「公說公有理、婆說婆有理」，二者都有道理，最後結果應如何取捨，則須視大法官會議所公布的結論。

筆者過去曾公開認為，凡曾參與過系爭案件訴願決定的大法官不應迴避，理由如同前述。但本書目前則認為，基於人民（指案件當事人）的觀感，在訴願決定時（訴願審議委員於訴願決定書末，如同法院裁判書，都會顯名），就已對系爭法令合憲性表示意見（推定合憲），日後任職大法官時，如何能讓聲請人合理期待其在大法官會議時會一反過去意見，表達違憲的立場？因此，本書目前採「應迴避說」。

這個例子也可說明，本書的見解日後是非常有可能再改變，只要有更

「堅強」的理由被說服或思考出，本書並不吝嗇改變見解，這正是法學「論理」吸引人的魔力所在。但前提是：**必須要有更堅實的論理或更貼近人民權益的思考作依據。**

第三節　反思與展望

在我國，如果是對憲法有較深刻興趣的人，一定都聽過「張君勱」先生，這位起草「中華民國憲法」的著名學者以及民主憲政實踐者，也是我國第一位翻譯蘇俄第一次憲法及德國威瑪憲法的憲法專家。年輕時，張君勱先生曾留學日本早稻田大學政治經濟科，也中過清朝法政科「進士」，民國初年遠赴德國柏林大學專攻政治學，獲政治學博士。

1917年，張君勱先生亦曾赴北京任馮國璋總統府秘書長和段祺瑞內閣的國際政務評議會書記長，同時兼任北京大學教授。1929年也再到德國耶納大學教書。1940年，與陳布雷在雲南大理合辦民族文化學院，任院長。1945年代表中國出席聯合國會議，任聯合國憲章大會組委員，於1946年4月至6月，代表中國簽署聯合國憲章。

1946年，張君勱先生被推舉為民社黨主席，亦任政治協商會議代表，同年也是59歲生日時，周恩來先生曾送過他一塊「民主之壽」的壽匾。但是他反對中國實行共產主義，且不滿蔣中正先生未遵守《中華民國憲法》。1948年12月25日，被中共的新華社列為43名戰犯之一；1949年後赴香港，決定民社黨繼續與國民黨合作，他自己則赴印度講學。1951年12月離開印度赴美。1969年病逝美國[20]。

---

20 參照：維基百科http://zh.wikipedia.org/wiki/%E5%BC%A0%E5%90%9B%E5%8A%A2，有更詳盡的介紹。

1946年，張君勱先生為讓中國人民瞭解中國制憲之不易，在上海民社黨中央黨部演講，隔年出版《中華民國民主憲法十講》[21]一書，第一講就直言：「國家為什麼要憲法？」，其後更用強烈的口氣說：「國家為什麼要憲法？解答這一問題，須先問我們要國家是幹什麼的[22]。」「我們可以答覆這一問題如下：國家的目的是（在造成一種法律的秩序）維持人民的生存，保障人民的安全[23]……」。

該書第七講「司法獨立」中，亦曾剖析當時民主先進國家違憲審查建制的功能與目的：「我國五五憲草中第一四〇條亦有規定曰『法律與憲法牴觸者無效。』第一百四十一條規定曰：『命令與憲法或法律牴觸者無效。』第一百四十二條規定曰：『憲法之解釋由司法院為之。』此兩次之規定頗有將美國大理院判決普通法律無效之權交付於我國最高法院之意，**但我國最高法院之權力能否超過立法院將其所議決法案判為無效，此事尚在未定之天。國內政治上其他爭執，能否因大理院之解釋而解決，此亦為未來之事，非今日所能論定。**……[24]」

眺望制憲之初，當時張君勱先生對我國「草創」權力分立之初的司法，能否將法律宣告違憲而使其失效，以及政治問題能否透過司法解決，尚屬「未定之天」以及「未來之事」。而今，大法官會議解釋一路走來逾六十年，將法令宣告違憲的比例保守估計有三成，而且有多項非常複雜的政治問題也曾透過大法官解釋「定分止爭」，與當今其他民主憲政「先進」國家相較，實已不惶多讓，這是既定的事實與成就！

但再說一個故事，這故事比較長：

---

[21] 商務印書館發行，目前網路上好像已經可以直接下載全文。

[22] 張君勱，中華民國民主憲法十講，商務印書館，1947年二版，頁5。

[23] 同上註，頁5-6。

[24] 張君勱，中華民國民主憲法十講，商務印書館，1947年二版，頁95。

　　一位曾深入緬甸東北撣邦地區——佤邦（即俗稱的金三角）數月，為研究該地何以成為全球毒品經濟網絡的重要地位，同時也是研究「華人幫派與美國社會」、「華人偷渡美國」等犯罪議題聞名的美國Rutgers University刑事司法學院陳國霖教授，亦曾獲得Fulbright Foundation贊助，於1998年申請做為我國中央研究院社會學研究所訪問學者，是時前後數年，陳國霖教授曾以其學術專業研究台灣特有的「黑金[25]」（Heijin）現象。數年後這份研究報告公開出版。

　　該書最後一章，作者分析：「……**台灣的司法體系必須確保利益團體是以公平且公開的方式競爭，假若沒有公平競爭，就必須按照規定受到處罰。否則，只要有一般社會大眾無法公平競爭的情事發生，就會引發民眾去尋找法律以外的解決方法。**」

　　據其研究發現：「……台灣民眾若遇到個人因素、經濟或政治等問題與人爭執時，時常尋求黑道的協助，這顯示他們並不信任司法體系能解決紛爭、能處於中立的角色。許多受訪的道上人物強調，他們的主要功能之一就是調解紛爭，**假如台灣的司法體系能扮演公平而有權威的角色，去規範人際互動，去保護社會契約，並依規定處罰違法者，那麼金錢、暴力和政治影響力將不會如現在那麼具有重要性。**」

　　該書的結論竟是：「根據我的觀察，無論是建築商、影視人員或政治人物，多數被黑道勒索或暴力相向後卻得不到官方應有的保護。久而久之，這些受害者對司法界失去信心後只好跟黑道妥協，跟黑道走在一起尋找保護，或請黑道參與他們的政治活動以獲得競爭優勢。然而，不消幾年，這些當初受邀請的大哥就由於本身的實力而由配角變成主角，亦即由保護者變成經營者。**這種發展，問題的癥結不在於誰先跟誰打交道，應該**

---

[25] 黑金（Heijin），陳國霖著，城邦出版社，2004年初版4刷，以下摘錄出自第343-344頁。

怪誰，而是在司法的不彰，沒有威信。」

這個「結論」，看在法律人眼裏，對我國司法的論述是多麼沉痛的指控！雖然這已經是10多年前的研究。

司法做為民主建制最後一道社會安全瓣，假使功能不能正常發揮，人民對司法沒有信賴感，社會必將逐漸崩解，做為憲法維護者的大法官，更是我國司法系統中最後一道正義的防線。從制度設計而論，當然可以抹去這道防線，提前將之劃在最高法院或完全分散到其他法院（法官），即全面採行類似美國的具體個案式法律違憲審查機制，但試問：台灣人民對這些法院的信賴感相對於大法官又是如何？毋庸發文對人民做問卷，只要問問「駁回法院」或者過去「推事」的民間意思為何，即知一二。

更有甚者，大法官解釋是維繫民主憲政非常重要的建制，尤其是我國已累積了數十年的釋憲經驗，在社會著實已建立起相當高的公信力，對我國民主憲政發展史絕對扮演著非常重要且具關鍵性的角色。

這有兩個觀察點提供思考：從長遠角度來看，當國家法律合憲性問題可以透過人民的聲請（當然須符合程序要件），讓大法官會議表達意見，進而使得行政及立法機關一起動起來修改法律，改變現行不當做法，這個機制本身，正是持我國數十年民主憲政體制於不墜的因素之一。

進一步言，這就是讓人民的聲音對國家政府的行為，有個理性而且可以改變現狀的出口。2011年2月，埃及「人民革命」短短18天，何以能扳倒執政長達30年的穆巴拉克政權，人民的聲音沒有任何管道得以正確理性地傳達到國家政府，我相信這是其中一個原因。

第二，21世紀開始，海峽兩岸在各方面的競爭都已白熱化，沒有任何一個華人可以漠視這個持續正在發燒（火紅）的現象。中國大陸的崛起令全世界驚艷，國家經濟大幅度的成長，台灣對之貿易依存度越來越高，尤其兩岸直航之後，打破彼此的空間距離感。事實是，這十餘年來，兩岸在

各方面的距離一直在快速拉進中。

反思當代臺灣，社會亂象、政治不彰、經濟衰退、人心惶惶不安，如果再加上每天準時收看新聞媒體或政論節目，大概會覺得這個島快沉了，已經不再是這個島要航向哪裡的問題，更加地終日惶惶、茫茫前程、飽食終日、言不及義、未來毫無方向可言。

但是，當我們看不到、想像不出未來的出路時，若靜下心來回頭看看，其實我們已經走出一條自己的道路，這是屬於我們共同的路。

回頭看看，唯一我們一直保有的優勢，就是堅持民主憲政的自由生活型態。民主憲政的維護絕對不是紙上談兵，也不是少數人的堅持而已，這是國家、社會、全民時時刻刻都要面對的重大挑戰，一不小心可是會走進死胡同，外國經驗史跡斑斑，實毋庸贅言。

關鍵點是在當人民面對日常生活問題爭端時的表現：是選擇相信司法，還是選擇「黑金」。司法的第一道防線是「警察」，我在學校授課時，常常鼓勵法律系學生報考警察，因為公務員強，政府才會強；警察素質高，整個社會民主生活水準自然就高。司法的最後一道防線，綜觀本書，就是「大法官解釋」。

社會生活多元複雜，相對應的國家政府機關功能，雖不一定都能立即有效地實際發揮，但也不應逾矩而代庖。反而若是每一個國家機關都能各自堅守各自的職能角色，發揮其本來應有的功能與效用，這部國家機器即能長期有效率地運轉下去。

然若國家機關不斷地自我設限其功能，忘卻「國家是為人民而存在」，非為統治者而存在的基本預設，放棄扛起身為國家機器憲法正義化身的角色，憨直的人民除了「堅信」正義不是不存在，只是尚未顯現外！難道要等到都化身為對抗失能政府的魔鬼，才會突然想起有大法官會議這個正義的「背影」？再來「期待」大法官會議解釋發揮本然應有的功能？

　　但另一方面，每一位聲請人對國家民主自由憲政主義的維持，其責任與貢獻實在非常重大。我們更應該要多多正確地推廣「人民聲請大法官會議解釋的程序要件」，使之更明白，讓所有潛在的聲請人都瞭解這個「直接向國家主張不公不義法令」的憲法通道！謹以此做為本書的結語。

參考書籍

司法院印行

　　1998『大法官釋憲史料』。

　　2006『百年司法－司法、歷史的人文對話』。

　　　　　『中華民國司法院大法官、憲法守護者』。

　　2007『司法改革八年』。

　　2008『守護憲法六十年』。

吳庚

　　2004『憲法的解釋與適用』，三民書局，三版。

吳信華

　　2009『憲法訴訟專題研究（一）－訴訟類型』，元照出版社。

法治斌、董保城

　　2004『憲法新論』，元照出版社。

李震山

　　2005『多元寬容與人權保障—以憲法未列舉權之保障為中心』，元照出
　　　　版社。

林子儀、葉俊榮、黃昭元、張文貞

　　2008『憲法權力分立』，新學林出版社，二版。

林紀東

　　1983『大法官會議憲法解釋析論』，五南圖書出版公司。

　　1993『中華民國憲法逐條釋義（第三冊）』，三民書局。

張君勱

　　1947『中華民國民主憲法十講』，商務印書館。

楊子慧

　　2008『憲法訴訟』，元照出版社。

蔡墩銘

　2001『社會與法律—二十世紀台灣社會見聞』，翰蘆出版。

薩孟武

　1993『中國憲法新論』，三民書局

Hans Jörg Sandkühler (Hrsg.), *Menschenwürde*, Band 64, Peter Lang GmbH. 2007.

Dorsen, Norman/Rosenfield, Michel/Sajó András/Baer, Susanne. *Comparative Constitutionalism: Cases and Materials,* West, 2003.

主要參考文章

王和雄

　2001　「違憲審查制度與司法院大法官審理案件法」，法學叢刊第182期。

李震山

　2000　「臺灣人權五十年回顧與前瞻」，收錄於『人性尊嚴與人權保障』，元照出版社，修訂再版。

李念祖

　2002　「大法官從事個案違憲審查之憲法解釋實證研究」，收錄於：『當代公法新論（上）』，元照出版社。

李建良

　2003　「大法官的制度變革與司法院的憲法定位－從第四次憲法增修條文談起」，收錄於：『憲法理論與實踐（一）』，學林出版社。

　2010　「人權維護者的六十回顧與時代挑戰－試探大法官人權解釋的反多數困境」，收錄於：『人權思維的承與變』，新學林出版社。

李鴻禧

2002 「中華民國立憲政治的病理分析－以孫文的五權憲法為中心」，收錄『臺灣憲法之縱剖橫切』，元照出版。

吳信華

2003 「大法官會議議決不受理事由案件選評」，法令月刊第54卷第3期。

姚瑞光

1982 「不應增設人民得聲請統一解釋之規定」，台大法學論叢第11卷第2期。

法治斌

1985 「大法官之選任及其背景之比較研究」，收錄於『憲法專題（一）』，政治大學法律學系法學叢書編輯委員會編印。

林子儀

1993 「司法護憲功能之檢討與改進－如何健全違憲審查制度」，收錄：權力分立與憲政發展，台大法學叢書（77），月旦出版社。

2009 「審判獨立與行政釋示－法官是否應受主管機關釋示之拘束」，收錄於『法治的開拓與傳承－翁岳生教授的公法世界』，元照出版社。

林永謀

1996 「刑事之形式裁判確定力」，法令月刊第47卷第4期。

林錫堯

1984 「論人民聲請解釋憲法之制度」，國立台灣大學法律學研究所博士論文。

林超駿

1999 「略論抽象司法違憲審查制度」，月旦法學雜誌第54期。

翁岳生

2004 「司法院大法官解釋效力之研究」，收錄於：『公法學與政治理論－吳庚大法官榮退論文集』，元照出版社。

2007 「我國憲法訴訟制度之展望」，中研院法學期刊創刊號。

2009 「論司法院大法官會議之功能」，法治國家之行政法與司法，元照出版社。

2009 「近年來司法院大法官會議解釋之功能－有關人民權利之保障」，法治國家之行政法與司法，元照出版社。

2009 「大法官功能演變之探討」，法治國家之行政法與司法，元照出版社。

許宗力

2006 「集中、抽象違憲審查的起源、發展與成功條件」，收錄於『跨世紀法學新思惟－法學叢刊創刊五十週年』，法學叢刊雜誌社。

2007 「違憲審查程序之事實調查」，收錄：法與國家權力（二），元照出版。

2009 「司法院的運作與憲法－法官作為憲法之維護者」，收錄於『法治的開拓與傳承－翁岳生教授的公法世界』，元照出版社。

陳　敏

1982 「租稅課徵與經濟事實之掌握－經濟考察方法」，政大法學評論第26期。

1988 「租稅稽徵程序之協力義務」，政大法學評論第37期。

陳春生

2007 「從法治國角度析論大法官解釋中『重大明顯瑕疵』審查基準之運用」，收錄於：論法治國之權利保護與違憲審查，新學林出版社。

陳新民

2001 「基本人權保障五十年－臺灣實施憲政的回顧」，收錄於：法治國家論，學林出版社。

陳志祥

2008 「法官聲請釋憲之回顧」，全國律師第12卷第7期。

陳瑞基

2003 「大法官解釋效力之研析－司法院大法官審理案件法修正草案有關第十六條、第二十九條及第三十條條文修正部分」，全國律師第7卷第2期。

陳愛娥

2004 「最高法院聲請司法院大法官為補充解釋的要件－簡評司法院大法官釋字第五九二號解釋」，臺灣本土法學雜誌第71期。

陳業鑫

2008 「法官的憲法意識」，全國律師第12卷第7期。

湯德宗

1987 「論憲法前言之內容及性質」，收錄於『中美憲法論文集』，中國憲法學會編印。

2006 「大法官解釋不同意見書的實證研究」，收錄於『權力分立新論（卷二）違憲審查與動態平衡』，元照出版社。

湯德宗、吳信華、陳淳文

2005 「論違憲審查制度的改進－由多元多軌到一元單軌的改制方案」，收錄於『憲法解釋之理論與實務』第四輯。

蔡宗珍

2004 「我國憲法審判制度之檢討」，收錄於『憲法與國家（一）』，元照出版社。

張嘉尹

2002 「基本權理論、基本權功能與基本權客觀面向」，收錄：當代公法新論（上），元照出版社。

黃昭元

2003 「司法違憲審查的制度選擇與司法院定位」，台大法學論叢第32卷第5期。

黃士洲

2010 「稅課禁區與納稅人權利保障」，月旦財經法雜誌第23期。

黃茂榮

2005 「稅捐法規之違憲審查」，收錄於：『稅法總論－法學方法與現代稅法（第二冊）』，植根法學叢書編輯室編輯。

黃源浩

2004 「從絞殺禁止到半數原則－比例原則在稅法領域之適用」，財稅研究第36卷第1期。

黃國鐘

2001 「簡介司法院大法官審理案件法之修正」，全國律師第5卷第8期。

葛克昌

2005 「人民有依法律納稅之義務－以大法官解釋為中心」，收錄於：『稅法基本問題－財政憲法篇』，元照出版社。

2006 「論納稅人權利保障法的憲法基礎」，收錄於：論權利保護之理論與實踐，曾華松大法官古稀祝壽論文集，元照出版社。

2010 「脫法行為與租稅國家憲法任務」，收錄於：『避稅案件與行政法院判決』，資誠創新課程法學講座叢書（一），翰蘆圖書出版有限公司。

廖元豪

　2000　「司法院大法官法律違憲解釋之研究－以第五屆、第六屆大法官為中心」，政大法學評論第63期。

蔣次寧

　1997　「從實務發展論釋憲效力」，法令月刊第48卷第6期。

　1997　「釋憲法制再展新猷－司法院大法官審理案件法修正草案介紹」，法學評論第63卷第4-6期合刊。

蘇永欽

　1988　「我國人民釋憲聲請權的性質與修正芻議」，收錄於『中美憲法論文集』，中國憲法學會編印。

　2010　「誰統一誰和誰的什麼？──從第668號解釋看大法官統一解釋制度的日薄崦嵫」，法令月刊第61卷第2期。

蘇俊雄

　1998　「違憲審查制度及憲法解釋效力之界限」，月旦法學雜誌第42期。

　2005　「釋憲九年的一些感想」，收錄於：憲法意見，元照出版社。

錢建榮

　2006　「論法官聲請解釋憲法的程序要件－兼論釋字第三七一號、第五七二號及第五九〇號解釋」，判解研究彙編（十），財團法人李模務實法學基金會出版。

　2008　「與大法官建立共同維護憲法的夥伴關係？－小法官不可承受之重」，全國律師第12卷第7期。

國家圖書館出版品預行編目資料

認識大法官解釋的第一本書／林子傑著. －－
初版. －－臺北市：五南，2011.10
　面；　公分
ISBN 978-957-11-6363-5（平裝）
1.中華民國憲法　2.憲法解釋
581.24　　　　　　　　　100014286

1R26

認識大法官解釋的第一本書

作　　者— 林子傑（121.7）

發 行 人— 楊榮川

總 編 輯— 龐君豪

主　　編— 劉靜芬　林振煌

責任編輯— 李奇蓁　王政軒

封面設計— 斐類設計工作室

出 版 者— 五南圖書出版股份有限公司

地　　址：106台北市大安區和平東路二段339號4樓

電　　話：(02)2705-5066　　傳　　真：(02)2706-6100

網　　址：http://www.wunan.com.tw

電子郵件：wunan@wunan.com.tw

劃撥帳號：01068953

戶　　名：五南圖書出版股份有限公司

台中市駐區辦公室/台中市中區中山路6號

電　　話：(04)2223-0891　　傳　　真：(04)2223-3549

高雄市駐區辦公室/高雄市新興區中山一路290號

電　　話：(07)2358-702　　傳　　真：(07)2350-236

法律顧問　元貞聯合法律事務所　張澤平律師

出版日期　2011年10月初版一刷

定　　價　新臺幣400元